10.-176104

Deutsche Texte

27

D1943298

Herausgegeben von
Gotthart Wunberg

Hartmut Kircher

11/74

ROBERT PRUTZ

Schriften zur Literatur und Politik

Ausgewählt und
mit einer Einführung herausgegeben von
BERND HÜPPAUF

Max Niemeyer Verlag
Tübingen

ISBN 3-484-19026-4

Inhaltsverzeichnis

Einleitung .... VII–XXXVI

Texte

[Über Aufklärung] 1

Über die Unterhaltungsliteratur, insbesondere der Deutschen 10

Über Reisen und Reiseliteratur der Deutschen 34

Die Literaturgeschichte und ihre Stellung zur Gegenwart .. 47

Das Jahr 1848 und die deutsche Literatur 64

Das Junge Deutschland von ehedem und jetzt 82

Die deutsche Belletristik und das Publikum 89

Die Literatur und die Frauen 103

Begriff, Wesen und geschichtliche Entwicklung der Literaturgeschichte als Wissenschaft 107
Der chronistisch-bibliographische Standpunkt – Der pragmatisch-ästhetische Standpunkt – Der philosophisch-geschichtliche Standpunkt – Rekapitulation – Die Immanenz Gottes in der Geschichte – Staat und Freiheit; Schönheit und Kunst – Die schöne Literatur – Grenzen der Literaturgeschichte – Herder, Schiller und die Romantiker – Die patriotische Dichtung; die Brüder Grimm – Die neueste Zeit; Goethes Wahrheit und Dichtung, Schlosser, Gervinus, Rosenkranz – Gegenwärtige Stellung und Aufgabe

Quellenverzeichnis 132

Bibliographie 133

Register 135

Einleitung

I

Am 30. Mai 1916 fand in Stettin eine »Festversammlung« aus Anlaß des 100. Geburtstags von Robert Prutz statt.[1] In seiner »Festrede« versucht F. Uecker, sich an Daten und Fakten, an den äußeren Lebensgang zu halten und kommt damit bald in Schwierigkeiten. Prutz, der mit Leidenschaft zu politischen Fragen Stellung genommen hat, dessen Leben eng mit den politischen Kämpfen des 19. Jahrhunderts verbunden ist, läßt sich nicht nur als Privatmann und Dichter darstellen. 1916, mitten im 1. Weltkrieg, war es nicht opportun, etwas über Prutz' Einstellung zu Frankreich zu sagen, denn er hatte für ein freundschaftliches Verhältnis plädiert und hatte in Frankreich, dem Land der Revolution und der Proklamation bürgerlicher Freiheiten in einem gewissen Sinn einen Vorläufer für die deutsche Entwicklung gesehen. Uecker geht darauf nicht ein, alle störenden Themen aus diesem Zusammenhang bleiben unberührt, der seit zwei Jahren dauernde Krieg gegen den Erbfeind hat keinen Eintritt zur Festversammlung.[2]

Aber nicht in der Frankreich-Frage liegt das eigentliche Problem für den Redner, sondern in Prutz' Verhältnis zum eigenen Staat, den er mit Kritik nie verschont hat und an dessen Veränderung er kräftig mitarbeiten wollte. So kommt der Redner um die Frage nicht herum, ob Prutz in seinen politischen Gedichten »umstürzlerisch gesinnt« war. Seine Antwort fällt nicht ganz eindeutig aus, klingt aber durchaus beruhigend: »Wer seine Werke durchsucht, wird wenig Belastendes finden.«[3] Da sich aber an Prutz' scharfer

---

[1] Robert-Prutz-Gedenkbuch. Aus Anlaß seines 100. Geburtstages am 30. Mai 1916. Stettin 1916. Darin F. Ueckers Gedenkrede, S. 13–29.

[2] Vgl. Hans Prutz, Robert Prutz als Herausgeber des *Deutschen Museums* 1852–1866. In: Baltische Studien N. F. Bd. 30, 2. Halbband, Stettin 1928, S. 77–99.

[3] F. Uecker (= Anm. 1), S. 26.

Kritik an den politischen Zuständen Preußens, an seiner Opposition, an seiner Parteinahme für die liberalen Reformer, teilweise für die Märzrevolution (Uecker nennt sie »Frühjahrsunruhen«) nur schwer vorbeisehen läßt, betont Uecker, wie harmlos das Engagement doch gewesen sei, daß er sich nie als Republikaner bekannt habe und daß man es weniger mit einem Politiker als mit einem vaterländischen Kämpfer und treuen Patrioten zu tun habe.[4]

Die Herausgeber des Prutz-Gedenkbuchs erfüllen ihr Ziel, das Bild eines »überzeugungstreuen, nach oben wie nach unten gleich unabhängigen, kerndeutschen Mannes kräftig herauszuheben«.[5]

Zwei Jahre nach Erscheinen des Gedenkbuchs verfolgt Ernst Hohenstatter in seiner Dissertation »Über die politischen Romane von Robert Prutz«[6] dieselbe Tendenz. Er charakterisiert Prutz als deutschen Patrioten, »der den reinsten Idealismus, hohes Deutschtum hütete und lehrte, wie nicht leicht einer; der bis an sein Ende den Glauben an Einheit und Größe des Reiches bewahrte, unbeschadet der politischen Enttäuschungen, die seine, wie vieler ehrlicher Liberaler aus den Geburtsjahren des Reiches, vielfältige Tragik war«.[7] Hier hat es den Anschein, als ob die Einigungsbestrebungen der Liberalen, nachdem sie 1848 gescheitert waren, bruchlos in die Einigungspolitik Bismarcks übergegangen seien. Die ursprünglich mit dem Wunsch nach Überwindung der Kleinstaaterei verbundenen progressiven politischen und sozialen Forderungen verschwinden nun hinter dem angeblich gemeinsamen Ziel der nationalen Einheit, und mit Hilfe von Begriffen wie Patriotismus, Deutschtum, nationale Größe werden alle Differenzen eingeebnet. Auf diese Weise kann ein Liberaler und Oppositioneller wie Prutz gegen den »Dogmatiker« Ruge ausgespielt,[8] vom wilhelminischen Nationalismus vereinnahmt und zur eigenen historischen Legitimation benutzt werden. Hohenstatter zitiert befriedigt Äußerungen von Prutz gegen die »Gleichmachungsphantastereien der Sozialdemokraten« oder deren »oft rein materielle Art, Dinge und Menschen zu sehen«.[9]

---

[4] Ebd. S. 27 f.
[5] Vorwort zu: Robert-Prutz-Gedenkbuch (= Anm. 1), S. 9–11; S. 11.
[6] München 1918.
[7] Ebd. S. 3.
[8] Ebd. S. 11.
[9] Ebd. S. 41.

50 Jahre nach seinem Tod finden wir Prutz als *kerndeutschen Mann* im Lager der staatsfrommen Jubler und der kritiklosen Bismarck-Apologeten. Seine in diesen Kreisen störende Aufsässigkeit wird entweder verharmlost oder gleich ganz übergangen. Prutz wird zu einem Wegbereiter der Reichseinigung von oben stilisiert, der gegen die unerträgliche Stagnation der deutschen Politik nur opponiert, weil er vermißt, was wenig später Bismarck verwirklicht: eine starke Zentralgewalt in einem einigen Deutschland unter preußischer Vorherrschaft.

Daß sein Werk nationale, antirepublikanische, antirevolutionäre Elemente enthält, aus denen eine solche Deutung sich durchaus stützen ließ, haben ihm linke oder marxistische Historiker der Gegenwart nicht verziehen. So hat die Literaturgeschichtsschreibung in der DDR, die sich intensiv mit der eigenen demokratischen Tradition im 19. Jahrhundert (Gervinus, Danzel, Hettner, Herwegh) beschäftigt hat, von Prutz keine Notiz genommen, und außer gelegentlichen Erwähnungen seiner »engen« und »kleinbürgerlichen« politischen Dichtung findet sich kaum ein Hinweis auf seine Arbeiten oder seinen Einfluß.[10]

Auch in der kritischen Germanistik der BRD, die sich einiger vergessener Autoren und Werke der Oppositionellen und Demokraten des 19. Jahrhunderts angenommen hat, taucht der Name Prutz kaum auf. Erich Edler kommt anläßlich der Neuausgabe eines Romans von Prutz in einer scharf konturierten und lesenswerten Charakteristik zu einer äußerst negativen Bewertung von Prutz: »Seine Tendenz ist entweder theoretisch verschwommen oder deutlich reaktionär. Er vertritt eine durch klassisch-romantische Vorbilder geprägte Humanität – ein Begriff, dessen schillernde Vieldeutigkeit in neuester Zeit erschreckend sichtbar geworden ist.«[11]

Mir scheint jedoch den komplexen historischen Verhältnissen weder der Versuch gerecht zu werden, dem liberalen und unerschrockenen Einzelgänger Prutz unser Interesse abzusprechen, weil er an den theoretischen und politischen Kämpfen der Zeit nur entfernt teilgenommen habe, noch der Versuch, seinen Humanitätsbegriff aus dem historischen Abstand als ambivalent und unverbindlich, die inhumane Komponente schon in sich tragend zu denunzieren.

[10] Erläuterungen zur deutschen Literatur. Literatur des Vormärz 1830 bis 1848. (Verlag Volk und Wissen) 1967, S. 27.

[11] Erich Edler, Nachwort zu: Robert Prutz, Das Engelchen. Göttingen 1970, S. 29.

Republikaner oder Sozialist ist Prutz nie gewesen. Doch wollte man ihn aus den Annalen einer progressiven Wissenschaftstradition streichen, so wäre man doch wohl der Gefahr erlegen, die aufklärerische, demokratische Tradition unzulässig einzuengen. Eine komplexe historische Situation, in der, wie ein Zeitgenosse schrieb, sich in »republikanische Hymnen ... begeisterte Anreden an den König von Preußen mit dem Wunsch, er möchte sich zum Herrn von Deutschland machen«, einmischten,[12] läßt sich nicht schematisieren, und die Frage nach der historischen Progressivität läßt sich so leicht nicht beantworten.

Auch bei den heutigen traditionellen Germanisten stößt Prutz auf Ablehnung oder Verständnislosigkeit. So bezeichnet Josef Dünninger die Arbeiten von Prutz als »popularisierend« und »politisch« mit stark »tendenziösem Charakter«, die als historisches Dokument aufschlußreich, »für die Wissenschaftsgeschichte aber nur von geringer Bedeutung« seien.[13] W. Langenbucher kommt in seiner Untersuchung zu dem Ergebnis: »Die methodischen Überlegungen von Prutz lassen sich durchaus als Versuch interpretieren, seiner politischen Ideologie einen gleichsam wissenschaftstheoretischen Überbau zu geben.«[14] In solchen verständnislosen Urteilen zeigt sich der totale Verlust eines gesellschaftlichen Wissenschafts- und Geschichtsbegriffs, wie er für die Entwicklung der Kultur- und Sozialwissenschaften in Deutschland nach 1945 vielfach beschrieben worden ist. Ist den einen die Parteinahme nicht radikal genug, so nehmen die anderen grundsätzlich an der Parteilichkeit Anstoß oder versuchen, in unwissenschaftliche Parteinahme einerseits und Wissenschaftstheorie andererseits zu trennen. In beiden Konzeptionen fällt Prutz' eigener Anspruch durch die allzu groben Maschen.

So waren die Voraussetzungen für eine Wirkung äußerst schlecht. Im Grunde war er bereits 1916 vergessen und lebte allenfalls noch in Poesiealben oder im Kommersbuch.[15] Dieser Prutz aber, der

[12] Rudolf Gottschall, Robert Prutz. In: R. G., Literarische Charakterköpfe. 3. Teil. Leipzig 1876, S. 171–213; S. 173.

[13] Josef Dünninger, Geschichte der deutschen Philologie. In: Deutsche Philologie im Aufriß. Hrsg. v. Wolfgang Stammler, Berlin 1966, Sp. 83–222; Sp. 176.

[14] Wolfgang R. Langenbucher, Robert Prutz als Theoretiker und Historiker der Unterhaltungsliteratur. In: Heinz Otto Burger (Hrsg.), Studien zur Trivialliteratur. Frankfurt 1968, S. 117–136; S. 121.

[15] Georg Büttner berichtet, daß Prutz' Gedicht »Studentenherz« in die

Autor von Liebeslyrik und ein paar Romanen, der Prutz des Gedenkbuchs von 1916, anscheinend entpolitisiert und verharmlost, in Wirklichkeit aber längst als Exempel für die Sonderrolle deutscher Kultur der Innerlichkeit und für die Legitimation deutscher Großmachtgelüste zurechtgestutzt, hatte mit der Wirklichkeit nur noch so entfernt zu tun, daß weitere Versuche dieser Umdeutung nicht versucht wurden. Er ließ sich für die ideologischen Interessen der Reaktion nicht recht nutzbar machen. Also geriet er in Vergessenheit, ähnlich wie Gervinus oder Hettner. Da er auch in eine republikanische oder revolutionäre Tradition kaum einzuordnen ist, fehlte auch dieser Anreiz zur Beschäftigung mit seinem Werk, zumal sein zweitrangiges dichterisches Werk immer wieder den Blick auf seine historischen oder theoretischen Arbeiten verstellt hat.

Seine Einordnung in einen »kämpfenden Liberalismus«, dessen *Losungswörter* »Konstitution und Preßfreiheit« waren,[16] findet sich im Grunde nur in seiner eigenen Generation. Später mischen sich Nebentöne in die Beurteilung ein: entweder wird der harmlose Liberale gegen republikanische, sozialistische Tendenzen seiner Zeit herausgestellt oder der angeblich unpolitische Wissenschaftsbegriff Rankes und der Romantischen Schule wird gegen seine Theorie der Geschichte und Literatur ausgespielt. Es dürfte aber den einen ebenso schwer fallen, den Prutzschen Begriff einer an die Interessen der eigenen Gegenwart gebundenen historischen Wissenschaft als unwissenschaftlich zu diskreditieren, wie den anderen, den kritischen Liberalen in die sich unpolitisch verstehende obrigkeitsgläubige Germanistik einzuordnen.

2

Am 30. Mai 1816 wird Robert Eduard Prutz als Sohn eines Kaufmanns in Stettin geboren. Von 1834–1838 studiert er Philosophie, Literatur, Geschichte an den Universitäten Berlin, Breslau, Halle und promoviert 1838 mit einer Arbeit über Tacitus' *Annalen*. Er beginnt schon früh, Gedichte, die einen romantischen Einfluß nicht

---

Kommersbücher eingegangen ist. Von seinen Gedichten gibt es insgesamt weit über 100 Vertonungen. Georg Büttner, Robert Prutz. Ein Beitrag zu seinem Leben und Schaffen 1816–1842. Leipzig 1913, S. 31.

[16] R. Gottschall (= Anm. 12), S. 173.

verleugnen können, und Kritiken zu schreiben und kommt über die Bekanntschaft mit Arnold Ruge an die *Hallischen Jahrbücher*. An diesem zentralen Publikationsorgan der Junghegelianer arbeitet er von 1838–1841 und publiziert dort 35 Beiträge,[17] teils Rezensionen, teils umfangreiche Studien, in denen seine gesamte spätere wissenschaftliche Arbeit vorbereitet ist. Wenn er selbst in diesen Jahren nie völlig im Kreis der Mitarbeiter an den *Jahrbüchern* aufgeht, so zeigen doch die philosophische Grundlegung seines Geschichtsbildes oder seine Opposition gegen die Kirchen, die Romantik, das Junge Deutschland seine Abhängigkeit von den Junghegelianern.[18]

1841 erscheint seine Monographie über den Göttinger Dichterbund,[19] die eine weite und allgemein anerkennende Resonanz erzielt. In den wichtigsten Zeitungen und Zeitschriften erscheinen Rezensionen, und berühmte Gelehrte wie Gervinus, Rosenkranz, Alexander von Humboldt, Jacob Grimm schreiben ihre Anerkennung.[20] Mit diesem Werk wollte sich Prutz an der Universität Jena habilitieren. Das Verfahren wurde zu einem Lehrstück über die unpolitische Wissenschaft.

Nachdem Prutz im Mai 1842 »in ehrfurchtsvoller Ergebenheit« sein Gesuch an den Großherzog gerichtet hatte, gibt der Kurator der Universität eine positive Stellungnahme ab, in der er auf die bisherigen Arbeiten des Bewerbers verweist und damit schließt, es sei »wünschenswert«, daß Prutz »für die hiesige Universität gewonnen und erhalten werde«.[21] Dann hat die Philosophische Fakul-

---

17 G. Büttner (= Anm. 15), S. 164–166 (Verzeichnis aller Arbeiten von Prutz in den *Jahrbüchern*).

18 Die zeitgenössischen Gegner der Junghegelianer sahen in ihm offensichtlich während der Vormärzzeit den reinen Vertreter dieser Partei. Vgl. Friedrich Radewell, Hegelings Geburt. Aus van Akens Tagebuche. In: Pilot, Dezember 1841 (Silvester-Feier für die Hegelinge). Der auf Prutz bezügliche Text ist abgedruckt bei G. Büttner (= Anm. 15), S. 151–154.
Das Urteil hat sich gehalten. So bezeichnet Sengle ihn durchgehend als Junghegelianer. Friedrich Sengle, Biedermeierzeit. Bd. 2, Stuttgart 1972, S. 60, 364, 410 usw.

19 Der Göttinger Dichterbund. Zur Geschichte der deutschen Literatur. Leipzig 1841.

20 Vgl. G. Büttner (= Anm. 15), S. 95–98.

21 Die Dokumente sind vollständig abgedruckt bei G. Büttner (= Anm. 15), S. 100–105.

tät das Wort. Sie schließt sich dem Votum der beiden Philosophen Bachmann und Reinhold an, daß Herr Dr. Prutz »unstreitig der Hegelschen Schule angehöre, und zwar ihrem jüngsten Zweige, dessen ganzes Streben, ihrer [der beiden Philosophen] innigster Überzeugung nach, sowohl in religiöser und moralischer als politischer Beziehung verderblich und zerstörend ist, so daß sie [die Philosophen] zum Besten unserer Akademie wünschen müssen, es möge dieses Streben niemals auf derselben irgendeine Vertretung und Verteidigung finden«.[22]

Es ist nun der Kurator, der Vertreter des Staates an der Universität also, der die Herren Professoren zur Toleranz ermahnt mit dem Einwand, »daß kein philosophisches System von der Universität auszuschließen sein möchte«. Darauf erwidern die Hüter der Wissenschaft, »daß nicht das System, aber dessen Anhänger entfernt zu halten seien«.[23] Der Hinweis, Prutz könne nicht gleich zum außerplanmäßigen Professor (ohne Anspruch auf Besoldung!) ernannt werden, da er keine Erfahrung in der akademischen Lehre aufzuweisen habe, krönt die Argumentation. Professorale Mediokrität und Intoleranz setzen sich durch. Der originelle, junge und schon bekannte Gelehrte und Schriftsteller zieht seine Bewerbung notgedrungen zurück, macht ein Jahr später noch einen zweiten Versuch in Halle,[24] der ebenfalls erfolglos endet und »blieb somit, was er war: Privatgelehrter, Schriftsteller, Dichter«.[25]

Kurz nach dem Scheitern seiner Jenaer Pläne bekommt Prutz Schwierigkeiten mit den Behörden. Er veröffentlicht ein dem liberalen Historiker Dahlmann gewidmetes Gedicht ungekürzt, obwohl

---

[22] Ebd. S. 104.

[23] Statt *Hegelianer* lies *Marxist* und 130 Jahre sind wie ein Tag.

[24] Dem Versuch hat er anscheinend von vornherein keine Chance gegeben. Vier Jahre später schreibt er dazu, »Ich wünschte, daß man mir ganz einfach und offen sagte: wir mögen Sie nicht, Ihre Richtung gefällt uns nicht, wir können Leute von Ihrer Denk- und Empfindungsweise nicht brauchen.« Was er jedoch erreichte, war allein ein halbjähriger Briefwechsel mit dem Kultusministerium, das ihm nicht nur die Zulassung zur Habilitation verweigerte, sondern auch die Begründung dafür. (Die Dokumente sind abgedruckt in: Robert Prutz, Vorlesungen über die deutsche Literatur der Gegenwart. Leipzig 1847, S. XXII–XXVIII.)

[25] G. Büttner (= Anm. 15), S. 107.

der Zensor einige Streichungen vorgenommen hatte. Außerdem beherbergt er Georg Herwegh auf dessen berühmter Reise durch Deutschland und läßt ihn von seinem Balkon eine Rede an eine große Menge von Anhängern halten. Das ist offensichtlich zu viel Aufsässigkeit für die Behörden; sie weisen Prutz aus Sachsen aus.

1841 war Prutz aus der Redaktion der *Hallischen Jahrbücher* ausgeschieden. In seinem Verhältnis zu Ruge treten Spannungen auf, politische Differenzen werden teilweise öffentlich ausgetragen. Prutz hatte, selbst während seiner Mitarbeit an den *Hallischen Jahrbüchern*, immer eine schwer bestimmbare Position am Rande der Junghegelianer eingenommen. Sein Geschichtsbild und seine Theorie politischer Handlungswissenschaften hatte er an Hegel und der frühen Hegelkritik entwickelt, sein politischer Standpunkt war und blieb der eines Konstitutionalisten und liberalen Reformers. Als sich um 1840 Ruge und die *Jahrbücher* von diesen Positionen entfernen, entstehen Differenzen mit Prutz, der auf dem erreichten Stand verharrt.

Mit dem Artikel »Karl Streckfuß und das Preußentum« (Echtermeyer/Ruge), in dem die gegenwärtigen miserablen Verhältnisse gegen die *Idee*, gegen das *Wesen* des preußischen Staates ausgespielt wurden, begann 1839 eine Serie von Arbeiten über Preußen, die immer schärfer und unversöhnlicher wurden. Bruno Bauers Beitrag »Der christliche Staat und unsere Zeit« (1841) und schließlich Ruges »Selbstkritik des Liberalismus« (1843) markieren den Übergang zum offenen Angriff gegen den christlichen Restaurationsstaat Preußen und gegen die ängstlichen, abstrakte Freiheit predigenden Liberalen. Prutz hat die republikanische Forderung nach »Auflösung des Liberalismus in Demokratismus« [26] nicht mitvollzogen.

Während Ruge immer klarer den Standpunkt eines republikanischen Internationalismus bezieht und sich schließlich 1843 selbst von den Berliner Hegelianern um die Brüder Bauer trennt, verteidigt Prutz die Forderungen der Liberalen. In einem offenen »Brief an einen Freund« setzt er sich mit Ruge auseinander und versucht, einen vermittelnden Standpunkt zwischen den beiden Lagern einzunehmen: »Nicht also Gegensätze sind Nationalität und Freiheit, Patriotismus und Humanität – vielmehr Ergänzungen; nicht Vaterland *oder* Freiheit ist die Devise, vielmehr Vaterland *und*

[26] Arnold Ruge, Selbstkritik des Liberalismus. Deutsche Jahrbücher 1843, Nr. 1–3.

Freiheit, ja in unmittelbarem, organischem Zusammenhang: das *freie* Vaterland!«[27]

Dieser Vermittlungsversuch zeigt aber sehr deutlich die Kluft zwischen Prutz und den Junghegelianern um Ruge. Prutz hält an der Vorstellung Herders und Humboldts fest, die Nationen seien Individualitäten mit eigenen Charakteren und verwirklichten jeweils eine Idee innerhalb der Universalgeschichte; er spricht von »Individualität der Völker« oder »Persönlichkeit der Nationen«.[28] Indem er die Nation als Verwirklichung einer Idee, damit die »ganze Geschichte« als »Entwicklung des Geistes«, als »ein fortwährendes sich Individualisieren, ein fortwährendes ... sich als Existenz Setzen des allgemeinen, ewigen Seins«[29] versteht, verliert seine Forderung nach Freiheit ihre Grundlage in der politischen Praxis und bleibt ein abstraktes Gedankenkonstrukt, angelehnt an die Hegelsche Staatsidee, die Ruge 1840 politisiert und zur Grundlage des Konstitutionalismus erklärt hatte.[30]

Prutz kommt in subtiler idealistischer Anwendung der Hegelschen Unterscheidung von *sein* und *existieren* und des Satzes von der *Vernunft* des *Wirklichen* zu folgenden Sätzen über Freiheit und Unterdrückung: »Sie [die Knechtschaft] ist nicht, sie *existiert* bloß – und unsere Sache ist es, in unsern Armen ruht es, diese falsche Existenz durch ein wahrhaftes Sein zu vernichten. Knechtschaft *ist* überhaupt nie: sie wird immer nur aufgehoben, nur ewig vernichtet, überall, in jedem Augenblicke, mit jedem Atemzuge, den Du tust, durch die allgegenwärtige, ewig siegreiche, die Freiheit!«[31] Freiheit als notwendiges Element staatlich-nationalen Daseins braucht nur von den Verunreinigungen ihrer gegenwärtigen Erscheinung befreit, durch politische Reformen ins nationale Sein überführt zu werden. Der Idee des Staates ist damit Genüge getan und – wie Prutz meint – der Wirklichkeit erst recht.

Prutz stimmt mit den Junghegelianern auf einer abstrakten Ebene überein, wenn er schreibt, »der wahre, eigentliche Inhalt der

Kluft

aufnehmen

---

27 Robert Prutz, Vaterland oder Freiheit? Brief an einen Freund. In: R. P., Kleine Schriften zur Politik und Literatur. 2 Bd., Merseburg 1847, Bd. 1, S. 64–105; S. 93 f.

28 Ebd. S. 28.

29 Ebd. S. 29.

30 Arnold Ruge, Zur Kritik des gegenwärtigen Staats- und Völkerrechts. Hallische Jahrbücher 1840, Nr. 151–156, Sp. 1210.

31 R. Prutz (= Anm. 27), S. 100.

Geschichte ist die Freiheit und ihre Verwirklichung«.[32] Er stößt auf ihre schärfste Ablehnung, wenn er konkretisiert: »auch hier ist die Freiheit das Wesen, die Nationalität, das Beharren in der bestimmten Existenz, die notwendige Voraussetzung [der Freiheit].«[33] Er geht von der Priorität der Nationalität aus, da sich die Freiheit nur »innerhalb ihrer verkörpern« könne; und so steht er bei aller äußerlichen Verbindung den Junghegelianern eigentlich fern.

Von 1843–1848 gibt er – für kurze Zeit zusammen mit Wolfsohn – das *Literarhistorische Taschenbuch* heraus. Die sechs Bände der gründlich redigierten und bald allgemeine Anerkennung findenden Zeitschrift befestigen seinen Ruf als engagierter liberaler Historiker und Literaturkritiker und führen ihn mit berühmten Zeitgenossen zusammen.

Aber die politischen Schwierigkeiten halten an. 1844 erscheint in Zürich [!] seine Komödie in modisch aristophanischer Manier »Die politische Wochenstube« (3. Aufl. 1845) und bringt ihm sofort eine Anklage wegen »Majestätsbeleidigung und Aufreizung zur Unzufriedenheit« ein.[34] Zwar hat der Prozeß nie stattgefunden; aber: »Ein Angeklagter, ein politisch Angeklagter, ist in den Augen der Behörde, noch lange bevor ein Urteilsspruch erfolgt ist, immer schon ein Verurteilter.«[35] Getreu dieser Maxime wird ihm das Recht, in Berlin öffentliche Vorlesungen über die *Geschichte der neueren deutschen Literatur* zu halten, ohne Begründung verweigert.[36] Nach einigen Verhandlungen mit den Behörden richtet er »ehrfurchtsvoll« ein Gesuch an den Preußischen König, den nun seit zwei Jahren schwebenden Prozeß gegen ihn niederzuschlagen. Dem Gesuch wird – nachdem offensichtlich auch Alexander von Humboldt sich eingeschaltet hat – stattgegeben, die Erlaubnis für die Vortragsreihe wird erteilt. Prutz hält seit Anfang Februar 1846 seine Vorlesungen über die *Geschichte des deutschen Theaters* vor einem großen Publikum.

Eine neue Vortragsreihe über die *Literatur der Gegenwart* wird jedoch nach dem ersten Tag verboten. Äußerst bemerkenswert ist die Begründung des Verbots, denn sie zielt auf den zentralen Punkt

---

32 Ebd. S. 92.
33 Ebd. S. 93.
34 R. Prutz (= Anm. 24), S. XXXI.
35 Ebd. S. XXXVII.
36 Ebd. S. XXXIX.

der Prutzschen Auffassung von Literatur. Der Polizeipräsident wirft ihm die Absicht vor, nicht bei der immanenten Entwicklung von Literatur stehenbleiben, sondern »mehr Gewicht auf die Geschichte als auf die Literatur legen zu wollen«.[37] Es war Prutz' erklärte Absicht, »in der Geschichte der Literatur den Gang der Geschichte im allgemeinen nachzuweisen und dadurch die Literaturgeschichte aus der Sphäre des bloßen ästhetischen Beliebens heraus zu wahrhaft wissenschaftlicher Würde, ja mehr noch, zu einem wichtigen Element öffentlicher Bildung ... zu erheben«.[38] Die Berliner Behörden erkannten in diesem Programm sehr schnell das trojanische Pferd. Die Hegelsche und nachhegelsche Philosophie und Geschichtstheorie eigneten sich so lange als staatlich lizensierte und protegierte Universitätslehre, wie sich ihr dialektisches Prinzip von historischer Notwendigkeit und Vernünftigkeit zur bloßen Legitimierung des Bestehenden mißbrauchen und die Kategorie der Veränderung für die Gegenwart unberücksichtigt bleiben ließ. Gefährlich wurde diese Philosophie, sobald sie ihre eigene Methode von gewissen Konsequenzen des Systems löste und nicht nur in die Vergangenheit projizierte, sondern für die Geschichte generell, also auch für Gegenwart und Zukunft gelten ließ und damit die eigene Gegenwart transitorisch begriff. Die historischen Wissenschaften bekommen damit eine Verbindung zur veränderbaren gesellschaftlichen Praxis, und in welche Richtung diese Veränderung betrieben werden sollte, daran hatte Prutz keinen Zweifel gelassen. So gemäßigt sein Ziel einer konstitutionellen Monarchie auch war, die preußische Regierung empfand es als umstürzlerisch genug, um jedes Mittel zu seiner Erreichung zu verbieten, auch das der Historie.

So bleibt Prutz weiterhin auf Publikationen angewiesen. Er veröffentlicht 1847 die verbotenen Vorlesungen als Buch, um sich öffentlich zu rechtfertigen und seine lautere Absicht zu dokumentieren. 1845 war das große Werk über die *Geschichte des deutschen Journalismus* erschienen, das sich nicht nur durch umfangreiche Quellenarbeiten auszeichnet, sondern auch offene und pointierte Bemerkungen über die Stellung und Aufgabe der Literaturgeschichte und Literaturkritik in der gegenwärtigen Situation enthält.

Nach einem kurzen Zwischenspiel als Dramaturg in Hamburg kehrt Prutz über Dresden im März 1848 nach Berlin zurück. Wäh-

---

[37] Ebd. S. LXXI.
[38] Ebd. S. XLI.

rend der Revolution bleibt er äußerst zurückhaltend und tritt nur als Redner und Journalist im Konstitutionellen Klub hervor.

1849 wird er unter ausdrücklicher Berufung auf diese Zurückhaltung zum außerordentlichen Professor für Literaturgeschichte an der Universität Halle ernannt. Aber das Ministerium bleibt mißtrauisch und will sein Wohlverhalten erzwingen. Er wird »sozusagen auf Probe und Widerruf« ernannt: »Die Stelle war nicht etatmäßig, denn das Gehalt von 500 Talern wurde aus der königlichen Schatulle bezahlt, konnte also jederzeit einbehalten werden.«[39] Schlimmer als der direkte Versuch der Disziplinierung wirken aber die Verhältnisse in Halle. Studenten, die seine Veranstaltungen besuchen, müssen um ihre Examen und ihre zukünftige Anstellung fürchten und bleiben – nach anfänglichem Zustrom – bald aus. Zu seinen Kollegen findet Prutz keinen Kontakt, und sie beginnen bald, ihm Schwierigkeiten zu machen. Nach einem Jahr steht er vor dem Zusammenbruch und flüchtet nach Jena.

Nach kurzer Erholungspause gründet er dort 1851 eine neue Zeitschrift, das *Deutsche Museum*. Die Zeitschrift sollte wohl eine Art Ersatz für die versagte akademische Wirksamkeit sein. Aber sie ist nicht nur Ersatzhandlung, sie ist zugleich signifikant für eine gewisse Abschwächung der eigenen Position. Er spricht auch hier noch gelegentlich eine sehr deutliche Sprache und bezieht politische Stellung. Aber verglichen mit seinen Arbeiten aus dem Vormärz wird doch ein Verlust an Dynamik sichtbar, und bald – von ihm selber offensichtlich ungewollt und unbemerkt – ändert sich auch der Kern seiner historischen Arbeiten.

In diesen Jahren beginnt er aus finanziellen Gründen, Romane zu schreiben: *Die Schwägerin, Das Engelchen, Musikantenturm.*

Aus den ständigen Angriffen der Professoren in Halle ergab sich eine »nicht enden wollende Reihe von Konflikten, nicht bloß literarischer, sondern auch persönlicher und schließlich sogar amtlicher Natur«.[40] Nach einem Artikel gegen den berühmten konservativen Historiker Heinrich Leo, der schon gegen die *Hallischen Jahrbücher* zu Felde gezogen war, »begann ein förmliches Kesseltreiben gegen das *Deutsche Museum* und seinen Herausgeber«.[41]

---

[39] H. Prutz (= Anm. 2), S. 80.

[40] Ebd. S. 96. Über die Schikanen der »gefügigen Fakultäten« vgl. R. Gottschall (= Anm. 12), S. 197.

[41] Ebd. S. 98. Der staatserhaltende Professor Heinrich Leo hatte 1853 in einem Zeitungsartikel seine Einschätzung der gegenwärtigen Lage in

Nach Denunziationen von Professoren-Kollegen aufgrund einer Schiller-Rede und nach der Einleitung eines Disziplinarverfahrens durch das Ministerium entschließt sich der vereinsamte und kranke Prutz, sein Entlassungsgesuch einzureichen. Er zieht sich 1857 nach Stettin zurück. Seine Zeitschriftenaufsätze aus diesen Jahren hat er teilweise in den beiden Bänden *Neue Schriften zur deutschen Literatur- und Kulturgeschichte* (1854) und *Die deutsche Literatur der Gegenwart* (1859) zusammengefaßt.

Trotz einiger sehr erfolgreicher Vortragsreisen durch Deutschland wird es nun still um Prutz. Stettin war nicht eben ein Zentrum politischen oder intellektuellen Lebens, und Prutz' Kräfte waren offensichtlich erschöpft. Der entscheidende Gesichtspunkt für diese Entwicklung scheint mir zu sein, daß Prutz sich der allgemeinen Reaktion auf das Jahr 1848 nicht entziehen konnte. Die Politik der Liberalen *und* der Republikaner war in der Paulskirche gescheitert, sie hatten nicht eines ihrer großen Ziele erreichen können. Mit dem totalen Sieg der Reaktion über alle bürgerlichen Hoffnungen auf einen geeinten Rechtsstaat und mit dem Zusammenbruch des Vertrauens auf die eigene Handlungsfähigkeit setzt eine umfassende Resignation ein. Die Zahl der Auswanderungen nach Amerika steigt schlagartig an, und die Intellektuellen, die in Deutschland bleiben, geben nach und nach ihre Oppositionsrolle auf, ziehen sich in unpolitische Arbeiten zurück (wie Hettner) oder passen sich der politischen Lage an (wie Haym) oder übernehmen bewußt die Rolle des Außenseiters (wie Gervinus). Prutz, der seit seinen frühen Jahren neben historischen und kritischen Arbeiten immer auch Ro-

Europa geliefert. Darin standen auch die Sätze: »Gott erlöse uns von der europäischen Völkerfäulnis und schenke uns einen frischen, fröhlichen Krieg, der Europa durchtobt, die Bevölkerung lichtet und das skrofulöse Gesindel zertritt, das jetzt den Raum zu eng macht, um noch ein ordentliches Menschenleben in der Stickluft führen zu können. Jetzt spielt noch die Kanaille des materiellen Interesses die große Rolle ... – ein einziger, ordentlicher gottgesandter Kriegsregen würde die prahlerische Bestie mit wenig Tropfen schon zum Schweigen und Verkriechen gebracht haben.« (Zitiert nach R. Prutz, Der kleine Rataplan von Halle. Deutsches Museum 3, 2, 1853, S. 265–273; S. 266.) Leo unterrichtete als ordentlicher Professor Studenten an einer Universität, an der Prutz, der Anhänger einer destruktiven Richtung der Philosophie, sich nicht einmal habilitieren konnte.

mane, Dramen, Gedichte geschrieben hatte, widmet sich nun ausschließlich dem Schreiben von Gedichten. Waren seine früheren Gedichte und Dramen durchweg politisch, und versuchte er in seinen Romanen, die sozialen Probleme der Zeit zu behandeln, so widmet sich sein spätes Werk fast ausschließlich der unpolitischen, vorwiegend der Liebes-Lyrik: *Aus goldenen Tagen* (1861), *Herbstrosen* (1865), *Stimmen der Liebe* (1868), *Buch der Liebe* (1869). Der Sozialroman *Oberndorf* (1862) und die noch einmal an vergangene Jahre anknüpfende Aufsatzsammlung *Menschen und Bücher* (1862) erscheinen unter diesen Titeln wie Fremdkörper. Eine individuelle und psychologische Erklärung für den »zweiten Frühling«, wie das bisher versucht wurde,[42] scheint mir völlig unbefriedigend zu sein.

Der Wandel ist nur als Rückzug ins politisch Unverbindliche und Private als Reaktion auf die veränderte allgemein gesellschaftliche Lage zu verstehen. Ein sichtbares Indiz dafür liefert sein letztes Aufbegehren im Jahr 1866. Bismarcks Krieg gegen Österreich veranlaßt ihn zu einem Gedicht mit dem Titel *Mai 66*, in dem er gegen Machtpolitik und Bruderkrieg Stellung bezieht. Es ist ein letztes Aufbegehren längst verschollener liberaler Hoffnungen auf Selbstbestimmung. Das Gedicht bringt dem 50jährigen noch einmal einen Prozeß wegen Majestätsbeleidigung und drei Monate Gefängnis ein (die er wegen einer allgemeinen Amnestie nicht absitzen muß). Aber die dramatischen Umstände täuschen. Die Maxime liberalen Handelns war schon vor 1848 an das Erfolgsprinzip gebunden, und so fiel es den meisten oppositionellen Liberalen offensichtlich nicht schwer, sich nach anfänglichem Zögern mit Bismarcks Machtpolitik auszusöhnen. Denn er schien zu verwirklichen, was ihnen nicht gelungen war. Daß sich die Vorzeichen mittlerweile geändert hatten und von Konstitution nicht mehr die Rede war, ließ sich über den außenpolitischen und bald auch über den wirtschaftlichen Erfolgen vergessen. Prutz vollzieht diese Wandlung sinnfällig durch ein Gedicht mit dem Titel *Juli 66*, in dem er seine Angriffe zurücknimmt.[43] Der Sieg bei Königgrätz ist ihm Argument genug. Er hat die historische Wahrheit auf der Seite des Siegers gefunden.

Am 21. Juni 1872 stirbt Robert Prutz.

---

[42] Jahrzehntelang war Prutz' Name fast ausschließlich mit diesen Gedichten verbunden, die angeblich seinen ewigen Ruhm begründen sollten. Vgl. dazu das Prutz-Gedenkbuch (= Anm. 1) und dessen Auswahl aus dem Werk.

[43] Vgl. R. Gottschall (= Anm. 12), S. 208–210.

3

Man wird Prutz nicht eben als originellen Denker bezeichnen wollen. Er hat nicht in die ideologiekritischen oder erkenntnistheoretischen Diskussionen der Linkshegelianer eingegriffen, vielmehr hat er die von Strauß, dem frühen Bruno Bauer und dem frühen Ruge ausgearbeiteten theoretischen Positionen konsequent auf den Gegenstand Literatur angewandt und das Verhältnis von Wissenschaft und Politik, von historischer Forschung und gesellschaftlicher Praxis vom Standpunkt des fortschrittlich-liberalen Hegelianers durchdacht und in einer bewußt allgemeinverständlichen, auf eine aufklärende Wirkung im bürgerlich gebildeten Publikum berechneten Sprache formuliert. Die Grundlagen seines Denkens sind in einer Verbindung aus Hegelscher und nach-Hegelscher Geschichtsphilosophie und der Tradition aufklärerischer Geschichtsschreibung, wie sie vor allem Gervinus vertrat, zu suchen.

Prutz gehört zu der Generation, die Hegel durch die Vermittlung seiner Schüler kennenlernt, und er bleibt zeit seines Lebens der Meinung, daß über Hegel nicht grundsätzlich hinausgegangen werden könne. Das gilt selbst für seine späteren Jahre, als er von bestimmten Hegelschen Positionen abweicht und pragmatischer vorgeht. Nachdem das *Prinzip geschichtlicher Veränderungen* und historischer Forschung »ein für allemal von Hegel aufgestellt war und es sich nur noch darum handelte, es nach allen Seiten hin mit voller Schärfe anzuwenden«, so sagt er 1847 in seinen Vorlesungen zur Gegenwartsliteratur pointiert,[44] hätten die Junghegelianer »auch nicht das geringste Bedenken dabei [empfunden], zugunsten dieses ihres Prinzips, das ist des freien Geistes und seiner ewig ungehinderten Entwicklung, die ganze bisherige Welt über den Haufen zu stürzen«.[45] In den für den Druck nicht überarbeiteten Vorlesungen spricht er sehr direkt seine Überzeugung dieser Jahre aus, »daß die Philosophie allerdings die Welt bewegt und daß jede andere Gewalt ohnmächtig ist gegen die Energie einer geistigen, einer sittlichen Überzeugung«.

Hinter der anscheinenden Selbstverständlichkeit solcher Sätze steht eines der Hauptprobleme der Hegelianer. Nachdem das Hegelsche System der Geschichte in Widerspruch zur Wirklichkeit

---

[44] R. Prutz (= Anm. 24), S. 328.
[45] Ebd. S. 329 f. Das folgende Zitat ebd.

geraten war und Hegels Philosophie sich nicht als die Überwindung jeglichen Philosophierens erwiesen hatte, mußte das Verhältnis von Theorie und historisch-gesellschaftlicher Wirklichkeit neu bedacht werden. Durch den Versuch von Eduard Gans, die Dialektik aus Hegels System zu lösen und sie als eine generelle Kategorie der Geschichte auf die Gegenwart und Zukunft ebenso wie auf die Vergangenheit anzuwenden, war nicht nur der Grund für den Streit zwischen orthodoxen und Jung-Hegelianern gelegt, sondern die Richtung der gesamten weiteren Diskussion bestimmt. So polemisiert Ruge gegen die orthodoxen Hegelianer und nennt ihre Wissenschaft, die nur auf die Vergangenheit ziele, eine »elende, eine verächtliche Weisheit«; er fordert von der Philosophie wie von der Religion, »die neue Welt, den neuen Menschen aus sich zu zeugen« und an ihre »Tat- und Zeugungsmacht zu glauben.«[46]

Der ehemalige Junghegelianer Engels schreibt 1886 rückblickend: »Wer das Hauptgewicht auf das *System* Hegels legte, konnte auf beiden Gebieten [Religion und Politik] ziemlich konservativ sein; wer in der dialektischen *Methode* die Hauptsache sah, konnte religiös wie politisch zur äußersten Opposition gehören.«[47] Die Trennung von System und Methode und die konsequente Anwendung der Methode auf alle Bereiche der Ideologiebildung, vorwiegend der Religion und Politik, führen zur kritischen oppositionellen Richtung der Junghegelianer. D. F. Strauß hatte in *Das Leben Jesu* (1835), ausgehend von Hegels Trennung zwischen *Vorstellung* und *Begriff*, die Frage nach dem Verhältnis von Geschichtlichkeit und Glaubensinhalten der Evangelien gestellt und war zu dem Ergebnis gekommen, daß philosophische Theoriebildung keine Aussage über den historischen Wahrheitsanspruch von Religion ermögliche. Damit war die Kluft zwischen historischer Wirklichkeit und philosophischem Begriff aufgedeckt, die nicht durch eine Dialektik der Begriffsbildung allein zu bewältigen war, wollte man nicht weiterhin geschichtliche Entwicklung als eine Bewußtseinsfrage behandeln. So schreibt Feuerbach wenig später kritisch: »Die Hegelsche Philosophie ist die Aufhebung des Widerspruchs von Denken und Sein ... innerhalb des *einen* Elements – innerhalb des Denkens.«[48]

---

[46] Arnold Ruge, Europa im Jahre 1840. Hallische Jahrbücher 1840, Nr. 85–93, Sp. 740.

[47] Friedrich Engels, Ludwig Feuerbach und der Ausgang der klassischen deutschen Philosophie. MEW Bd. 21, S. 259–307; S. 270 f.

[48] Ludwig Feuerbach, Vorläufige Thesen zur Reformation der Philoso-

Die historische Kritik an den Evangelien und dem Wahrheitsanspruch der christlichen Religion wurde zum Ausgangspunkt der weiteren philosophischen Diskussion, die vorwiegend von Bruno Bauer, Ludwig Feuerbach, Arnold Ruge bis in den Bereich des konkret Politischen weitergeführt wird. »Der Kampf wurde noch mit philosophischen Mitteln geführt, aber nicht mehr um abstrakt-philosophische Ziele; es handelte sich um die Vernichtung der überlieferten Religion und des bestehenden Staates.«[49] Prutz versucht, in den Grenzen liberaler Staatsauffassung, diese Arbeit am Gegenstand Literatur zu leisten.

Zwei Voraussetzungen müssen für diese Wendung noch erwähnt werden. August von Cieszkowski knüpft in seinen *Prolegomena zur Historiosophie* (1838) an die Überlegungen von Gans und Strauß an, wenn er entgegen Hegels Geschichtstheorie die Zukunft als »einen integrierenden Teil der Geschichte« postuliert.[50] Er verbindet den Gedanken aber mit einer Rehabilitation des Willens: »Nach Hegel ist der Wille nur eine besondere Weise des Denkens, und dies ist eine falsche Auffassung; vielmehr ist das Denken ein bloß integrales Moment des Willens, denn das Denken, welches wieder zum Sein wird, ist erst der Wille und die Tat.«[51] Er fordert konsequent eine *»Philosophie der Praxis*, – deren konkrete Einwirkung auf das Leben und die sozialen Verhältnisse, die Entwicklung der *Wahrheit* in der *konkreten Tätigkeit*« zum Ziel erhoben werden müsse.[52]

Die Bewältigung der Zukunft wird hier zum Problem des subjektiven Handelns in der Geschichte. Die Frage lautet: wie läßt sich ein Handlungs*wille* durch historische Erkenntnis in geschichtliche *Tat* umsetzen? Diese aus dem Bruch mit der Hegelschen Vorstellung einer Identität von Theorie und geschichtlicher Wirklichkeit abgeleitete Gegenüberstellung von Wirklichkeit und Tat wird zum Leitmotiv aller Beschäftigung mit der Geschichte bei den Junghegelianern. Prutz betont immer wieder die Idee der Freiheit als das treibende Element in seiner Geschichtsauffassung. Diese Forderung

phie. In L. F., Philosophische Kritiken und Grundsätze. Leipzig o. J., S. 169–191; S. 184.

[49] F. Engels (= Anm. 47), S. 271.

[50] August von Cieszkowski, Prolegomena zur Historiosophie. Berlin 1838, S. 9.

[51] Ebd. S. 120.

[52] Ebd. S. 129.

historischen Fortschritts setzt er in seinen Schriften der bestehenden reaktionären und klerikalen Wirklichkeit entgegen, um durch solche Kritik und Aufklärungsarbeit der Zukunft besserer staatlich-politischer Verhältnisse zum Durchbruch zu verhelfen. So ist er der festen Überzeugung, »daß alle politische Entwicklung nur Entwicklung zur Freiheit sein kann und daß mithin durch die Geschichte der allerdespotischest regierten Staaten und der allergeknechtetsten Völker notwendig immer noch ein unverkennbarer, ein göttlicher Zug nach dem ursprünglichen Inhalt alles staatlichen Lebens, nach der Freiheit gehen muß«.[53]

Selbst mit solchen, an Beschwörungsformeln erinnernden Formulierungen befindet sich Prutz in voller Übereinstimmung mit den *Hallischen Jahrbüchern*, in denen Ruge 1840 fordert, an die Stelle von Hegels »System der abstrakten und theoretisch absoluten Entwicklung« die »konkrete Entwicklung« der Geschichte zu setzen, damit »ans Ende jeglicher Geschichte die Forderung ihrer Zukunft« treten kann.[54]

Zur Verwirklichung des Zieles, historische Theoriebildung politisch praktisch werden zu lassen, mußte noch eine weitere Voraussetzung geklärt werden. Hegels Vorstellung vom Primat der Idee, die alle geschichtliche Veränderung bedinge,[55] wurde von Feuerbach als Umkehrung der wirklichen Verhältnisse verworfen.[56] Erscheine in Hegels Philosophie »das Wirkliche als das Unwirkliche, ... weil ihr das Unwirkliche, das Unbestimmte für das Reale gilt«,[57] und führe damit diese Philosophie statt zur Erkenntnis der Wirklichkeit »immer nur zur *Realisation seiner eignen Abstraktionen*«, so meint dagegen Feuerbach, »nur die Anschauung der Dinge und Wesen in ihrer objektiven Wirklichkeit macht den Menschen frei

---

[53] Robert Prutz, Begriff und Wesen der Literaturgeschichte. In: R. P., Menschen und Bücher. Biographische Beiträge zur deutschen Literatur- und Sittengeschichte des 18. Jahrhunderts. Leipzig 1862, S. 20–38; S. 33.

[54] A. Ruge (= Anm. 30), Sp. 1211.

[55] Hegel, Vorlesungen über die Philosophie der Geschichte. Werke, hrsg. v. E. Moldenhauer und K. M. Michel, Bd. 12. Frankfurt 1970, S. 40.

[56] »Der Anfang der Philosophie ist nicht Gott oder des Absoluten nicht das Absolute, nicht das Sein als *Prädikat* der Idee – der Anfang der Philosophie ist das Endliche.« L. Feuerbach (= Anm. 48), S. 176.

[57] Ebd. S. 176.

und ledig aller Vorurteile«.[58] Den »Vorwurf eines unvermittelten Bruches mit der sinnlichen Anschauung« und eine materialistische Kritik an der Hegelschen Geschichtskonzeption hatte Feuerbach schon 1839 in den *Hallischen Jahrbüchern* formuliert[59] und damit die Einsicht begründet, daß Philosophie, Literatur, Religion nicht Geschichte machen, sondern Funktionen der vom Menschen hervorgebrachten Geschichte sind.

Nach der Betonung des subjektiven Willens und der politischen Tat haben wir mit dieser Ansicht von der geschichtlichen Wirklichkeit als Substrat des Bewußtseins die zweite Grundlage für das Geschichtsbild der Junghegelianer. Beide Vorstellungen liegen der immer wieder betonten Ansicht von Prutz zugrunde, die politischen Zustände müßten nur verändert werden, und eine bessere Dichtung werde die zwangsläufige Folge sein. Er ist »von jeher der Ansicht gewesen und hat dies zum eigentlichen Leitstern seiner schriftstellerischen Tätigkeit gemacht, daß auch unsere Literatur nicht eher zu neuer Blüte und neuem Gehalt gelangen kann, als bis unser geschichtliches Leben selbst einen neuen fruchtbaren Boden gewonnen hat«.[60] Schon aus der Metaphorik dieses und ähnlicher Sätze läßt sich ablesen, daß Prutz die Konsequenzen der Feuerbachschen Hegelkritik nur sehr eingeschränkt gezogen hat. Seine Vorstellung von historisch-gesellschaftlicher Wirklichkeit bleibt abstrakt, das Vermittlungsproblem der Literatur unreflektiert. So ist es nicht erstaunlich, daß er seine Ansichten nach 1848 gerade in diesem Punkt – und eigentlich nur in diesem Punkt – klar revidiert.

Feuerbachs Begriff vom »Sein« als Voraussetzung des »Denkens«[61] wird von Prutz in rein politischem Sinn gefaßt, wie seine scharfe Kritik an der Romantik und am Jungen Deutschland zeigt. Die Romantik, für Prutz eine Übersteigerung der Subjektivität, Literatur der inneren Fäulnis, der katholisierenden Mystik, des geistigen Rückschritts und der Widersprüchlichkeit hat für ihn ihre Grundlage im Metternichschen Polizeistaat, in der politischen Stickluft nach dem Wiener Kongreß. »Und allerdings war damals für die Romantik kein Boden geeigneter als der Boden Berlins, der

---

[58] Ebd. S. 178.

[59] Ludwig Feuerbach, Zur Kritik der Hegelschen Philosophie. Hallische Jahrbrücher 1839, Nr. 208–216, Sp. 1700.

[60] Robert Prutz, Die deutsche Literatur der Gegenwart, 1848–1858. Leipzig 1859, Bd. 1, S. V f.

[61] L. Feuerbach (= Anm. 48), S. 186.

Boden Preußens: darum, weil kein Staat damals ausgehöhlter, fauler, kränker war als Preußen: und dies wiederum deshalb, weil in keinem anderen die Krankheit sich so sehr mit dem Schein der Gesundheit, die Fäulnis mit dem Schein der Frische, der Tod mit dem Prunk des Lebens heuchlerisch umgab.«[62]

Literatur als Reflex, als objektiviertes Selbstbewußtsein der politischen Wirklichkeit ist in seiner Konzeption aber durchaus nicht zu einer bloß abhängigen Variablen degradiert. Sie behält vielmehr die Möglichkeit der Opposition. So schreibt er über die Jungdeutschen, die seiner Meinung nach trotz ihrer veränderten Intention die Romantik mit anderen Mitteln fortsetzen: »Nicht aber ausschließlich ihnen dürfen wir diese ihre Krankheit zurechnen, sondern ihre Schuld ist es nur, daß sie die Schuld der Zeit nicht von sich abgewendet haben. Denn nicht bloß mit der Zeit, auch gegen die Zeit an führt ein Weg der Freiheit und des Fortschritts, den wir gehen sollen, sobald falsche und unwahre Richtungen in ihr mächtig werden und sie den Geist verleugnet, der ihr Herr ist.«[63]

Der Vorstellung von Übereinstimmung mit oder Opposition gegen einen *Geist*, der *Herr* der *Zeit* ist, liegt eine Konzeption von Geschichte als kontinuierlichem Prozeß in der Entfaltung von Freiheit und Selbstbestimmung zugrunde. Hegels Geschichtstheorie, verändert durch die Junghegelianer, und die an Schlosser und der Aufklärung orientierte Position Gervinus' gehen hier eine enge Verbindung ein. Es bestand allgemeine Übereinstimmung in der Diskussion, daß es die Aufgabe des Historikers sei, »die allgemeinen Bewegungsgesetze zu entdecken, die sich in der Geschichte der menschlichen Gesellschaft als herrschende durchsetzen«.[64] Wie diese »Bewegungsgesetze« zu verstehen seien, mußte aber geklärt werden. Und hier wird die Verbindung von jung-Hegelschem Geschichtsbegriff und liberaler Politik mit ihrer Überschätzung der individuellen Handlungsmöglichkeiten sichtbar.

Hatten Autoren wie Cieszkowski oder Feuerbach Hegels Ge-

---

62 R. Prutz (= Anm. 24), S. 156.
Seine Romantikkritik geht in ihren Grundsätzen nicht über das *Manifest* von Echtermeyer/Ruge hinaus. (Der Protestantismus und die Romantik. Zur Verständigung über die Zeit und ihre Gegensätze. Ein Manifest. Hallische Jahrbücher 1839, Nr. 245 – 1840, Nr. 64.

63 Robert Prutz, Wilhelm Waiblingers Gesammelte Werke. Hallische Jahrbücher 1840, Nr. 223–226, Sp. 1787.

64 F. Engels (= Anm. 47), S. 296.

schichtstheorie zwar aus der bloßen Retrospektive gelöst und vom Primat der Idee befreit, so hatten sie aber eine Erkenntnis Hegels zurückgenommen: sie hatten den Zusammenhang von Denken und Sein zerrissen, und sie hatten durch die Betonung des Willens die geschichtliche Wirklichkeit dem handelnden Subjekt entgegengesetzt und weitgehend unterwerfen wollen. Dadurch wurde für die historischen Wissenschaften die Verbindung mit dem Aufklärungsoptimismus und ein erneutes Aufleben des im Grunde längst obsoleten Vertrauens auf einen ungebrochenen Fortschritt möglich. So meint Gervinus, es sei als das »Gesetz aller geschichtlichen Entwicklung« in Europa seit den Anfängen der Geschichte »ein regelmäßiger Fortschritt zu gewahren von der geistigen und bürgerlichen Freiheit der Einzelnen zu der der Mehreren und Vielen«.[65] Für ihn steht es in der persönlichen Entscheidungsfreiheit des »denkenden Geschichtsschreibers«, sich »den Ideen, die die Geschichte seiner Zeit bewegen, vernünftig anzuschließen«.[66]

Die Willens- und Entscheidungsfreiheit des Subjekts, das sich – läßt es nur die Vernunft regieren – dem notwendig progressiven Geist der Zeit anschließt, wird zur Grundlage von historischen Wissenschaften, die ihren Bezug zur gesellschaftlichen Praxis nicht weiter zu begründen brauchen. Kritische Geschichtsforschung im Geist der Zeit ist solange gleichbedeutend damit, am Fortschritt der eigenen Zeit mitzuwirken, wie die Voraussetzung akzeptiert bleibt, daß allein das Bewußtsein, daß allein aufgeklärtes Handeln die geschichtliche Wirklichkeit verändern. So meint Prutz über die Aufgabe des Historikers und Literaturwissenschaftlers: »Dies also ist das Erste und Dringendste, die Nation zum Bewußtsein der ohnmächtigen und unwürdigen Lage zu bringen, in welcher sie sich ... gegenwärtig noch befindet, damit an diesem Bewußtsein sich auch die Kraft und der Willen entzünde, diesem Zustande ein Ende zu machen ...«[67] Die Konzeption einer Philosophie als »Mutter und Meisterin aller Dinge, die tatkräftig, Leben zeugend, an die Spitze der [politischen] Bewegung« tritt,[68] wird zur Voraussetzung von

---

[65] Georg Gottfried Gervinus, Einleitung in die Geschichte des neunzehnten Jahrhunderts. Hrsg. v. Walter Boehlich, Frankfurt 1967, S. 13.

[66] Georg Gottfried Gervinus, Grundzüge der Historik. In: G. G. G., Schriften zur Literatur. Berlin 1962, S. 49–103; S. 86.

[67] R. Prutz (= Anm. 60), Bd. 1, S. VI.

[68] R. Prutz (= Anm. 24), S. 324.

historischen Wissenschaften, die ihre politischen Möglichkeiten maßlos überschätzen.

Das Ziel der Literaturgeschichte sei nicht die Aufklärung über die Vergangenheit, sondern im Gegenteil, »auf die Gegenwart zielt sie, die sie über sich selbst aufklären, zu neuen Schöpfungen, ja zu neuen Taten anregen und damit die höchste Aufgabe lösen will, welche aller Wissenschaft gestellt ist: diese nämlich, lebendig zu werden durch die Tat«.[69] Eine liberale Geschichtstheorie führt hier beinahe zwangsläufig zur Wirklichkeit eines liberalen Staates, wenn nur die Theorie den Subjekten dazu verhilft, »zum Bewußtsein zu kommen über sich selbst und dadurch mit der wissenschaftlichen Einsicht, der geistigen Aufklärung auch die politische Wirkung zu verdoppeln«.[70] Nicht mehr die Hegelsche Idee des Staates wird hier als dynamische Kraft im Geschichtsprozeß verstanden, sondern an ihre Stelle treten die aufgeklärten und ihrer selbst bewußten Individuen, die allerdings verändernd in die politische Wirklichkeit eingreifen, indem sie sich den treibenden progressiven Ideen in der Geschichte anschließen.

Um ihrer aufklärenden, bewußtseinsbildenden Aufgabe gerecht werden zu können, muß die Literaturgeschichte konsequent *»als Geschichte«* betrieben werden.[71] Auch Gervinus hatte diese Forderung gestellt und – obwohl er sich bewußt nicht auf Hegel, sondern auf Schlosser und Humboldt stützte – mit den Argumenten Hegels und der Hegelianer begründet. Prutz beruft sich häufig und mit Nachdruck auf Gervinus und meint, daß ohne seine und Schlossers Vorarbeit sein eigener Standpunkt gar nicht möglich wäre.[72] Als eine der grundlegenden Erkenntnisse Gervinus' lobt Prutz die Einsicht in die Einheit der Geschichte, deren verschiedene Erscheinungsformen, wie Politik oder Literatur, nicht darüber hinwegtäuschen dürften, »daß derselbe Trieb der Geschichte« sie alle bewegt.[73] Dieser, durch die Hegelsche Brille gesehene Gervinus erscheint auch als Vorbild im Kampf gegen den Subjektivismus der

[69] Robert Prutz, Die Geschichte des deutschen Journalismus. Einleitung. Zitiert nach: Literaturgeschichte zwischen Revolution und Reaktion. Hrsg. v. B. Hüppauf, Frankfurt 1972, S. 78–92; S. 81.

[70] Ebd. S. 91.

[71] Ebd. S. 86.

[72] Ebd. S. 80.

[73] Robert Prutz, Die Literaturgeschichte und das 18. Jahrhundert. In: R. P., Menschen und Bücher. Leipzig 1862, S. 1–114; S. 109.

»ästhetisierenden Literaturgeschichte«, deren höchstes Kriterium der »Geschmack«, das »Unsagbare des ästhetischen Gefühls« sei.[74] Prutz fordert, dieser Standpunkt müsse endgültig »überwunden und die Rücksicht auf den ästhetischen Genuß gegen die höhere, wissenschaftliche Befriedigung«, gegenüber der konsequent *historischen* Wissenschaft also, aufgegeben werden.[75] Das scheint mit Gervinus' rigoroser Auffassung übereinzustimmen, er habe als Historiker mit der ästhetischen Seite der Literatur nichts zu schaffen.[76] Doch gibt es hier einen grundlegenden Unterschied.

Während Gervinus die ästhetische Seite ausklammern will und Literatur als Moralist, von den politischen Interessen der Gegenwart bewertet, sieht Prutz die Ästhetik historisch funktional: sie hat eine »angewandte Literaturgeschichte zu werden«.[77] Bei ihm schließen sich die ästhetische und historische Betrachtungsweise der Literatur nicht aus, sondern sie liegen auf verschiedenen Ebenen, da die Historie die alles fundierende Dimension in der Literaturwissenschaft bilde, also auch die Maßstäbe für die ästhetische Beurteilung der Literatur zu liefern habe.

Noch eine weitere Differenz zwischen Gervinus und Prutz muß in diesem Zusammenhang genannt werden. Beide kommen an entscheidenden Stellen zu sehr verschiedenen Wertungen der Literatur. Besonders auffällig ist die Bewertung der nachklassischen Literatur. Gervinus kommt über sein starres Schema, in dem nach der langen Entwicklung bis zum Höhepunkt der Klassik die Zeit der Literatur nun abgeschlossen und die Zeit des politischen Handelns angebrochen sei, kaum je hinaus. Alle Literatur nach Goethe ist für ihn weitgehend historisch funktionslos und verfällt seiner schärfsten Kritik. Dieser Schematismus des Hegel-Verächters Gervinus erinnert viel eher an das System Hegels als Prutz' Auffassung, für den Literatur, ein Spiegel ihrer Zeit, »als Moment des Geistes und seiner innerlichen Notwendigkeit« aufgefaßt werden muß. Wie sollte denn, fragt sich Prutz bei der Untersuchung zeitgenössischer politischer Lyrik, in einer *Nation*, die »hohl, bombastisch, großsprecherisch« ist, die *Dichtung* nicht ebenfalls »hohl, bombastisch, groß-

---

[74] R. Prutz (= Anm. 69), S. 82.

[75] Ebd. S. 84.

[76] Georg Gottfried Gervinus, Einleitung zur Geschichte der poetischen Nationalliteratur der Deutschen. In: G. G. Gervinus, Schriften zur Literatur. Berlin 1962, S. 145–164; S. 156 f.

[77] R. Prutz (= Anm. 69), S. 84. Das folgende Zitat ebd. S. 82.

sprecherisch« sein?[78] Die Aufgabe des Historikers und Literaturkritikers sei aber nicht zu werten, der Literatur »Vorschriften« zu machen, sondern »der Produktion nachzugehen und sie in ihrem geschichtlichen Zusammenhang zu begreifen«.[79] Denn nur durch eine historisch-dialektische Beziehung, nicht aber durch subjektiv moralische Bewertung könne die Erkenntnis der Vergangenheit in den geschichtlichen Prozeß selbst eingebracht und zur Veränderung der eigenen Gegenwart nutzbar gemacht werden.

Die Theorie von der *Gesetzmäßigkeit* geschichtlicher Entwicklungen wird ergänzt durch die Vorstellung von der geschichtlichen *Notwendigkeit* bestimmter politischer Ereignisse, gesellschaftlicher Veränderungen oder literarischer Schulen und Tendenzen. Prutz fordert nicht nur immer wieder, die Romantik, bei aller herben Kritik, als einen notwendigen Reflex der politischen Wirklichkeit zu begreifen, sondern er setzt sich auch ausdrücklich von Gervinus' Urteil über andere Epochen und Autoren, so über Günther oder Bürger, ab.[80] Die Ursache für die unterschiedliche Bewertung liegt in Prutz' Versuch, die beiden Autoren in die Kontinuität einer literaturgeschichtlichen Höherentwicklung einzuordnen und ihre Schwächen wie ihre Größe als notwendig aus ihrer jeweiligen geschichtlichen Situation abzuleiten.

Gervinus hat den Unterschied klar erkannt und in einem Brief an Prutz ausgesprochen (»Was uns hier trennt, ist übrigens im System gelegen«.[81]), ohne aber Verständnis für den Prutzschen Standpunkt zu zeigen.

Die Theorie von der Funktionalität aller Elemente in einer geschichtlichen Totalität läßt Prutz geradezu notwendig einen ästhetisch begründeten Kanon literaturwissenschaftlicher Fragestellungen durchbrechen und Bereiche der heutigen empirischen Literatursoziologie in die Literaturwissenschaft einbeziehen. Er behandelt in allen Phasen seiner schriftstellerischen Tätigkeit Fragen nach dem Ver-

---

78 Robert Prutz, Die politische Poesie, ihre Berechtigung und Zukunft. In: R. P., Kleine Schriften. Zur Politik und Literatur. 2 Bd., Merseburg 1847, Bd. 2, S. 91–135; S. 133.

79 Robert Prutz, Epos und Drama in der deutschen Literatur der Gegenwart. In: Neue Schriften zur deutschen Literatur- und Kulturgeschichte. 2 Bde., Halle 1854, Bd. 2, S. 171–219; S. 207.

80 R. Prutz (= Anm. 19), S. 56–70, S. 377–386.

81 G. Büttner (= Anm. 15), S. 95.

hältnis von Publikum und Literatur, nach den gesellschaftspolitischen Bedingungen literarischen Wandels, nach Entstehungsbedingungen und Funktion der Unterhaltungsliteratur, nach der sozialen Stellung der Schriftsteller (auch der Außenseiter wie Frauen oder Juden), nach der Funktion und den Veränderungsbedingungen von Zeitungen, Zeitschriften, Almanachen.[82] Der Bereich, den wir heute Medienforschung nennen würden, gehört für Prutz selbstverständlich zu den Aufgaben der Literaturwissenschaft, und er kommt in seinen Untersuchungen zu oft erstaunlich vorurteilslosen und weitblickenden Ergebnissen.

Gelegentlich mischen sich aber auch wunderliche Mißgriffe darunter, die aus einem Systemzwang entstehen. So preist er in einem Aufsatz über Schubarth die preußischen Werbeoffiziere des 18. Jahrhunderts »als nicht unwichtige Mittelglieder in der Verbreitung literarischer Bildung . . ., als Apostel gleichsam einer feineren ästhetischen Kultur, welche damals . . . hauptsächlich in Norddeutschland . . . ihren Sitz hatte und die nun eben diese Offiziere nach Süd- und Mitteldeutschland verbreiten halfen«.[83] Preußen, der Staat des Protestantismus und des »Helden der Aufklärung«, Friedrichs II, ist für ihn seit seinen Hallenser Jahren eine Verkörperung reformerischer, progressiver Ideen des 18. Jahrhunderts geblieben, die allenfalls zeitweilig verdeckt und durch Usurpatoren der Macht vorübergehend unterdrückt werden können. Diese Einschätzung der historischen Rolle Preußens führt nicht nur zu der erstaunlichen Beschreibung seiner Soldatenwerber, sondern ist die Voraussetzung für weitreichende Fehleinschätzungen der allgemeinen historischen Situation.

Die Reformation ist für die Junghegelianer und für Prutz ein Signal und hervorragender Anfang einer kontinuierlichen aufklärerischen Tradition, in der die französische Revolution von 1789 einen weiteren Höhepunkt bildet.[84] In der Vormärzzeit sind für Prutz das »Reformatorische« (= Reformerische) und »Revolutionäre« die Begriffe für zwei Seiten einer einzigen Sache,[85] und so

[82] Vgl. W. Langenbucher (= Anm. 14). Er will Prutz' Interesse an diesen Fragen aus »dem Gespür eines am Aktuellen orientierten Journalisten« erklären. (S. 121).

[83] Robert Prutz, C. F. D. Schubarth. In: Menschen und Bücher. Leipzig 1862, S. 165–266; S. 180.

[84] R. Prutz (= Anm. 19), S. 10.

[85] Ebd. S. 16.

sieht er die Kontinuität der Aufklärung und ihrer praktischen Anwendung, der politischen Veränderungen, in einem Staat wie Preußen allein schon durch dessen Protestantismus bis in seine eigene Gegenwart hinein wirksam. Preußen ist für ihn der Staat der politischen Aufklärung und der Vernunft, der Staat der Stein und Hardenberg, der Scharnhorst und Boyen. Daher ist sein Zustand im 19. Jahrhundert nicht nur »verderbt«, sondern geradezu »unnatürlich«, weil die gegenwärtigen Machthaber diesem geschichtlichen Auftrag zuwiderhandeln, ihn unterdrücken, pervertieren. Prutz verfolgt sein ganzes Leben hindurch die Absicht, diese Reformtradition, als das eigentliche, aber durch die gegenwärtige Politik unterdrückte Wesen Preußens durch Opposition gegen dessen politische Unterdrücker freizusetzen, aus dem bloßen Sein in die Existenz zu heben. In diesem Sinn versteht er die Literaturgeschichte, die sich mit eben dem Wesen und nicht den Erscheinungsformen dieses Staats beschäftigt, »entschieden oppositionell, so oppositionell wie jede Wissenschaft notwendig sein muß, wo sie sich so verderbten und unnatürlichen Zuständen gegenübersieht wie die Zustände der dreißiger Jahre waren – und wie unsere gegenwärtigen wieder sind«.[86]

Diese Opposition ist geprägt durch das Vertrauen auf die noch in den »unnatürlichen« Verhältnissen verborgene Vernunft, die durch Reformen verwirklicht werden könne. Schon die Zeitgenossen haben das als flauen Reformismus kritisiert. So antwortet Wilhelm Jordan auf ein Gedicht von Prutz, in dem dieser von Friedrich Wilhelm IV eine Verfassung erbeten hatte, mit dem Vorwurf:

»Du sprichst für die Freiheit und sprichst als Knecht?
Bleib stumm oder rede dreister!
Die Zeit zum Bitten ist längst vorbei,
Jetzt gilt es erklärte Fehde,
Und sollen wir immer noch reden, so sei
Voll zündender Blitze die Rede.«[87]

Die Frage, ob es sich überhaupt noch lohne zu reden, stellt sich für Prutz nicht, er versteht auch die »zündenden Blitze« anders als Jordan. Für Prutz sind die Vernunft, die Kraft des Arguments die einzige Alternative zur Reaktion, und deren Wirkung sieht er »im

---

[86] R. Prutz (= Anm. 73), S. 8.

[87] Wilhelm Jordan, An R. E. Prutz. Für sein Kölner Dombaugedicht. 1842. Zitiert nach: Der Literarische Vormärz. Hrsg. v. W. Behrens u. a., München 1973, S. 100.

stillen Wachstum der Zeit«.[88] Er setzt gegen die »schnellfertigen Pläne unserer Weltverbesserer den langsamen, mühseligen Weg einer allmählichen Erziehung und Herausbildung«.[89] Die »mehr zerstörend als segnend wirkende« Revolution überläßt er den hitzigen Franzosen,[90] die Reformation sei das Prinzip der deutschen Geschichte als »ein fortwährendes, unaufhörliches Werden, Entwickeln, Fortschreiten«.[91] Das unerschütterliche Vertrauen auf dieses *Fortschreiten*, das seiner Meinung nach »nur die Entwicklung zu Freiheit sein kann«,[92] ein Vertrauen, das Ruge noch 1842 die Überzeugung aussprechen ließ, die Existenz der neuen Freiheitsdichtung beweise »unwiderleglich, daß wir im Begriff stehen, ein neues Leben anzutreten«,[93] ging an den Ereignissen von 1848/49 als Möglichkeit grundsätzlich zuschanden. Trotzdem hat Prutz offensichtlich zeit seines Lebens an dieser Überzeugung festgehalten. Er hat gegen die mit Heftigkeit einsetzende Reaktion nach 1848, gegen die »Konterrevolution des November« erbittert gekämpft – mit denselben Überzeugungen, mit denselben Mitteln wie im Vormärz.[94]

Das Element von aufklärerisch-mechanischem Fortschrittsglauben, das Vertrauen auf die Selbstregulierung der geschichtlichen Kräfte,[95] das nicht im Widerspruch steht, das vielmehr seine notwendige Ergänzung findet im einseitigen Vertrauen auf das politi-

---

[88] R. Prutz (= Anm. 24), S. 321.

[89] Robert Prutz, Zum Neuen Jahr. In: Deutsches Museum 2, 1, 1852, S. 1–7; S. 4.

[90] Robert Prutz, Die Literaturgeschichte und ihre Stellung zur Gegenwart. In: R. P., Die deutsche Literatur der Gegenwart. 1848–58. 2 Bde., Leipzig 1859, Bd. 1, S. 1–38; S. 42.

[91] R. Prutz (= Anm. 73), S. 33.

[92] Ebd. S. 33.

[93] Arnold Ruge, Lieder der Gegenwart. Deutsche Jahrbücher 1842, Nr. 106–108, Sp. 851.

[94] Hans Joachim Kreutzer versucht, nach 1848 eine »Resignation«, die Entwicklung einer prinzipiell veränderten Anschauung vom Verhältnis Literatur–Gesellschaft und den Hang zu einer »überwiegend antiquarischen« Geschichtsauffassung aus Prutz' Arbeiten herauszulesen. (H. J. Kreutzer, Nachwort zu: Robert Prutz, Geschichte des deutschen Journalismus. Göttingen 1971 (fotomechanischer Neudruck), bes. S. 442 f.) Die angeführten Zitate scheinen mir seine Absicht nicht zu stützen.

[95] Robert Prutz, Zehn Jahre. Geschichte der neuesten Zeit. 1840–1850. 2 Bde., Leipzig 1850, Bd. 1, S. 10.

sche Handeln der Subjekte, hat Prutz' Gegensatz zu den Radikaldemokraten und Sozialisten ebenso wie zu den Konservativen oder Unpolitischen nach 1848 nur umso sichtbarer hervortreten lassen. So ist sein Aufsatz über *Wesen* und *Geschichte* der Literaturwissenschaft von 1862 als Antwort auf die Vorwürfe aus den beiden wissenschaftlich-politischen Lagern zu verstehen, (a) Literaturgeschichte sei solange schädlich, wie die politische Revolution das einzige Ziel sein müsse und (b) die Historie habe längst den Kampf gegen die Naturwissenschaften verloren und sei zu einem lästigen Rudiment geworden.[96]

Beide Vorwürfe weist er zurück und hält gegenüber den politisch Radikalen an seiner Konzeption von Reform durch historische Aufklärung, gegenüber den Positivisten am gesellschaftlichen Auftrag der historischen Wissenschaften fest. Aber er wird damit zum Außenseiter, über dessen Standpunkt die Geschichte hinweggegangen ist. Roquette schildert seine völlige Isolation in den 50er Jahren in Halle, seine ständige Gereiztheit und Angriffslust, vergleicht ihn mit dem Tiger in seiner Höhle;[97] Prutz zieht bald die Konsequenzen und geht nach Stettin. Aus seinen publizierten theoretischen und historischen Arbeiten lassen sich der Zug zum Pragmatismus, zur historischen Konkretisierung, Zugeständnisse in einzelnen politischen Fragen, Abschwächungen in den großlinigen historischen Konzeptionen, aber keine eigentliche Resignation, auch keine bewußte Anpassung ablesen. (Allerdings gibt es aus den letzten 10 Jahren seines Lebens keine theoretischen Arbeiten.)

Dennoch muß man feststellen, daß sich am Ende der 50er Jahre seine theoretischen Konzeptionen geändert haben. *Die deutsche Literatur der Gegenwart* (1859), eine Sammlung von Beiträgen aus dem *Deutschen Museum*, läßt erkennen, wie der historische Gesichtspunkt teilweise hinter ästhetische Forderungen, wie der nach *Plastik*, zurücktritt und die Geschichte immer stärker an Forderungen von Tatsachen gebunden und von einer »verwaschenen« philosophischen Systematik getrennt wird.

Aus seiner eigenen Stellung zwischen den politischen Fronten entwickelt sich die relativistische Forderung an die Literaturwissenschaft, die Wahrheit der *Mitte* zu suchen, ohne daß er die Frage

---

96 R. Prutz (= Anm. 73), S. 15–18.

97 Otto Roquette, Siebzig Jahre. Geschichte meines Lebens. 2 Bde., Darmstadt 1894, S. 335.

nach einer objektiven Bestimmung der »Mitte« stellt.[98] Er erklärt es zur »allerersten und dringendsten Pflicht des Historikers«, den *Mittelweg* zwischen den vorhandenen Extremen einzuschlagen.[99] Die Phrase vom goldenen Mittelweg, die an die Stelle einer substantiellen Aussage über historische Erkenntnis tritt, liefert die Grundlage für sein Programm. Er verleugnet die Tradition des Gervinus, die er eben noch gelobt hat, gibt selber den Anspruch der Geschichtsschreibung auf und bezeichnet sich als »Materialsammler«, »Vorarbeiter für eine künftige wirkliche Geschichtsschreibung«.[100]

Was hier als Bescheidenheit deklariert wird, ist in Wirklichkeit eine Kapitulation: hier meldet sich der positivistische Anspruch von Objektivität durch Gründlichkeit zu Wort. Nicht mehr die Kategorien der Betrachtung und Darstellung von Literatur sind gefragt, sondern »das Genügende des vorliegenden Materials«.[101] Und spricht er in einem Satz davon, daß es »heilsam war«, als die Literaturgeschichte »mit den politischen Interessen des Tages in nähere Verbindung gesetzt ward« (Tempus!), so meint er im nächsten: »Nur ist man auch dabei wieder in ein Extrem verfallen und hat sich einem Übermaß ergeben, das eine Korrektur nach der anderen Seite hin notwendig macht.«[102] Anders haben Scherer und die Positivisten auch nicht argumentiert, um dann allerdings kräftig *nach der anderen Seite hin* zu korrigieren.

Prutz muß man noch eine subjektiv andere Absicht zubilligen, in Wirklichkeit wird er ihr aber schon nicht mehr gerecht. Sein Geschichtsbild hat sich den bestehenden Verhältnissen angepaßt. Er schließt seinen Aufsatz mit einem hoffnungsfrohen Blick in die Zukunft, was angesichts der politischen, wissenschaftlichen, literarischen Situation im Jahr 1859 bei einem liberalen Demokraten nur schwer verständlich ist.

Der Relativismus und die im größeren historischen Zusammenhang sichtbar werdende Positionslosigkeit des Liberalismus hat zur Akkomodation des theoretischen Standpunktes an die neue geschichtliche Situation geführt. Das Vertrauen auf die der geschichtlichen Entwicklung notwendig immanente Vernunft und auf die Progressivität des politischen Handelns aus dem Geist der Zeit mußte zu einem Erfolgsdenken führen, das zwar zwischen »augen-

---

[98] R. Prutz (= Anm. 90), S. 26–28.
[99] Ebd. S. 27. [100] Ebd. S. 28. [101] Ebd. S. 28.
[102] Ebd. S. 31.

scheinlichem, momentanen und ›praktischem, bleibenden‹ Erfolg«[103] unterscheiden konnte, das aber prinzipiell an die faktische geschichtliche Entwicklung ausgeliefert ist und auf längere Sicht zur Bestätigung des tatsächlichen Erfolges führen muß. Prutz hat in seinen theoretischen Arbeiten mit der oppositionellen Tradition nicht gebrochen, es läßt sich aber ein schleichender Prozeß der Anpassung konstatieren.

Anpassung!

Er hatte mit den Junghegelianern den humanistischen Impetus gemeinsam, und durch alle seine Schriften zieht sich ein intensives Streben nach mehr Menschlichkeit in den Bedingungen des Zusammenlebens. Aber er ist auf einem frühen Stand der Reflexion über die Bedingungen der Möglichkeit von Humanität stehengeblieben und ist – sein Begriff vom Publikum und vom Adressaten seiner Werke zeigt es ebenso wie sein ungebrochenes Vertrauen auf Reformen – ein typischer Vertreter jenes *demokratischen Kleinbürgers*, von dem Marx schreibt: »Man muß sich nur nicht die bornierte Vorstellung machen, als wenn das Kleinbürgertum prinzipiell ein egoistisches Klasseninteresse durchsetzen wolle. Es glaubt vielmehr, daß die *besonderen* Bedingungen seiner Befreiung die *allgemeinen* Bedingungen sind, innerhalb deren allein die moderne Gesellschaft gerettet und der Klassenkampf vermieden werden kann.«[104] Auch Prutz konnte »im Kopf nicht über die Schranken hinauskommen«, worüber der kleinbürgerliche Unternehmer, der »shopkeeper« im Leben nicht hinauskommt, so daß er »zu denselben Aufgaben und Lösungen theoretisch getrieben [wurde], wohin jenen [den shopkeeper] das materielle Interesse und die gesellschaftliche Lage treiben«.[105] Dies kleinbürgerliche Versöhnlertum ließ ihn vor den Konsequenzen der Demokratie zurückschrecken und – zumal in den Jahren nach 1848 – allzu schnell die Widersprüche zwischen seiner Theorie und der geschichtlichen Wirklichkeit ignorieren.

Seine literarischen und historischen Prognosen sind nicht eingetroffen, sein zeitweise rauschender Erfolg hat sich als kurzlebig erwiesen, und doch lassen sich an seinem Werk für die heutige Literaturwissenschaft Erfahrungen sammeln, an denen die bisherige Entwicklung des Fachs nicht ungestraft vorübergegangen ist.

---

[103] Georg G. Iggers, Deutsche Geschichtswissenschaft. München 1971, S. 156.

[104] Karl Marx, Der achtzehnte Brumaire des Louis Bonaparte. Berlin 1971, S. 48.

[105] Ebd. S. 48.

[ÜBER AUFKLÄRUNG]

Man hat sich gewöhnt, das achtzehnte Jahrhundert das Jahrhundert der Aufklärung zu nennen; verschieden jedoch, wie Bildung und Gesinnung derjenigen, welche diesen Gemeinspruch wiederholen, ist auch der Wert, den sie diesem Jahrhunderte selbst damit beizulegen denken. Denn während einige in ihrer persönlichen Überzeugung beunruhigt und verdrossen durch die Konsequenzen der neueren Philosophie und die allerdings kritische Lage, in welche durch diese weniger die Religion als die Tradition, weniger der Staat als die gegenwärtigen Staatsformen gebracht worden sind, aller wissenschaftlichen Kritik, aller geistigen Bewegung und somit auch der Aufklärung sich abhold erweisen, bei deren Namen sie nur an die Enzyclopädisten und ähnliche zersetzende, wenn nicht zerstörende Einwirkungen der französischen Philosophie, an Revolutionen und Nationalkonvente sich zu erinnern pflegen; so haben eben in neuester Zeit, und gerade durch diese Verunglimpfungen hervorgerufen, andere das Losungswort der Aufklärung, wie eine alte ehrenwerte Fahne, aufs neue hervorgeholt und dieselbe zum Wahlspruch jedes geistigen und sittlichen Fortschrittes, zum hochflatternden Banner der Freiheit überhaupt zu machen gestrebt. Die entschiedene Mehrzahl endlich hält die Aufklärung ausschließlich in jener beschränkten und einseitigen Entwicklung fest, welche dieselbe in prägnanter Bedeutung durch Nicolai und seine Berliner Freunde gewonnen hat.

Es ist nun wohl ziemlich einleuchtend, daß die beiden anderen Auffassungen, wie man auch über ihre Berechtigung denken mag und so schnurstracks beide auch sich entgegengesetzt sind, dennoch beide darin der Wahrheit näher kommen, daß sie die Aufklärung in einem weiteren und allgemeineren Sinne verstehen wollen, während die alltägliche Meinung gar nicht die Sache selbst, sondern nur eine sehr vereinzelte Erscheinung derselben aufgegriffen hat. Dieser Mehrzahl besonders ist es zuzuschreiben, daß man auch noch heutzutage, wo jene niedere Stufe längst überschritten und nur noch von historischer Bedeutung ist, auf alles, was auch in unsrer Gegenwart diesen Namen der Aufklärung bald sich beilegt, bald empfängt, mit einer Art feindseliger Vornehmheit herniederblickt und vor allem das ganze Jahrhundert, welches nach ihr genannt wird, als ein nüchternes, hausbackenes und gemein verständiges Zeitalter geringschätzen zu dürfen meint. Dabei übersieht man indessen und vergißt, daß in eben diesem Jahrhundert, um bei dem allernächsten stehenzubleiben, zugleich die neue Blüte unserer Literatur sich entfaltet hat, die ja doch ohne eine neue jugendliche Anregung unsers gesamten deutschen Lebens, ohne einen gemeinsamen Geisterfrühling unserer ganzen Nation nicht wohl denkbar ist, und die daher auf dem dürren Boden der Aufklärung wohl niemals hätte gedeihen können, wenn nämlich dieser Boden wirklich so ausschließlich dürr und dürftig gewesen wäre, wie man uns will glauben machen. Es wird daher wohl ein jeder, der überhaupt eine geschichtliche Entwicklung anerkennt, sogleich zugestehen müssen, daß auch jene Aufklärung, die man gewöhnlich im Sinne hat, die Berliner Aufklärung also der siebziger Jahre, so feindselig dieselbe in ihrer nüchternen und einseitigen Weise auch aller Poesie erscheint, und der dennoch gleichzeitige Aufschwung eben der Poesie notwendig dieselben Voraussetzungen haben und nur die verschiedenen Zweige sind, in welche der eine Baum unserer Bildung sich ausgewachsen, – oder richtiger, sogar nur die verschiedenen Jahresringe, die dieser Baum in seinem Wachstum angesetzt hat. Ja die Kritik selber, die gegen den Schluß des vorigen Jahrhunderts mit so vieler Schärfe, und gewiß damals mit vollkommenster historischer Berechtigung, sich gegen diese Aufklärung wandte, wird doch auch nicht, wie ein Meteorstein, vom Himmel gefallen sein: sondern, ein historisches Moment unsrer Entwicklung, wie jede andere Erscheinung auch, ist diese Kritik der Romantiker selbst eine Tochter jener Aufklärung, gegen welche sie mit rascher Hand ihr schneidendes Messer aufhob. Denn dies überhaupt ist zu jeder Zeit das Los jeder bedeutenden Tat, jedes weltgeschichtlichen Fortschrittes gewesen, daß er zunächst als ein anderer Orestes auftritt, der den Leib schlägt, welcher ihn geboren: aber immer auch hat jeder echte und wahre Fortschritt in seinem eigenen Siege den schützenden Gott gefunden, der den Fluch der Undankbarkeit und des Muttermordes, mit welchem die Eumenide der Zeitgeschichte ihn verfolgt, von ihm abwendet und endlich ihn mit dem Schatten der Mutter selbst versöhnt. Diese Versöhnung, dünkt uns, ist auch jener verrufenen Aufklärung gegenüber bereits eingetreten, und allerdings täte man daher besser, statt sie von neuem, in freundlichem oder feindlichem Sinne, zum Feldgeschrei zu machen, vielmehr eine parteilose geschichtliche Würdigung sowohl dieser, wie überhaupt jeglicher Aufklärung zu versuchen.

Freilich wird diese Würdigung, ohne welche doch, glauben wir, keine historische, keine literarische Erscheinung des achtzehnten Jahrhunderts begriffen werden kann, kein ganz leichtes Unternehmen sein, da sie eine begriffsmäßige Entwicklung der Aufklärung überhaupt notwendig voraussetzt. Dieser aber scheinen mancherlei faktische Widersprüche und Hemmnisse in den Weg zu treten. Denn ähnlich, wie auf dem Gebiete der Literatur die Prosa der Nicolaischen Kritik und der kühnste, ja gewaltsamste Aufschwung unserer Poesie nebeneinander gehen; so zeigt die Richtung des vorigen Jahrhunderts auch in allen andern Feldern unsrer Bildung ein zwiefaches Wesen, das sich selbst zu widersprechen und zu vernichten scheint. Die religiöse Vertiefung des Pietismus und die Aufklärung der Philosophie sind in dem Beginne des Jahrhunderts, also in dem eigenen Beginne beider, bei weitem nicht so geschieden, als man nach der Heftigkeit des Kampfes, der später zwischen beiden sich entwickelt hat, voraussetzen möchte; vielmehr gehen sie unmittelbar nebeneinander und es fehlt selbst nicht an einzelnen Persönlichkeiten, die ohne, wie es wohl kommt, charakterlos zwischen beiden Richtungen zu schwanken, dennoch beiden befreundet sind, ja beide lebendig und wahrhaft in sich vereinigen.* Ebenso gegen den Schluß dieses Jahrhunderts, nachdem lange Zeit hindurch, ja seit den ersten Anfängen der Reformation, die klassische Bildung und die strenge, aber ebenso tüchtige als schöne Schule des Altertums für die wahre Sonne des Lebens und der Aufklärung gegolten hatte, wird in Basedow und seinen Anhängern die Opposition gegen die klassische Bildung laut, und auch diese Opposition nimmt den Namen der Aufklärung für sich in Anspruch. Die französische Kultur, von der einige Menschenalter hindurch die Aufklärung, – und wiederum nach beiden Seiten hin, sowohl die weltliche, frivole, als die pietistisch-religiöse,** – wenn nicht begründet, doch vermittelt worden, negiert endlich in Rousseau sich selbst, und wiederum suchen die Gegner dieses neuen Fortschrittes, die also selbst recht mitten in dem sitzen, was bis dahin Aufklärung war und hieß, ihn mit dem Spottnamen eines Aufklärers zu verdächtigen. – So schwankt die Aufklärung in chamäleonartigem Wechsel der Erscheinung; und daher, ehe wir sie als den Charakter des achtzehnten Jahrhunderts

* So besonders Thomasius: siehe Schlosser, Gesch. des achtzehnten Jahrhunderts, I, 561. fg. 568. vgl. Gervinus, Gesch. der deutschen Dichtung, IV, 29. Ähnliches noch später in Liscow: Gervinus, IV, 60.

** Denn daß auch hierbei das Beispiel des plötzlich bekehrten Ludwig des Vierzehnten und die hofmäßige Salbung des Fenelon Bossuet u. a. nicht ohne Einfluß gewesen, hat Gervinus scharfsinnig angedeutet: IV, 29.

dürfen gelten lassen, wird es durchaus nötig sein, ihr eigentliches Wesen zu ergründen, und über den wahren Inhalt dieser wunderlich gebrauchten und mißbrauchten Kategorie vor allem uns selbst erst aufzuklären.

Hierbei nun, wie überall, wo wir ein wahrhaftes Verständnis unserer neueren Zeit bezwecken, müssen wir ausgehn von der Reformation. Denn durch sie ist der menschliche Geist, und insbesondere die Entwicklung unsers Volkes, in eine Sphäre erhoben worden, welche nach allen Seiten hin zu durchlaufen und auszumessen die Aufgabe unsrer Geschichte und als solche eine Aufgabe auch noch unsrer Zeit geworden ist. Wo daher wir das Gewebe der letzten Jahrhunderte auch anfassen mögen, immer führen die Fäden uns zurück zu jenem unschätzbaren Ereignis, welches eine Epoche gemacht hat, ebenso entscheidend fast und ebenso gewaltig, wie Jahrtausende zuvor der erste Eintritt des Christentums selbst. Denn gleichwie durch dieses die Erkenntnis des Absoluten, des Göttlichen, aus der Natur, dem Endlichen und Äußerlichen, wo bis dahin die Völker es in Bild und Zeichen anzuschauen versucht hatten, in den Geist selbst war verlegt worden; so ward dieselbe jetzt durch die Reformation in die eigene Innerlichkeit jedes einzelnen Individuums gelegt. Der Gott, welchen das Christentum aus dem schlechten und unfreien Diesseits der Natur zu dem freien Jenseits des Geistes überhaupt entbunden hatte, ward in der Reformation noch einmal ein diesseitiger, aber ein nur durch uns selbst vermittelter, stets gegenwärtiger, den jeder einzelne Mensch aufgenommen hatte in den Tempel seiner Brust. Es ist bekannt und oft besprochen, auch aus dem Umsturz des Römerreichs, aus dem Verschwinden der Sklaverei und dem Eintritt des freien germanischen Prinzips in die Weltgeschichte, einem jeden leicht ersichtlich, welchen außerordentlichen und bis dahin kaum geahnten Wert und Inhalt das Christentum dem Subjekt, dem Individuum verlieh, welches von diesem Moment an die typische Allgemeinheit der alten Welt, der alten Kunst nicht mehr ertragen konnte. Und so brauchen wir hier auch nur darauf hinzudeuten, wie sehr dieser Wert und Inhalt durch die Innerlichkeit der Reformation, indem dieselbe die Konsequenzen des Christentums vollendete, erhöhet und veredelt wurde. Jeder fortan baut seinen Altar in seinem Herzen, es bedarf nicht mehr weder der Fürbitte der Heiligen, noch der priesterlichen Weihen, um mit dem Ewigen zu verkehren: sondern schon ist jedes einzelne Subjekt durch die Energie, mit welcher es sich selbst zusammenfaßt und selbst zu Kirche, Priester und Gefäß des Göttlichen sich läutert, so würdig wie fähig, das Absolute in sich aufzunehmen und mit Gott selbst in den innigsten und unmittelbarsten Verkehr zu treten. Von hier also ist der ganze Wert des Menschen, seine Verwerfung und seine Seligkeit, seine Hölle und sein Himmel, in sein eigenes Innere, in den unreinen oder reinen Inhalt seines eigenen Subjekts gelegt, und die Herausbildung und Darstellung der lebensvollen, der tüchtigen, der schönen und endlich derjenigen Subjektivität, welche das Allgemeine, das Ewige und Absolute als ihr eigenes Bewußtsein, ihr persönliches Leben in sich trägt, ist von jetzt an als die Aufgabe der Menschheit erkannt und ausgesprochen. Hierin nun liegt das Unvergängliche und Unverwüstliche des Christentums, daß es alle Entwicklung unsrer Philosophie, alle Blüte unsrer Kunst, alle Freiheit unsers Daseins vorgebildet, wie der Kern die Frucht, schon im ersten Anfang in sich verschlossen trug, und so weit immer der Baum menschlicher Bildung sich ausbreiten mag, immer werden es nur Zweige und Sprossen sein jenes ersten Samens. So können daher, den Bestrebungen der Wissenschaft und den Entwicklungen der Geschichte gegenüber, von einem Angriff, von Gefahr und Untergang des Christentums nur schlechte Einsicht oder schlechter Wille sprechen. Es ist damit aber zugleich die Gewißheit, ja die Notwendigkeit gegeben, daß das Subjekt, indem die vollkommenste Aussöhnung und Übereinstimmung mit dem Ewigen sein Ziel ist, auch mit der geschichtlichen und praktischen Erscheinung desselben, mit dem Staat, zur vollkommensten Harmonie, zu Teilnahme und Freiheit gelangt. Der Weg ist uns gewiesen, der Begriff muß sich vollenden. Wenn daher diejenigen, welche die Stabilität und Unfreiheit unsrer politischen Zustände verteidigen zu müssen glauben, für diese ihre Lehre gerade beim Christentum Schutz und Beistand suchen und Kraft dieses das Begehren des Subjekts nach Freiheit und Entwicklung als Eigensucht und Anmaßung zurückweisen wollen, so verrät das, damit wir uns gelind ausdrücken, ebenso wenig Verständnis der Idee als Kenntnis der Geschichte, und ein faules Christentum.

Und so sei es denn ausgesprochen, daß in diesem Sichentfalten und Behaupten des Subjekts, in diesem reformatorischen, ja revolutionären Verhalten der Subjektivität, gegenüber einer fest gewordenen Allgemeinheit, uns überhaupt das tätige Motiv aller geschichtlichen Entwicklung und alles Lebens zu liegen scheint. Für die persönlichen Schicksale, für die Entwicklung und Bildung jedes einzelnen wird niemand dies ableugnen mögen; vielmehr hat ja wohl ein jeder an sich selbst erfahren, wie hier der energische Trieb, gegen die Überlieferungen seiner Kindheit, das Anerzogene und Angewöhnte, seine Eigentümlichkeiten, seine Anlagen und seine Bestrebungen zu behaupten und durchzusetzen, in Gutem, wie in Bösem, das eigentlich Bewegende und Bestimmende des Lebens ist. Freilich, indem hier das Subjekt seinen vollen und gänzlichen Inhalt will geltend machen, wird es nicht ausbleiben, daß auch die gemeine und endliche Persönlichkeit, die befangenen, unwahren und darum rechtlosen Neigungen des Subjekts diesen Kampf versuchen, dessen wahrhaftiger Sieg ja doch nur demjenigen Inhalt der Subjektivität aufbewahrt ist, vermittelst dessen sie Teil hat an dem Absoluten und durch den sie daher mit dem eigenen Siege zugleich diesem den Sieg verschafft. Denn es gibt überhaupt keinen andern Sieg, als den im Geist und durch den Geist. Während daher das ungeläuterte Individuum eben an dieser schlechten Subjektivität zugrunde geht, wird den wahren und wertvollen Inhalt seiner Persönlichkeit, durch keinen Zwang zeitlicher Verhältnisse beschränkt, keine Not der Endlichkeit verkümmert, rein und ungehindert aus sich herausleben und seiner vollständigen Entfaltung sich erfreuen zu dürfen, mit Recht als der Inbegriff eines vollkommenen und glücklichen Daseins gepriesen. Nur übersehe niemand, daß zu einem solchen glücklichen Leben nicht minder als Glück, auch eigenes Geschick gehört.

So nun steht es auch in der Geschichte. Das Absolute, wie es für uns im Einzelnen, im Subjekt, zur Erscheinung kommt und in ihm sich betätigen soll, gebraucht auch selbst die Subjektivität zu seiner Offenbarung, – ein Satz, der in seiner gemeinsten Fassung, daß die Vorsehung zur Verwirklichung ihrer Pläne sich des Menschen als ihres Werkzeuges bedient, sehr üblich und von allen ohne Widerspruch zugegeben ist. Auch hat man bereits in der Geschichte der alten Welt dies Verhältnis des Subjekts zum Allgemeinen sowohl, als zu den Erscheinungen desselben in der Geschichte, aufgefaßt und ausgesprochen –; zumeist zwar irrtümlich, indem man mit der Behauptung, daß die kompakte Herrlichkeit der alten Welt von der Subjektivität sei ausgehöhlt und verdorben worden, dieser selbst, trotz ihres Sieges, ein Unrecht und eine Verschuldung beimißt, ja diesen Sieg selbst ihr als eine Schuld anrechnet. Allerdings macht, wie im Leben des Einzelnen, so auch in der Geschichte, die Subjektivität ihren vollen, mithin auch ihren unwahren und schlechten Inhalt geltend; dieser aber, wie alles Unwahre und Schlechte, kann immer nur sich selbst negieren, niemals jedoch über den Geist und die Wahrheit einen Sieg erringen. Wer daher die Subjektivität schlechthin als etwas Unberechtigtes, ihre energische Entfaltung schlechthin als etwas Verderbliches verdammt, nichtsdestoweniger aber gerade ihr den Sieg zuschreibt über die stolze, schöne und herrliche Welt des Altertums, wer liefe dann bei diesem Urteil nicht Gefahr, das Unberechtigte, Gemeine und Eigensüchtige für mächtiger zu achten, als das Berechtigte, das Tüchtige und Gute, ja als den Geist selbst, der damit seines eigensten Wesens, seiner ewigen und unverlierbaren Siegsgewißheit würde entkleidet werden? Ist doch der Geist ein ewig jugendlicher, siegreicher Achilles, der keine verwundbare Ferse mehr hat! Die Subjektivität daher, die aus sich heraus irgendeine Stufe geistiger Entwicklung überwinden will, kann nur eine solche sein, in welche der Geist selbst sich eingeboren hat; so daß auch in diesem Sinne der alte Spruch zu wiederholen ist: nemo contra deum, nisi deus ipse. Richtig ausgedrückt, wird jener Satz also dahin lauten, daß das Absolute, indem es der geschlossenen Äußerlichkeit der antiken Zustände gegenüber, in der Innerlichkeit des Subjekts sich mächtiger und lebendiger offenbarte, selbst jene vorhergehenden Entwicklungsstufen aufgehoben und gleichsam in sich zurückgeschlungen hat.

Und dies ist denn überhaupt der welthistorische Prozeß, der treibende und bewegende Atem der Geschichte. Weit entfernt daher, den reformatorischen Drang der Subjektivität nach eigener Geltung und Entfaltung ohne weiteres als etwas Verderbliches zu verwerfen und in ihm nur den nagenden Wurm zu sehen, der die schönen Früchte der Wirklichkeit zerstört, erblicken wir in ihm vielmehr den Keim und Trieb des Absoluten selbst, und werden mithin auch da, wo das Subjekt in seiner irdischen Befangenheit diesem göttlichen Inhalte nicht vollständig entspricht, vielleicht sogar ihn verschleiert und verloren hat, dennoch diesen Trieb und diese Entfaltung anzuerkennen suchen.

So finden wir nun auch für dasjenige, was zu verschiedenen Zeiten Aufklärung ist geheißen worden, die gemeinsame Bestimmung darin, daß immer gegen die starre, konventionell und äußerlich gewordene Allgemeinheit ein lebendiger, innerlicher Trieb des Subjekts geltend gemacht, und aus dem Subjekt heraus eine Vermittlung zwischen Äußerlichkeit und Innerlichkeit sowohl versucht, als gewonnen ward. In der gewöhnlichen Auffassung zwar läßt man die Aufklärung nur bis zu dem Bewußtsein über den Zwiespalt und daher die Notwendigkeit der Vermittlung kommen, diese selbst aber von ihr nicht erreichen; so daß die Aufklärung in dieser Ansicht etwas durchaus Kritisches und Negatives bleibt. Es ist aber, glauben wir, durchaus unwahr, daß Kritik und Produktion in der Tat solche Gegensätze sind, wie man uns überreden will; vielmehr betrachten wir es als eine göttliche Notwendigkeit, daß jede wahrhafte Kritik zur Produktion, jedes Negative zum Positiven, jede Vermittlung zum Ziel, jede Theorie zur Praxis gelangt. Denn der Geist ward Fleisch und wird es noch jetzt in jedem Augenblick. Wir nehmen daher keinen Anstand, der gewöhnlichen Auffassung entgegen, der Aufklärung auch jene andere positive, produzierende, erfüllende Seite zuzuteilen, oder in ihr, wie wir es eben genannt haben, den belebenden und treibenden Atem der Geschichte überhaupt zu sehen. – Welche einzelne Seite des Subjekts nun eben dieses reformatorische Amt auf sich nimmt, das ist es, was auch im einzelnen Inhalt und Wert der jedesmaligen Aufklärungsstufe bestimmt. So unterscheidet man im achtzehnten Jahrhundert eine Aufklärung erstlich des Gemütes: und diese in verschiedenen Sphären unsrer Bildung, in der religiösen als Pietismus, in der Sphäre der Poesie als Sentimentalität und Lyrik; sodann eine Aufklärung des Verstandes, des gemeinen Bewußtseins in der Wolfischen Philosophie, in Nicolai und all jenen Aufklärungsmännern von Profession; eine Aufklärung des Genies in der Sturm- und Drangperiode; endlich eine Aufklärung des politischen Bewußtseins, des Bürgersinnes und Patriotismus in dem Enthusiasmus für Friedrich den Großen, in dem deutschtümelnden Bardenwesen, nicht weniger in dem Interesse für die französische Revolution und allem, was davon noch heutigentags durch unsre Pulse zuckt. Alle diese Bewegungen waren Demonstrationen der Subjektivität, der lebendigen Innerlichkeit, gegen die Äußerlichkeit des religiösen Dogma, gegen die Konvenienz der Poesie, gegen die Tradition der Vorurteile und geistigen Beschränkungen, gegen die toten Formen der Moral und der Gesellschaft, gegen den unlebendigen und unwahren Staat. – Daß, so aufgefaßt, die Aufklärung keineswegs auf das achtzehnte Jahrhundert sich beschränkt, daß sie vielmehr so alt ist wie die Geschichte überhaupt, und daß es, zum Beispiel, kaum jemals entschiednere und ausdrücklichere Aufklärer gegeben hat als in Griechenland die Sophisten und Sokrates, das allerdings leuchtet ein. Aber erst nachdem mit der kirchlichen Reformation Luthers die lebendige Innerlichkeit, die wertvolle Subjektivität zum Prinzip erhoben und die

Heranbildung des mit Gott und Welt, mit Idee und Geschichte, mit Kirche und Staat versöhnten und unmittelbar harmonischen Subjekts als das Ziel der Menschheit in Aussicht gestellt worden war, und erst nachdem diese kirchliche Reformation in schweren und gewaltsamen Kämpfen den Boden sich erobert hatte, auf welchem sie nun in weitestem Umkreis all ihre Konsequenzen zur Ausführung bringen wird: seit dieser Zeit erst und namentlich mit dem Beginne des achtzehnten Jahrhunderts drängen die Entwicklungsstufen der Aufklärung sich in rascher Folge, wie Knospen im Frühling, und wird der Name selbst der Aufklärung vernommen.

Wenn nun, wie wir bereits bemerkten, in unserer neuesten Zeit dieser Name wieder hervorgesucht und von den Anhängern der jüngsten philosophischen Richtung selbst angenommen worden ist, so wird dadurch unsre eben gegebene Deutung nur bestätigt. Denn das Charakteristische dieser jüngeren Richtung ist, daß sie, im Gegensatz zu den »Bramanen der Logik«,* das philosophische System Hegels ebenso sehr im Geist aufzunehmen, als, seiner Wahrheit nach, praktisch zur Darstellung zu bringen, das Wissen also zum Wollen, die Theorie zur Praxis, die geistige Erkenntnis und Bildung zur subjektiven Überzeugung und persönlichen Tat fortzuführen strebt. Hiermit ist die Philosophie denn aus einer bloßen Sache des Geistes und des Denkens wiederum auch Sache des Gemüts und der Tat geworden, für welche wir bereit sind, unsere volle und lebendige Persönlichkeit in die Schanze zu schlagen. Es ist damit auch das Reformatorische oder, wie andere lieber sagen, das Revolutionäre dieser Richtung allerdings nicht allein zugestanden, sondern als Ehre und Beruf in Anspruch genommen, und es möge nun denen, die an dergleichen Gefallen finden, überlassen bleiben, auch diese Worte zum Schlimmen zu deuten. Auf der andern Seite aber erklärt sich hieraus auch der dringende Ruf nach Sittlichkeit, das neue und starke Gewicht, das auf den moralischen Wert des Subjekts gelegt wird: denn man kann nicht dem Reinen dienen mit dem Unreinen, nicht der Wahrheit mit der Lüge, und die eigene Läuterung des Subjekts ist die notwendige Voraussetzung jeder Läuterung und Belebung, die von ihm aus mit der Welt und der Geschichte soll vorgenommen werden.

---

* Köppen in seiner Jubelschrift über Friedrich den Großen, 1840.

ÜBER DIE UNTERHALTUNGSLITERATUR, INSBESONDERE DER DEUTSCHEN

Bei allen Völkern geht neben der eigentlichen Literatur, wir meinen, jener Masse von Büchern, welche gleichsam den geistigen Grundbesitz eines Volkes, die Dokumente seiner inneren Geschichte bilden und als solche, in stetiger Entwicklung, von Geschlecht zu Geschlecht forterben, eine andere, zweite Literatur einher, welche, scheinbar unberührt von der übrigen geistigen Entfaltung, allein für den Augenblick vorhanden ist und mit ihm untergeht.

Es ist dies die sogenannte Unterhaltungsliteratur: eine Literatur also, bei der es sich, streng genommen, so wenig für den Schaffenden wie den Empfangenden, den Autor wie den Leser, um eine künstlerische Tat, einen ästhetischen Genuß, eine Vertiefung in das Schöne, Wahre, Göttliche handelt, sondern einzig und allein um ein Buch, das einige Zeit hindurch unser Interesse gefangen nimmt und uns auf gefällige Weise hinweghilft über ein paar öde, beschäftigungslose Stunden. – Man hat, wenigstens in einigen Provinzen unsers Vaterlandes, und auch in diesen nur in der vertraulichen Redeweise, für diese Gattung von Büchern noch einen anderen Namen, der beinahe noch bezeichnender ist: man nennt sie Lektürbücher. Ein sehr charakteristischer Pleonasmus! Nämlich Bücher, die man liest, nur um zu lesen, bei denen es gleichviel ist, was sie enthalten, ob sie gut sind oder schlecht: sie lassen sich lesen, das ist alles und ist genug.

In der Literaturgeschichte, wie unsre Gelehrten sie schreiben, hat diese Literatur bisher keine Rolle gespielt; man hat sie entweder ganz mit Stillschweigen übergangen, oder, bestenfalls, mit einer Kürze abgefertigt, die dem außerordentlichen Umfang dieser Literatur nur wenig entspricht.

Sehr natürlich: da bis auf die jüngste Zeit die Geschichte unsrer Literatur meist von Ästhetikern oder doch von solchen geschrieben ward, die Ästhetiker zu sein und sein zu müssen glaubten. Diese konnten begreiflicherweise keine Neigung empfinden, sich in eine Sphäre literarischer Produktion zu vertiefen, in der das Wort Ästetik gar nicht vernommen wird, ja wo jedes Genre willkommen ist, so unästhetisch es sei, wenn es nur unterhält. – So hat sich allmählich über diese ganze Literatur eine gewisse ästhetische Geringschätzung gelagert, die bei vielen sogar von einer Art moralischer Bedenklichkeit nicht frei geblieben ist.

Was uns betrifft, so vermögen wir weder jene Geringschätzung noch diese Bedenklichkeit zu teilen. Vielmehr es dünkt uns töricht, scheel zu sehen auf die Existenz einer Literatur, und ob sie auch wirklich nur eine Literatur zweiten Ranges wäre, so lange wir die Tatsachen, welche ihre Existenz nötig machen, so wenig wegschaffen als wegleugnen können. Es wäre freilich wohl schön, wenn die Kunst von niemand weder geübt noch gesucht würde als lediglich um ihrer selbst, um ihrer keuschen, innigen Umarmung willen. Allein was ist damit gesagt, als daß es wohl schön wäre, die Welt wäre anders, als sie ist? – Nicht vor die Tugend allein, auch vor das Schöne haben die Götter den Schweiß gesetzt. Auch die Kunst hat ihre Mysterien; auch das Gefühl des Schönen, die Empfänglichkeit für das Vortreffliche will erst durch Arbeit und Studium errungen sein. Nicht jedes rohe Gemüt ist ohne weiteres fähig, das Schöne zu empfinden, wo es ist, geschweige denn es zu begehren, wo es nicht ist, und das Unschöne, das man ihm statt seiner bietet, zurückzuweisen; auch der Boden, in welchem die Blüte künstlerischen Genusses wurzeln soll, muß vorher mit Sorgfalt bearbeitet worden sein. Zumal bei uns, die wir die Erben von Jahrtausenden sind, bedarf es schon eines langen und mühseligen Weges, es bedarf einer Menge von Voraussetzungen, von Übergängen und Entwicklungen, um uns nur erst auf jene Höhe der Bildung zu erheben, uns jene Schärfe des Blicks, jene Strenge des Urteils anzueignen, die uns das Schöne wirklich verstehen und mit Bewußtsein genießen lehrt.

Aber nicht allen ist dieser Weg verstattet, namentlich nicht in unserer Zeit und nicht bei der künstlichen Zusammensetzung unsrer Verhältnisse. Sogar nur den Wenigsten: weil nur die Wenigsten die Muße, die Mittel, die Gelegenheit haben, jene Studien zu machen und jene Bildung zu erwerben. Die ungeheure Mehrzahl des Volkes, verdammt, mühselig, im Schweiße des Angesichts, für die Notdurft des Augenblicks zu arbeiten und dem Heute das Morgen abzuringen, ja öfters sogar umgekehrt – woher soll ihr die Bildung kommen? oder auch nur der Bildungstrieb? In ihren ärmlichen Wohnungen, in ihren niedern Hütten, zwischen ihren Webstühlen und Maschinen, die glücklicher sind als sie, weil sie nicht hungern – wo soll ihnen die Idee, wo das Bedürfnis des Schönen aufgehen? Das Auge, das gewohnt ist, am Boden zu haften, in dem engen Umkreis der täglichen Hantierung, das nichts um sich sieht als Schmutz und Elend und Lumpen – wie soll es empfänglich werden für den Strahlenglanz der Kunst? wie soll es lernen, sich abzuwenden von dem Gemeinen, sich nicht blenden zu lassen von der geschminkten Lüge und nur an dem Bilde der Grazien andächtig zu hangen?!

Darum, wenn einer von diesen einmal ein Buch ergreift, wenn er (und selten genug wird es geschehen!) eine Anwandlung verspürt, durch die Traumwelt der Dichtung das Elend seiner Wirklichkeit hinwegzutäuschen: haben wir, o haben wir in Wahrheit ein Recht, gering von ihm zu denken, wenn er dann kurzweg zu demjenigen greift, was am meisten, und wär' es durch Schändlichkeiten, seine Phantasie entzündet, ja was wie ein Branntweinrausch seine Sinne überwältigt? – Wir speisen sie vom Wegwurf unsrer Tafeln, wir würden sehr scheel auf sie sehen, wenn sie zu ekel sein wollten, sich von dem zu nähren, was uns zu schlecht ist: und ihr geistiger Geschmack sollte feiner sein als ihr leiblicher? ihre Ästhetik ekler als ihr Magen?! – –

Auch brauchen wir gar nicht bis in diese Sphären der Gesellschaft hinabzusteigen. Auch der Kaufmann, der Gewerbetreibende, der Beamte, die ganze, große Menge dessen, was wir den Mittelstand nennen, oder doch der größere Teil dieses Mittelstandes, befinden sich ganz in derselben Lage. Frühzeitig zu den nächsten Erfordernissen ihres dereinstigen Berufes erzogen, ausgeschlossen eben dadurch von den Vorteilen einer allgemeinen, wahrhaft menschlichen Bildung, jetzt Tage und Wochen an das einförmige Zahlbrett, das Kontobuch, den Aktentisch gebannt, werden es schon an und für sich bevorzugte und gleichsam bessergeartete Naturen sein müssen, um sich in dieser Umgebung das Bedürfnis einer geistigen Anregung überhaupt nur zu bewahren: so daß es schon alle Achtung verdient, wenn sie überhaupt noch in der Literatur, das heißt also doch immer noch im Gebiete geistiger Interessen, ihre Unterhaltung und Erholung suchen. Daß sie dabei, der Mehrzahl nach, nicht nach demjenigen greifen werden, was nicht genossen werden kann ohne die Voraussetzung einer Bildung, die sie nicht haben, oder eines Studiums, zu dem ihnen so Zeit wie Neigung mangeln: sondern vielmehr nach der kompakten Speise der Unterhaltungsliteratur, einer Literatur, die keine anderen Voraussetzungen nötig macht als die der Neugier und der Langeweile – was kann natürlicher sein? Auch die Schönheit, sogar sie vor allem, verlangt scharfe Sinne und offene, aufgeweckte Herzen: diese jedoch, aus der Einförmigkeit ihres täglichen Berufes, was bringen sie zurück als abgestumpfte Sinne, müde Herzen, erschlaffte Geister? Wenn sie lesen, so geschieht es, weil sie nichts anderes mehr tun können; sie haben sich müde gerechnet, geschrieben, prozessiert, das Buch soll sie auf eine behagliche Art abspannen, es soll ihnen eine Beschäftigung gewähren, die im Grunde keine Beschäftigung ist, nämlich ein bloßes Empfangen, ohne eigene Tätigkeit. Da sind denn freilich van der Velde und Tromlitz besser am Ort als Schiller oder Goethe. –

Und nun gar die sogenannten hohen und höchsten Kreise der Gesellschaft! Diese Glücklichen, in deren zarten Adern statt des gemeinen Blutes nur ein rosenfarbener Ichor fließt, was haben sie mit dem Ernst der Kunst zu schaffen? Ihr ganzes Leben ist ein Spiel, selbst die wichtigsten Geschäfte des Staats und der Verwaltung, welche ihnen zufallen, verkehren sich unter ihren Händen zum Zeitvertreib – und sie sollten in ihrer Lektüre etwas anderes suchen als auch nur einen Zeitvertreib? Sind die Sinne des Armen zu roh, ist der Mittelstand zu beschäftigt, so sind dagegen jene vornehmen Kreise viel zu überreizt, viel zu verwöhnt durch Übermaß und Wechsel der Genüsse, um nicht den einfachen Reiz des Schönen weit hintan zu setzen gegen das Pikante, das Leichtfertige und Blendende einer Literatur, die keinen anderen Zweck hat als die Unterhaltung. Abwechslung heißt das gemeinsame Stichwort dieser Kreise, sie bedürfen des Neuen, des Modernen, des Ungemeinen, um dem Fluch der Übersättigung und ihrer eigenen Öde zu entfliehen. Aber das Moderne ist nur selten schön, das Neueste nicht immer das Beste; wer nur das Höchste der Kunst, das wahrhaft Klassische auf sich wirken lassen will, der muß sich auf einen sehr kleinen Kreis literarischer Genüsse zu beschränken wissen, ja er muß imstande sein, Monate und Jahre nur mit *einem* Autor, *einem Buche* zu verkehren.

Man verstehe uns recht! Nicht als ob hier von einem moralischen Zwang, einer göttlichen Notwendigkeit die Rede wäre und als ob es daher nicht in allen diesen Kreisen, den hohen wie den niederen, einzelne Individuen geben könnte, denen es allerdings gelingt, die Macht der Verhältnisse ihrerseits zu überwinden und, sei es produzierend, sei es genießend, allen höchsten Anforderungen der Bildung und eines geläuterten Geschmackes nachzukommen: wir reden nur von den Dingen, wie sie sind, und wie sie sich praktisch gestalten. Darum sind wir auch sehr weit entfernt, *dem* Publikum, welches der Unterhaltungsschriften bedarf (und das heißt eben dem *Publikum*), seinen ästhetischen Indifferentismus ins Gewissen zu schieben und sie, wie unsere Ästhetiker wohl pflegen, als die Parias des guten Geschmacks zu verachten. Das Publikum ist überhaupt nicht da, um Reflexionen zu machen und Vergleiche anzustellen; es geht frisch auf die Sache los, genießt, was es verdauen kann, läßt liegen, was ihm nicht schmeckt, und überläßt das Weitere Gott. So in allen Dingen: warum in der Literatur nicht?

Ja wir selbst, die wir uns recht eigentlich dem Dienste der Kunst, dem Verständnis des Schönen widmen, und zum Geschäft und Lebensberuf machen, was den Andern nur Erholung und Zerstreuung ist, wir Kritiker und Gelehrten – die Hand aufs Herz: haben wir nicht auch unsre schwachen Stunden, wo uns das Klassische nicht schmecken will? wo wir unsre Türen zuschließen, um uns in trauter Einsamkeit, unter den Standbildern Apollo's und aller neun Musen, an einem »Lektürbuch« zu ergötzen?

Diesen Tatsachen gegenüber, durch welche die Existenz einer bloßen Unterhaltungsliteratur hinlänglich gerechtfertigt scheint, wird sich die Vernachlässigung, welche dieselbe von unsern Kritikern und Geschichtsschreibern erfährt, wohl allerdings ertragen lassen. Weit schlimmer ist es, daß auch unsre Autoren sie teilen, ja daß gerade unsre vorzüglichsten Schriftsteller, unsre glänzendsten Namen es hartnäckig verschmäht haben, an der Unterhaltungsliteratur Anteil zu nehmen. – Aber hiezu müssen wir ein wenig weiter ausholen.

Wir haben im Eingang dieses Aufsatzes gesagt, daß es bei allen Völkern außer der eigentlichen Literatur noch eine zweite, untergeordnete gebe, welche nur der Unterhaltung dient. Dieser Satz bedarf der Beschränkung: nicht bei allen Völkern, sondern nur bei allen modernen. Die Völker der alten Welt, die Griechen und Römer, kennen diesen Unterschied nicht, sie haben keine Unterhaltungsliteratur, mindestens nicht in ihrer guten, das heißt in der eigentlich antiken Zeit. Beide aus entgegengesetzten Gründen: die Griechen nicht, weil bei ihnen die Bildung zu verbreitet, ein zu allgemeines Besitztum des ganzen Volkes war; und umgekehrt die Römer nicht, weil die Bildung sich bei ihnen auf einen zu kleinen Kreis beschränkte, während die Masse des Volkes, in literarischer Hinsicht, völlig ungebildet und ohne Interesse, mithin auch ohne Bedürfnis war.

Die Griechen waren das eigentlich menschliche, eigentlich künstlerische Volk; kein anderes kann sich an Harmonie der Bildung mit ihm vergleichen. Und erst die Harmonie der Bildung *ist* Bildung. Wie die körperliche Organisation dieses Volkes von solcher Vortrefflichkeit war, daß die griechische Gesichtsbildung für alle Zeiten der Kanon aller Kunst, das Ideal aller Bildhauer und Maler geworden ist, und wie eben dieser Typus der Schönheit bei ihnen nicht bloß hie und da, in einzelnen zufälligen Erscheinungen existierte, sondern wie er wirklich der allgemeine Typus des Volkes, gleichsam das Nationalgesicht der Griechen, die angeborene Schönheitsmitgift jedes einzelnen Hellenen war: so auch in der geistigen Organisation dieses wundersamen Volkes war das vollendetste Schönheitsgefühl gleichfalls ein allgemeines und angeborenes Eigentum jedes Griechen. Was wir Neueren erst aus Büchern und Systemen uns mühsam abstrahieren müssen: Verständnis der Kunstformen, Geschmack und Bildung, das war bei den Griechen vielmehr Sache eines ursprünglichen, eigentümlichen Taktes; die Grazien, zu deren Antlitz wir erst aus tausend Schleiern uns hindurcharbeiten müssen, hatten dem Griechen, frei lächelnd, an der Wiege gestanden.

Allein auch welche Gelegenheit, welche Nötigung hatte dieses Volk, seinen Schönheitssinn zu üben und seinen Geschmack zu bilden! Die Kunst, in breitester Entfaltung, hatte das ganze Dasein der Griechen durchdrungen; bei uns ein bloßer Luxus der Vornehmen, ein schöner Überfluß des Lebens, war sie bei ihnen die eigentliche Luft, in der sie Atem holten. Ihre Religion, ihre Feste, ihre nationalen Zusammenhänge, mit einem Wort, ihr ganzes Leben bis in den geringfügigsten Winkel ihrer Privatexistenz, war von der Kunst gehalten und getragen; ihr Gottesdienst, ihre Schauspiele, ihre Gebäude, bis hinunter zu den Gerätschaften des täglichen Gebrauchs, es war alles von demselben reinen Schönheitsgefühl gebildet und belebt.

Ein solches Volk konnte natürlicherweise gar keine anderen Anforderungen an die Kunst machen als immer nur die höchsten; es gab hier niemand, der nicht gebildet genug war, die feinsten Nüancen der Schönheit zu fühlen, und also auch niemand, der freiwillig, um der bloßen Unterhaltung, des stofflichen Interesse willen, auf ihre höchsten Leistungen verzichtet hätte. Die Kunst war für sie ein Gegenstand des Kultus, ihre Schauspiele waren zugleich Gottesdienste, die Wettkämpfe ihrer Dichter waren zugleich nationale Feste: wie hätten sie auf den Einfall geraten können, die Kunst, mit Aufgabe ihres eigentlichen Inhalts, zur bloßen Unterhaltung zu gebrauchen?

Darum also war die Zwittergattung der Unterhaltungsliteratur bei den Griechen geradezu unmöglich; erst in der Zeit ihres Verfalles, als die Blüte griechischer Gesundheit bereits gebrochen, die reine Kunstform verloren, die Harmonie ihrer Bildung gestört, sogar als der köstliche Bau ihrer Sprache aus den Fugen gegangen war: da erst, mit den andern Ausartungen des Geschmackes, konnten sich zwischen den verstreuten Trümmern der griechischen Nationalität, in den milesischen Märchen, den Liebesromanen und ähnlichem die Spuren einer Literatur entwickeln, die wir allenfalls mit unsrer heutigen Unterhaltungsliteratur in eine, wenn auch ziemlich entfernte Parallele setzen dürfen.

Umgekehrt, wie die Griechen ein künstlerisches, so dagegen waren die Römer durchweg ein politisches Volk. Die Kunst blieb auf dem harten, spröden Boden der römischen Nationalität immer nur eine fremde Blüte; es ist nichts Eigenes darauf gewachsen, wenigstens nichts, was zur Reife gekommen wäre. Nur in der praktischen (oder, wie man auch sagen könnte, der politischen) Kunst der Beredsamkeit und von der Dichtkunst in denjenigen Sphären, die sich der Prosa praktisch behaglicher Weltanschauung nähern, wie in der Horazischen Satire, haben sie etwas Ansehnliches geleistet; alles Übrige und somit die ganze Masse ihrer Literatur ist, wie gesagt, eine fremde Pflanze, von der keine Wurzeln ausliefen in die Herzen des römischen Volkes. Die Griechen erbauten sich an dem Ringen schöner Jünglinge, an den Tänzen der Knaben, an den Wettgesängen der Dichter: die Römer an Gladiatorenkämpfen, an Tierhetzen und der brutalen Pracht der Naumachieen. Der Gipfel des griechischen Schauspiels, die Wollust des attischen Publikums war die Tragödie; der Gipfel des römischen Dramas, das Entzücken des römischen Pöbels, war die Pantomime.

Also um es kurz zu sagen: die Masse des römischen Volkes war roh und ohne künstlerisches Bedürfnis; die Literatur insbesondere war, soweit sie nicht praktisch wurde, zu bürgerlichen Zwecken, ein bloßer Luxusgegenstand der Reichen und Vornehmen. Es fehlte also bei den Römern jene breite Grundlage eines großen, gemischten Publikums, ohne welche eine Unterhaltungsliteratur nicht existieren kann, da eben erst die mannigfachen Bedürfnisse dieses Publikums sie selbst erzeugen. Wenn nichts desto weniger auch bei den Römern, wiewohl auch bei ihnen erst in der spätern Zeit, in der problematischen Schrift des Petronius, in den Märchen des Apulejus usw. sich gewisse Anfänge einer Unterhaltungsliteratur sichtbar machen: so rührt dies, unsers Bedünkens, viel weniger daher, daß etwa mit der Zeit das Interesse an der Literatur in größere Kreise übergegangen wäre: dies würde dem tatsächlichen Verfall der römischen Bildung widersprechen. Vielmehr scheint es uns daher zu rühren, daß, mit dem allgemeinen Verfall des Staates wie der Sitten, sogar jene geringe Anzahl von Kunstfreunden ausstarb, welche der Literatur bis dahin eine Art Scheinlebens gefristet hatten, und an ihre Stelle ein Geschlecht abgestumpfter, überreizter, schmarotzerhafter Emporkömmlinge trat: Trimalchios, wie Petronius sie schildert, die mit der Bildung nur kokettierten, wie mit anderm Luxus, bloß weil sie für vornehm galt, und die daher auch von der Kunst nichts wollten als den bloßen Sinnenkitzel eines angenehmen Zeitvertreibs.

So also bestätigt sich unser obiger Ausspruch: die Griechen hatten keine Unterhaltungsliteratur, weil sie *zu* gebildet waren, die Römer keine, weil nicht gebildet *genug*.

Anders steht es mit den modernen Völkern. Und hier treten wir dem eigentlichen Mittelpunkt unsrer Untersuchung bereits um ein Beträchtliches näher.

Nämlich der hauptsächlichste Unterschied zwischen der antiken und der modernen Welt besteht bekanntlich darin, daß die antiken Völker ein ungebrochenes, von keiner Reflexion verkümmertes, von keinem Zwiespalt getrübtes Dasein, ein ganzes, frisches Leben, gleichsam aus dem Vollen der Natur, in derber Gesundheit, frei herauslebten: wogegen durch das Leben aller modernen Völker ein geheimer Bruch, ein innerlicher Zwiespalt geht, der die Gesundheit unsers Daseins stört und uns, statt der üppigen Plastik der alten Welt, vielmehr »die Blässe des Gedankens angekränkelt hat«.

Dieser Bruch (den wir indessen sehr weit entfernt sind für einen definitiven und also für eine Krankheit zu halten; im Gegenteil, wenn eine Narbe, so dünkt er uns nur die Blütennarbe, aus der die Frucht unsrer Zukunft, eine neue Gesundheit, in einem zweiten, höheren Griechentum, sich mit göttlicher Gewißheit entfalten wird) ist mit dem Christentum in die Welt gekommen und mit ihm in alle Verhältnisse der modernen Völker, in ihre Religion, ihren Staat, ihre Gesellschaft, übergegangen, auch in ihre Bildung.

Die Bildung der Alten, wie wir soeben gesehen haben, war aus *einem* Stück: die der Griechen eine künstlerische, die der Römer eine unkünstlerische, immerhin beide *ein* Guß und in innigster Harmonie mit dem praktischen Dasein des gesamten Volkes. Dagegen bei uns Modernen hat der allgemeine Bruch sich auch hier hineingedrängt. Bildung und Leben, Theorie und Praxis – wie weit gehen sie bei uns auseinander! welche Widersprüche enthalten, welche Gegensätze verschließen sie! Die schöne Eintracht des antiken Daseins, von der jeder einzelne sich anmutig umschlossen fühlte, die ihm in der Übereinstimmung der Gesamtheit, in der überlieferten Sicherheit der Sitte und der nationalen Gewöhnung die Norm für jeden einzelnen Fall persönlichen Verhaltens lieferte – diese schöne Eintracht ist von uns geschieden, und der Kampf ist unser Los. Daher diese Verschiedenheit der Bildung, diese Mannigfaltigkeit der Standpunkte, dieser Widerspruch der Forderungen, dieser Kampf der Gegensätze.

Wie gesagt: wir betrachten diesen Zustand nicht nur nicht als einen, der dem früheren Zustande der alten Welt nachsteht, sondern sogar als einen solchen, der ihn unendlich übertrifft und der zugleich eine notwendige Stufe unsrer künftigen Entwicklungen enthält. Ohne daher im Entferntesten die antike Weltbildung gegen die moderne zurückwünschen zu wollen, wird es nichts desto weniger wohl verstattet sein, auch auf die (immerhin notwendigen) Schattenseiten der letzteren aufmerksam zu machen, und das um so mehr, als wir glauben dürfen, daß eben aus diesen dunkelsten Stellen sich dereinst das hellste Licht entwickeln wird. Die Gärung ist auch ein höherer Zustand als der erste junge Traubensaft: darum wird doch niemand leugnen, daß die Gärung eine unsaubre, unerfreuliche Arbeit und erst der reife, abgeklärte Wein das Resultat der ganzen Entwicklung ist. Hoffen denn auch wir auf unsern Wein.

Dies nun, was wir soeben von der modernen Bildung im allgemeinen gesagt haben, gilt in erhöhtem Maße besonders von der modernen Literatur. Auch die Literatur hat bei den modernen Völkern jenen Boden des nationalen Bewußtseins verloren, in welchem sie bei den Alten wurzelte: und damit ihre Verständlichkeit, ihre Allverbreitung, ihre naive Universalität.

Das zeigt schon der Unterschied zwischen Volksliteratur und Kunstliteratur, der bei allen modernen Völkern durchgeht. Zwar könnte man uns hier einwenden, daß dies auch in der griechischen der Fall ist, nämlich im Gegensatz der alexandrinischen gegen die frühere Literatur. Allein die Alexandriner sind gar nicht einmal Kunstdichter zu nennen, nur gelehrte Dichter oder noch besser dichtende Gelehrte. Der Gegensatz ist hier also völlig ein anderer. Eher könnte man die ganze Literatur der Griechen (von Homer bis Alexander) eine Volksliteratur nennen: in dem Sinne nämlich, daß sie in Wahrheit die Literatur, der volle künstlerische Abdruck eines ganzen Volkes gewesen ist. Gewöhnlich indessen denken wir bei Volksliteratur an einen Gegensatz zwischen roher Ursprünglichkeit und feiner Bildung, so wie an einen gewissen Beigeschmack von

Formlosigkeit und naivem Ungeschick, von welchem beiden hier keine Spur zu finden ist. Und darum wird es wohl bei dem einfachen Namen der griechischen Literatur sein Bewenden haben müssen.

Bei den Modernen nun also hat sich dies Verhältnis so gestaltet, daß überall die Kunstliteratur, das ist die Literatur der Gebildeten, die Literatur der Reflexion, die Volksliteratur überwältigt hat: und nur den wenigsten Nationen will es gelingen, die letztere in der ersteren wahrhaft wiederzugebären und dadurch eine schließliche Versöhnung beider Elemente zuwege zu bringen. Nicht mehr das ganze Volk kann vor *einem* Altar der Schönheit opfern: verschieden, wie in ihren politischen Rechten, ihrer gesellschaftlichen Stellung, ihrem Wollen und Können, sind sie auch in den Standpunkten ihrer Bildung und also auch in ihrem literarischen Bedürfnis und Geschmack. Die eigentliche Bildung ist, ähnlich wie der eigentliche Besitz, das eigentliche Vermögen, auf unendlich Wenige beschränkt; in einer Welt, wo alles privilegiert ist, ist auch der Geschmack und das Schönheitsgefühl ein Privilegium geworden. Die andern, die meisten, müssen, wie praktisch mit dem bloßen Schein des Rechtes, der Illusion des Besitzes, so auch in diesem geistigen Gebiete mit dem bloßen Schein der Bildung sich begnügen.

Und hier nun ist der eigentliche Boden der Unterhaltungsliteratur. Wir haben sie oben eine Zwittergattung genannt. Jetzt können wir diesen Ausdruck rechtfertigen: sie ist die Literatur derjenigen, welche gebildet genug sind, um überhaupt an künstlerischer Produktion Anteil zu nehmen: und wieder nicht gebildet genug, um zu dem eigentlichen Kern der Kunst, dem innerlichen Verständnis des Schönen vorzudringen und sich von etwas anderm befriedigen zu lassen, als allein von dem Höchsten und Vortrefflichsten.

Aber gerade dieser Zwitterzustand muß in der modernen Zeit, als der Zeit des Schwankens und der Übergänge, wo niemand isoliert genug ist, weder um von der allgemeinen Bildung, oder doch einem leisesten Hauch der Bildung, völlig ausgeschlossen zu sein, noch andrerseits, um diese Bildung in sich zu völliger Reife, zu völligem Abschluß zu bringen und gleichsam ihre innersten Tiefen zu erschöpfen, der verbreitetste und eigentlich herrschende sein; mithin ist auch die Literatur, welche diesem Zustand entspricht, die herrschende Literatur der Zeit.

Wie also die antike Welt aus zwingenden innern Gründen keine Unterhaltungsliteratur haben konnte, eben so ist in der modernen

Zeit die Unterhaltungsliteratur ein *notwendiges* Produkt dieser Zeit und der eigentliche Spiegel ihrer selbst. –

Aber wird man diese Beweisführung nicht zu künstlich finden? Wird man uns nicht den Vorwurf machen, mit großem Aufwand aus innern Gründen deduzieren zu wollen, wofür die äußere Veranlassung in einer allbekannten Tatsache handgreiflich vor Augen liegt? Die Buchdruckerkunst – ist es nicht erst durch sie möglich geworden, vermöge der Ausbreitung, welche die literarischen Produktionen durch sie erhielten, auch die großen Massen des Volks in die Interessen des Geistes, die Angelegenheiten der Literatur hineinzuziehen? Hat sie nicht erst eben dadurch jenen Zwitterzustand der Bildung geschaffen, als dessen Konsequenz und notwendiges Produkt wir die Unterhaltungsliteratur soeben dargestellt haben? Und mußten die Alten nicht ohne Unterhaltungsliteratur bleiben, weil sie ohne Presse waren?

Die Buchdruckerkunst – allen Respekt! Aber es erscheint uns eine würdigere und die allein geschichtliche Auffassung, daß der Geist von innen her seine Hülle schafft und daß die Tatsachen eintreten, weil die Idee sie verlangt: als umgekehrt die großartigsten Wendepunkte der Geschichte aus einem kleinlichen Pragmatismus äußerlicher Umstände ableiten zu wollen.

Darum ist auch, unsers Bedünkens, jene allgemeine Bildung entstanden nicht in Folge der Buchdruckerkunst, sondern umgekehrt: die Buchdruckerkunst ist erfunden worden, weil der geistige Zustand der Welt ein solches Mittel allgemeinster Mitteilung nötig machte; nicht eine Ursache war sie, sondern eine Folge, nicht eine Veranlassung, sondern ein Instrument. Daher auch darf man von den Alten nicht sagen, daß sie diesen oder jenen geistigen Zustand nicht gehabt, weil sie die Buchdruckerkunst nicht besessen: sondern im Gegenteil, weil sie diesen oder jenen geistigen Zustand nicht hatten, darum und deshalb haben sie auch die Buchdruckerkunst nicht erfunden; sie hatten sie nicht, weil sie ihrer nicht bedurften.

Denn dies ist überhaupt das Geheimnis aller großen, weltbewegenden Erfindungen: wie der Baum nur da Knospen treibt, wo der Saft in die Höhe steigt, so werden auch die großen Erfindungen nur da gemacht, wo eine große Idee ins Leben treten will: und dann *werden* sie gemacht, weil sie gemacht werden *müssen*. Immer daher, wo eine derartige Erfindung gemacht wird, können wir eben daraus schließen, daß eine neue Idee im Begriff ist sich zu verwirklichen und eine neue Epoche der Welt beginnt. So die Erfindung der Buchdruckerkunst, so in unsern Tagen die Anwendung der Dampfkraft, die sogar mit jener, geistig genommen, in innigstem Zusammenhange steht und gleichsam ihre Ergänzung ist. Wie durch die Buchdruckerkunst die Schranken des geistigen Gebietes zertrümmert und die Geister sich gegenseitig angenähert wurden: so sollen jetzt den entfesselten Ideen auch die Körper folgen, nach den geistigen sollen die räumlichen Schranken fallen, die Völker sollen auch äußerlich zusammenwachsen in *eine* große Gemeinde, *ein* großes Bündnis – und das Reich Gottes wird sich verwirklichen auf Erden. –

Machen wir nun von diesen allen die Anwendung auf Deutschland, so ist dies zunächst in die Augen springend und wird vermutlich von niemand geleugnet werden, daß jene Spaltung der Geister, jene Ablösung der Bildung von dem allgemeinen und ursprünglichen Bewußtseins des Volkes – kurzum, jene Kluft zwischen Theorie und Praxis, Literatur und Leben, von der wir oben, als einem allgemeinen Erbteil und Eigentum der modernen Völker gesprochen haben, dennoch nirgend schroffer, nirgend gewaltsamer ist als eben in Deutschland.

Den speziellen Beweis dafür wird man uns wohl erlassen, da es, wie gesagt, eine Tatsache ist, über die alle klagen (freilich ohne das Mittel zu ihrer Änderung zu finden) und die daher alle anerkennen; sie zu erklären, müßte man nicht weniger als die gesamte deutsche Geschichte rekapitulieren, deren gemeinsames Produkt sie ist. Nur ein paar einzelne Punkte wollen wir hervorheben, die zugleich mit der eigentlichen Aufgabe unsrer Betrachtung in nächstem Zusammenhange stehen und die bisher, wenn wir nicht irren, nicht ganz in das Licht gerückt worden sind, das ihnen gebührt.

Und zwar zuvörderst erinnern wir daran, daß unsre Literatur, wie sie in diesem Augenblicke vorliegt (und dabei datieren wir den Ursprung dieser gegenwärtigen Literatur etwa von der Mitte des vorigen Jahrhunderts), nicht sowohl ein unmittelbares Produkt des Lebens als vielmehr ein Erzeugnis der Kritik ist: so zwar, daß sie nicht bloß (denn dies wäre allerdings das richtige Verhältnis) durch die Kritik hindurchgegangen, sondern daß sie wesentlich aus ihr hervorgegangen ist.

Jenen, den Durchgang durch die Kritik, haben die Literaturen aller modernen Völker gemacht, sogar was sie Gutes enthalten, verdanken sie eben diesem Durchgang, der überhaupt für alle Erzeugnisse des modernen Lebens, literarische wie politische, für Staaten wie für Individuen, ein notwendiger und unvermeidbarer ist.

Aber in allen diesen Literaturen fand die Kritik einen fertigen Stoff vor, den sie sichten und weiterbilden mochte; die Produktion war früher als die Kritik, die erst maßgebend zu jener hinzutrat.

Dahingegen in der deutschen modernen Literatur war die Kritik das Erste; erst aus der kritischen Betrachtung fremder Dichtwerke (des Milton, der französischen Tragiker usw.) ging allmählich, in zögernden und befangenen Versuchen, die eigene Produktion hervor. Man hatte den Maßstab eher als das, was man messen wollte; es gab eher Lehrer des Schönen, die uns vorschrieben, wie wir Gedichte machen sollten, als Dichter, die sie machten.

Was daraus für unsere Literatur gefolgt ist? – Wir wollen die Dinge nicht schwärzer sehen als sie sind: und darum dürfen wir nicht verschweigen, daß dereinst, in künftiger Zeit, wenn einmal unsre Literatur ihre wahre Höhe erreicht, das heißt, den Kreislauf ihrer Ausbildung vollendet und durch die Schule der Kritik zur Natur, durch das Medium der Reflexion zu einer neuen, höheren Unmittelbarkeit wird zurückgekehrt sein – daß dann allerdings unsre Literatur, eben um ihrer kritischen Anfänge willen, alle anderen an Inhalt und Tiefe überragen wird und daß wir alsdann das Schicksal nur werden zu preisen haben, das gerade uns diese verschlungenen, aber um so segensreicheren Wege geführt hat.

Abgesehen jedoch von dieser künftigen Entwicklung (und noch manches Geschlecht wird hingehn, ohne sie zu sehen), so scheint es uns unleugbar, daß die nächsten und unmittelbaren Folgen nur nachteilig gewesen sind. Unsre Dichter, statt aus der Fülle des Lebens, schöpfen sie aus den Kompendien der Ästhetik; nicht wie sie ihre Zeit ergreifen, ihr Volk mit sich reißen, ihre Wirklichkeit verklären, sondern das war ihre Sorge, wie sie der Kritik genügen, wie sie die Ansprüche der Gelehrten befriedigen, wie sie die Schablone des Systems ausfüllen sollten; nicht um nationale Fragen, sondern um ästhetische drehte sich unsre Literatur. Was war das Publikum? Es verstand ja nichts von diesen ästhetischen Subtilitäten, es wußte gar nicht, welche interessanten Punkte des neuesten Systems der Autor in sein Werk »hineingeheimnist« hatte. Was tat es also, ob das Publikum unsre Bücher las oder nicht, ob sie ihm gut behagten oder schlecht, wenn nur die Kritiker sie lobten? – So ist das traurigste Schicksal über die deutsche Literatur gekommen: geschrieben zu werden *von* Literaten *für* Literaten. Die Massen haben wir preisgegeben: was Wunder, daß sie ihre Unterhaltungen anderswo suchen als bei uns?

Wenn nun aber auf diese Weise die deutschen Autoren von Anfang an in eine isolierte, dem Publikum innerlich entfremdete Stellung gekommen waren: so konnte zweitens sich dieselbe dadurch nur verschlimmern, daß es dem deutschen Leben an einem praktischen Vereinigungspunkte gebricht, auf welchem Gelehrte und Laien, Gebildete und Ungebildete in gemeinsamem Interesse zusammenkommen. Ein solcher Vereinigungspunkt wird den Engländern wie den Franzosen in ihrem politischen Dasein, in der Öffentlichkeit ihres Staatslebens geboten. Das ist der große Tummelplatz, wo die Parteien sich näher rücken, die Stände sich vermischen, die Gelehrten ihren Schulstaub abschütteln, um sich mit dem köstlicheren, dem Staub des Schlachtfeldes zu bedecken.

Dieser Tummelplatz fehlt uns; es fehlt uns an einem Mittelpunkt praktischer Tätigkeit, an einem Marktplatz gleichsam, wo Bildung und Leben, Theorie und Praxis, Literatur und Wirklichkeit ihre Schätze gegeneinander umtauschen. Und jede von ihnen hat Schätze.

Wir wollen hier nicht untersuchen, ob es für den wahren Vorteil unsers Volkes gut ist oder böse, noch auch, wenn böse, an wem die Schuld liegt, daß es so ist, noch endlich, ob und auf welche Weise es anders sein könnte oder dürfte oder müßte. Nur warnen wollen wir, zu glauben, als könne ein Volk *literarisch groß* sein, das *politisch nichtig* ist. Überall müssen Theorie und Praxis Hand in Hand gehen und sich, die eine auf die andere, stützen. Die Praxis des Völkerlebens ist der Staat. Man hat nicht für gut befunden, uns zu dieser Praxis hinzuzulassen: wohlan, so lasse man es sich auch nicht befremden, wenn auch unsere Literatur den nährenden Boden der Wirklichkeit verläßt und ein Wolkenkuckuksheim in die Lüfte baut, für das sich niemand interessieren kann.

Für unsre Dichter aber erwächst hieraus noch der besondere Nachteil, daß sie nirgend eine Gelegenheit haben, ihr Volk, als solches, in großen Massen, kennenzulernen und die Züge seines Angesichts zu erfreulichem Abbild abzulauschen. Wir haben keine Öffentlichkeit, es sei denn eine literarische; es begegnen uns keine großen Geschicke, es sei denn ein Dichter, der ausgepfiffen, ein Kritiker, der von einem andern überkritisiert wird; wir haben keine Parteien, es seien denn journalistische, keine Neuigkeiten, es seien denn die Raritäten des Messekatalogs. Woher sollen da dem Dichter die großen Stoffe kommen? Das Volk kennt ihn nicht, noch lernt er es kennen, das Leben bietet ihm nichts: was bleibt ihm übrig als ewig wieder die Literatur zu nähren und dadurch den Bruch, der zwischen ihm und dem Volke ist, nur immer zu vergrößern? –

Die Konsequenzen hiervon für die besondere Stellung der deutschen Unterhaltungsliteratur sind leicht zu ziehen. Sind die Unterschiede der Bildung, der Bruch zwischen Literatur und Leben, zwischen Autor und Publikum in Deutschland größer als irgendwo, und hat die deutsche Literatur sich einseitig auf eine abstrakte Höhe gesteigert, wo sie wenigern verständlich ist und von wenigern genossen werden kann als irgend eine: so folgt daraus mit Notwendigkeit, daß auch das Bedürfnis einer zweiten, untergeordneten Literatur, einer Literatur, mit der man sich verständigen kann, auch ohne Autor oder Kritiker oder überhaupt Gelehrter zu sein und Paragraphen der Ästhetik inne zu haben – mit einem Worte also: das Bedürfnis einer Unterhaltungsliteratur in Deutschland größer ist als irgendwo. Rechnen wir dazu, daß uns, wie gesagt, jede großartige Öffentlichkeit gebricht, daß infolge dessen auch unsre Geselligkeit nur sparsam und ohne eigentliches Leben ist und daß mithin in Deutschland eine größere Menge als anderwärts sich auf die einsame Unterhaltung der Lektüre angewiesen sieht: und wir werden aufhören, uns über die ungeheure Masse von »Lektürbüchern« zu verwundern, welche Deutschland jährlich konsumiert.

Und diesem ungemeinen Bedürfnis nun, welche Leistungen entsprechen ihm? Von welcher Beschaffenheit ist diese Unterhaltungsliteratur, die eben bei uns so reichlich wuchert? –

Auch hier können wir uns die ausführlichere Antwort ersparen, indem alles, was sich darüber sagen ließe, gleichsam kulminiert in dem einen Phänomen, daß von all den glänzenden Namen unsrer Literatur, von all den Sternen unsres literarischen Himmels in den Katalogen unsrer Unterhaltungsliteratur auch nicht ein einziger gefunden wird. Es ist völlig eine neue Provinz, die wir betreten, ein neues Geschlecht, dem wir begegnen; namenlose Zwerge schaufeln im Dunkeln, und die Helden, die erhabenen, liegen oben auf der Bärenhaut und schauen in die blaue Luft.

So ist es; aber muß es so sein? – Vergleichen wir die Unterhaltungsliteratur der übrigen modernen Völker. Sehen wir die Franzosen an! Wie bei uns kein einziger glänzender Name zwischen den obskuren Winkeln unsrer Unterhaltungsliteratur zu finden ist: so umgekehrt gibt es bei den Franzosen kaum eine literarische Berühmtheit, einen großen Dichter, einen angesehenen Autor, der in der Unterhaltungsliteratur *nicht* zu finden wäre. Die ausgezeichnetsten Genien der Nation, die vorzüglichsten Talente, die Stimmführer der Kritik und Wissenschaft haben es nicht verschmäht, zugleich den Acker der Unterhaltungsliteratur anzubauen; weder Voltaire, der Tischgenosse der Könige, noch Rousseau, der Misanthrop, noch Diderot, der Philosoph, bis hinunter (oder hinauf?!) zu Georges Sand, diesem größten Dichter der Jetztzeit, haben es unter ihrer Würde gehalten, Unterhaltungsschriften zu schreiben und ihre Talente zur Ergötzung des Publikums zu verwenden.

Und nun gar erst die Engländer! Von Richardson und Goldsmith, Smollet und Fielding, Sterne und Swift bis hinunter zu Walter Scott und Dickens, welche imposante, welche unvergleichliche Reihe von Unterhaltungsschriftstellern! und zugleich welche Reihe von Dichtern, von Talenten! welche »Lektürbücher« – und doch gleichzeitig welche Kunstwerke!

Die Spanier – allein wir brauchen ja nur den einen *Don Quixote* zu nennen, um unsern Lesern ein Werk ins Gedächtnis zu rufen, das zu den grandiosesten Schöpfungen gehört, die überhaupt jemals dem menschlichen Geiste auf dem Felde der Dichtung gelungen sind, und das nichts desto weniger seit drei Jahrhunderten gleichmäßig von allen Ständen des spanischen Volkes verschlungen wird und die Wollust bildet so des Fürsten wie des Knechtes, der Alten wie der Jungen, der Weisen wie der Toren. –

Eine ähnliche Stellung wird in der italienischen Literatur von Boccaz, von Ariost, von Tasso eingenommen; auch sie bilden die Unterhaltung der Laien und zugleich die Bewunderung, das Studium der Gelehrten.

In allen diesen Literaturen also gibt es Dichter, die eine gewisse Vermittlung und Übergangsbrücke bilden zwischen der Literatur par excellence und der Unterhaltungsliteratur: Dichter, in denen die verschiedenen Bildungsstufen, die getrennten Lebenskreise sich friedlich zusammenfinden und in gemeinsamem Genusse sich befreunden.

Diese Vermittlungspunkte suchen wir in unsrer Literatur vergebens. – Es ist ein hartes Wort und wir müssen auf lebhaften Widerspruch, auf empfindliche Beschuldigungen gefaßt sein, ja wir selbst erschraken und wurden unwillig auf uns selber, da uns dieses Wort, die Frucht ernsthafter Untersuchungen, gewissenhafter Vergleiche, zum ersten Mal auf die Lippe stieg: nichts desto weniger muß es heraus, denn es ist unsre Überzeugung und ist Tatsache: was gut ist in der deutschen Literatur, das ist langweilig, und das

Kurzweilige ist schlecht; was die Ästhetik billigt, das degoutiert das Publikum, und umgekehrt, was dem Publikum behagt, davor bekreuzt sich die Ästhetik.

Ein beklagenswürdiges Dilemma! – Wiewohl unsere Dichter sind damit zufrieden, sie wollen es gar nicht besser haben, sie lassen sich genügen an ihrem vel unus vel nemo, ja sie halten den »Beifall des Marktes« für ein zweideutiges Glück, das mehr zu fürchten als zu wünschen, mehr abzulehnen als zu begehren sei.

Denn unsre meisten Dichter verachten das Publikum. Die isolierte Stellung, in der sie sich befinden, der kleine Umkreis, auf welchen sie beschränkt sind, der geringe Effekt, den sie erzielen, das alles zusammengenommen hat sie in einen gewissen Hochmut – wir können nicht anders sagen: *hineingenötigt*, vermöge dessen sie es für schön und edel, ja wohl gar für eine Beglaubigung ihres künstlerischen Berufes halten, den Beifall des Publikums zu verachten und seine Stimme zu überhören. Die meisten halten es in dieser Beziehung mit Goethe, der sein eigentliches Territorium, die schöne Subjektivität, freilich nicht anders retten und sich selbst gegen die Entwicklungen der Zeit im Gleichgewicht halten konnte, als indem er die objektive Menge verachtete, sie wohl auch nach Gelegenheit ein wenig neckte und düpierte.

Die Romantiker, welche sich nach und neben Goethe auf den Gipfel unsers Parnasses drängten, haben das Ihrige getan, dieses Dogma von der abstrakten Erhabenheit des Poeten, von der Gleichgültigkeit des Publikums, der Barbarei des großen Haufens zu verbreiten und ihm neue Anhänger zu erwerben. Sie zwar taten darin nur, was sie mußten: sie, die prinzipiellen Gegner Schillers, der sich dem Publikum ebenso in die Arme geworfen hatte, wie sie es verachteten: »Alle meine Verbindungen sind aufgelöst. Das Publikum ist mir jetzt Alles, mein Studium, mein Souverain, mein Vertrauter. Ihm allein gehöre ich jetzt an. Vor diesem und keinem andern Tribunal werde ich mich stellen. Dieses nur fürcht' ich und verehr' ich.« (Schiller, in der Ankündigung der Rheinischen Thalia.)

Wer von unsern heutigen Schriftstellern hätte den Mut, diese Worte zu wiederholen – sie zu wiederholen aus wirklicher freier Überzeugung, ohne Koketterie und auch ohne in seinem Herzen der Dame Ästhetik ein heimliches Kompliment zu machen und sie um Vergebung zu bitten für den Honig, den er dem Bären Publikum ins Maul streicht?! –

Schiller selbst hat sein stolz bescheidenes Wort gehalten; niemals, wie nah ihn auch die einsame Sonne Goethes in ihre selbstgenügsame Bahn zog und wie viel einzelne Ausdrücke des Unmuts, der Verstimmung, des Mißtrauens wir auch hie und da in seinen Briefen etc. finden: niemals dennoch hat er aufgehört, dem Publikum eine innige und aufrichtige Liebe zu widmen, er hat es nicht verschmäht, durch Effekte, welche der Menge verständlich sind, auf dieselbe zu wirken und sie mit sich zu ziehen in seine ideale Welt.

Das Publikum aber ist wie ein Kind: es liebt den wieder, von dem es merkt, daß er es liebt. Und darum ist Schiller von allen unsern großen Dichtern bei weitem derjenige, den das Volk am meisten kennt und wirklich im Besitze hat; ja es fehlt nicht viel, so können wir seine Balladen und Tragödien, so wenig auch sonst gerade diese Gattungen für die Unterhaltungsliteratur zu zählen pflegen, in der Tat der deutschen Unterhaltungsliteratur beirechnen, wenigstens was die Art und die Ausdehnung anbetrifft, in welcher das Publikum sie genießt.

Unsere Kritiker freilich (und wiederum an ihrer Spitze die Romantiker) haben diese Popularität Schillers vielmehr aus seinen poetischen Fehlern deduziert; seine Effekte sind in ihren Augen vielmehr seine Schwächen. Effekt?! – Aber einem reinen deutschen Dichter, will sagen, einem Dichter vom reinsten Wasser, darf man das Wort Effekt ja gar nicht nennen; es ist eine Beleidigung gegen die Keuschheit seiner Muse, wenn man ihm zumutet, Effekte zu suchen und die Schönheit nicht bloß abstrakt hinzustellen, sondern sie auch wirksam zu machen und zur Anerkennung zu bringen vor der entzückten Menge. Ein reiner deutscher Dichter darf eigentlich nichts schreiben als bloß lyrische Gedichte und allenfalls Dramen, nämlich unaufführbare; von Romanen aber nur Kunstromane, Tendenznovellchen und so dergleichen. Das eigentlich, was die Menge unterhält: die stoffhaltigen, soliden Geschichten voll Abenteuer, Spannung und Verwicklung, die Tragödien, die mehr als zwei volle Häuser machen, die allerliebsten Lustspiele, bei denen das Publikum sich totlachen will und die es nicht müde wird zu sehen – er überläßt es alles den Handwerkern und Pfuschern, den Franzosen, den Engländern, der Industrie der Übersetzer! Er überläßt es ihnen, indem er sich lustig macht über sie und in seiner literarischen Einsamkeit, ohne Leser, ohne Publikum, sich dennoch ein Wesen höherer Art dünkt als die Eugen Sues, die Boz' und wie sie sonst heißen, diese modernen Rattenfänger von Hameln, die es verstehen, das Publikum von ganz Europa hinter sich zu ziehen! –

Oder wäre es doch nicht bloß Hochmut, was unsere Dichter so urteilen läßt? Versteckte sich vielleicht, ihnen selbst unbewußt, hinter dieser Maske des *Hochmuts* vielmehr die *Unfähigkeit*, das Publikum zu unterhalten? Verzichten sie vielleicht nur auf Kronen, die sie doch niemals erringen *können*, und verachten ein Szepter, das sie nicht zu führen *verstehen*?

Gehen wir der Sache ein wenig auf den Grund. Der Masse kann nur durch die Masse imponiert werden; das Publikum, wenn es sich an unsern Büchern unterhalten soll, will eben *unterhalten* sein: es will Stoff, Abenteuer, Verwicklungen, es will Umgebungen, die ihm bekannt sind, es will Situationen, die es versteht, es will Personen, für die es sich interessieren kann; es will Abwechselung, Farbenglanz, Fülle und Lebendigkeit.

Es hat dies niemand besser ausgesprochen als eben derjenige, der seinen eigenen Ausspruch am wenigsten erfüllen konnte: Goethe in dem Prolog zu Faust. Fleisch! Fleisch! Das ist es, wonach die Menge hungert, leiblich wie geistig; die lange Brühe eurer Redensarten, das Ragout eurer Sentenzen, das feine Arom eurer Kunstbetrachtungen – es kann ihm alles nicht helfen, wenn ihr ihm nicht runde nette Fakta gebt, eine Welt der Wirklichkeit, voll plastischen Lebens. Darum ist auch die hauptsächlichste Form der Unterhaltungsliteratur von jeher und bei allen Völkern der Roman gewesen, als diejenige Form der Literatur, welche am meisten die Darstellung des Lebens, wie es ist, zum Vorwurf hat.

Da jedoch eben liegt es! Wir armseligen deutschen Schriftsteller, die wir Tag und Nacht hinter dem Ofen hocken, vertieft in Illusionen, Philosopheme, ästhetische Glossen – wo soll uns die Plastik herkommen? Wir haben keine Geschichte, es sei denn die offizielle, die unsere Staatszeitungen uns berichten – wie wollen wir Geschichten erfinden, bei denen wir selbst und andere gute Leute sich unterhalten können? Wir kennen uns selbst nicht; eingenestelt zwischen die Feigenblätter unsers Familienlebens, gelegt unter die sieben Siegel unsrer Geheimniskrämerei, sind unsre eigenen Sitten, unsre Zustände, unsre Verhältnisse uns selber ein Geheimnis – wie wollen wir sie anderen enthüllen? –

Blicken wir wiederum auf England: der schlechteste englische Roman, das leichtfertigste Machwerk der Herren Marryat oder Cooper oder Dickens enthält mehr Plastik und mehr wirkliches Leben als alle deutschen Romane zusammen, die Goetheschen nicht ausgenommen, sogar sie an der Spitze. Woher das kommt? Daher, weil der

Engländer sich von früh auf von der großartigsten praktischen Tätigkeit umgeben sieht; weil ringsum das Leben seiner Nation in freier Öffentlichkeit ihm unverhüllt vor Augen liegt; weil er eine Geschichte hat voll Streit und Widerstreit, flutend vom lebendigen Atemzuge der Parteien; endlich weil er überall berufen, ja genötigt ist, selbst Hand anzulegen an diese Geschichte und seine eigenen Geschicke in die Geschicke seiner Nation, in den allgemeinen Gang der Ereignisse zu verflechten. Darum, weil sie das mächtigste Volk der Erde sind, weil in ihren Schoß die Güter der Erde zusammenfließen, weil fünf Weltteile auf die Stimme des englischen Bürgers horchen, die im Parlament, in der Zeitungspresse, im Meeting sich erhebt: darum haben ihre Schriftsteller diese wundersame Sicherheit der Zeichnung, diese Plastik der Schilderungen, diese Kunst der Verwicklung, diese Fülle der Tatsachen, darum haben sie selbst diese Unterhaltungsliteratur, so markig, so gediegen, daß auch die Ästhetik sich derselben nicht zu schämen braucht.

Denn daß man sich darin nicht irre! Wir gedenken nichts von dem zu widerrufen, was wir im Obigen über die zwitterhafte Bildung der modernen Zeit gesagt haben und daß die Unterhaltungsliteratur meist von solchen gelesen wird, die eben nur Zerstreuung haben wollen und denen die Kunst und die Schönheit und die Wahrheit im Grunde höchst gleichgültig sind. Dies alles sei so wie wir es gesagt haben, das Publikum der Unterhaltungsliteratur sei ohne Bildung und Geschmack: so steht es doch nicht in Opposition zur Bildung! so ist es doch nicht der Feind des guten Geschmacks!

Mit andern Worten: das Publikum läßt eure geschmackvollen, aber langweiligen Bücher nicht deshalb ungelesen, weil sie geschmackvoll, sondern weil sie langweilig sind; es liest auch die rohen, schmutzigen, aber kurzweiligen Romane der Cramer, Spieß, Clauren usw. nicht deshalb, weil sie roh und schmutzig, sondern weil sie kurzweilig sind: und also würde es auch Eure geschmackvollen *und* unterhaltenden Romane mit Freuden lesen, es würde sich unvermerkt durchrieseln lassen von den leisen Strömungen der Kunst, es würde – nicht wissend vielleicht, warum – doch es würde allmählich auch an den Kunstgenüssen, dem Schönen, Geschmack finden, es würde, bei gleichem stofflichen Interesse, instinktmäßig das gediegene, kunstschöne Buch dem rohen und unschönen vorziehen, – nämlich wenn Ihr sie überall nur schriebet, diese unterhaltenden *und* geschmackvollen Romane!

In der Sache wenigstens liegt kein Widerspruch; es ist nicht abzusehen, warum nur das Gemeine unterhaltend sein soll und warum immer die Grazien gähnen müssen.

Von hier aus nun aber, welche Perspektive auf die Erhebung, die Bildung unsers Volkes! welch ein Werkzeug zu den höchsten Zwekken, diese verachtete, behohnlächelte, preisgegebene Unterhaltungsliteratur!

Und preisgegeben ist sie bei uns: nicht bloß der talentlosen Empirie, der Gesinnungslosigkeit, der industriellen Berechnung unserer literarischen Kleinkrämer: sondern preisgegeben ist sie den Fremden, und selbst, was jene mühsam zusammenstoppeln, ist durchschnittlich nur die ärmliche Ablese fremder Felder. Es kann kaum ein sprechenderes Merkmal für die Unreife unserer Literatur, keinen beschämenden Entwurf gegen die pausbäckigen Rodomontaden ihrer Lobredner geben, jener betrogenen Betrüger, die uns Tag für Tag von der unaussprechlichen Vortrefflichkeit, der himmelhohen Klassizität unsrer Literatur vorfaseln, als diese Tatsache, daß wir nicht einmal imstande gewesen sind, uns eine eigene Unterhaltungsliteratur zu schaffen. Alles, was wir in dieser Art besitzen, ist entlehnt, teils unmittelbar, teils wenigstens auf fremden Anstoß und in Wiederholung fremder Entwicklungen.

Zuerst, in der ältesten Zeit, im fünfzehnten Jahrhundert, bestahlen wir uns selber und setzten uns unsre eigenen mittelalterlichen Gedichte, unsre Tristans und Wigalois in prosaischer Verwässerung auf die Tafel; wo das nicht ausreichte, plünderten wir alle Vademecums der Welt, exzerpierten alte Historienbücher, ja aus der Bibel selber suchte man sich die unterhaltenden Histörchen zusammen. Dann kamen die Vagabundenromane: sie waren den Spaniern entlehnt – der Schäferroman: wir ahmten ihn den Italienern nach – dann der politische, galante, höfische Roman, die Staats- und Liebeshistorien: wir empfingen sie von den Franzosen. – Von da an wurden die Engländer unsre Lehrmeister und zum guten Teil unsre Lieferanten: sie haben uns nacheinander die Robinsonaden, den Familienroman, endlich in neuester Zeit den historischen Roman geliefert und fangen in diesem Augenblicke, in Vereinigung mit den Franzosen (Boz – Sue – die Sand) an, uns den sozialen Roman zu liefern.

So wären wir wohl reichlich versehen, unsre Übersetzer keuchen, unsre Nachahmer schwitzen und die Leihbibliotheken wachsen ins Riesenmäßige. Allein was von diesem allen ist wahrhaft unser? Das Wenige, was auf deutschem Stamme ursprünglich gewachsen ist, wie verschwindet es gegen die Überfülle des Fremden! Und selbst dies Wenige, welche klägliche Rolle in der Gunst der Leser spielt es, verglichen mit dem Beifall der *Mystères*, des *ewigen Juden* etc.?

Wir können das Publikum nicht tadeln, daß es sich seine Unterhaltung da nimmt, wo es sie findet, und lieber sich mit dem Fremden amüsiert als sich mit dem Deutschen auf gut patriotisch langweilt. Dagegen wen wir tadeln müssen, das sind unsre Schriftsteller, weil sie keinen Versuch machen – oder vielmehr, wir müssen sie und uns und den Fluch der Zeit beklagen, weil sie, wie die Dinge jetzt sind, keinen Versuch machen können, eine eigene deutsche, unserm nationalen Geschmack entsprechende, in dem Boden unsrer Zustände wurzelnde, von unserm Volk wirklich gelesene Unterhaltungsliteratur zu schaffen. Der Stoff liegt eben überall zutage: wir haben nur noch keine Augen, ihn zu sehen, keine Hände, ihn zu bilden: es ist die Geschichte unsers Volkes, die Wirklichkeit unsrer Zeit, es sind unsre Sitten, die Ihr schildern, unsre Landschaften, die Ihr poetisch beleben, unsre Städte, deren Treiben Ihr abmalen, es ist unser eigenstes Dasein, das Ihr im Zauberspiegel der Kunst verklären und mit dem Ihr uns unterhalten sollt!

Ja Deutschland gerade, mit dieser vielverzweigten, isolierten, auseinanderlaufenden Geschichte, mit diesem Kontrast der Sitten, mit dieser Mannigfaltigkeit seiner Provinzen, seiner Stände, seiner Verfassungen – welche Stoffe, welche Staffagen, welche Verwicklungen!

Auch sind einzelne Versuche in der Tat bereits gemacht. Man vergleiche Bücher, wie Immermanns *Münchhausen* (wir meinen die unvergleichliche Dorfschulzengeschichte, von der nur zu wünschen wäre, daß eine glückliche Hand sie aus dem übrigen Münchhausen, diesem langweiligsten Altweiberliteraturgeklätsch, herausschälen und in eigener Schönheit selbständig aufstellen könnte), wie der erste Band von Willibald Alexis' *Cabanis,* wie Schuselkas *Karl Gutherz,* eine Geschichte aus dem Wiener Volksleben, wie die Schriften des Schweizer Bitzius (Jeremias Gotthelf), vor allem wie die vortrefflichen Dorfgeschichten von Berthold Auerbach, diese schönsten Perlen, welche der Strom der letzten Jahre an das unfruchtbare Gestade unsrer Unterhaltungsliteratur geworfen hat – wir haben hier absichtlich Bücher von dem verschiedensten künstlerischen Wert, sehr hohem und sehr geringem, zusammengestellt: sie alle jedoch, wie sie sind, mit ihren Mängeln und Schwächen – man vergleiche sie nur, man prüfe sie, man erforsche die Geschichte ihrer Wirkung, man berechne die Größe ihres Publikums: und man wird so ungefähr den Weg merken, welchen unsere Literatur hier einzuschlagen hat. – –

Schließlich haben wir noch zwei Einwendungen zu beseitigen, die gegen unsere ganze Darstellung gemacht werden könnten.

Zuerst nämlich möchte die Frage erhoben werden, ob nicht diese ganze Unterhaltungsliteratur am besten abzuschaffen und statt ihrer eine Literatur der Naturgeschichten, der Reisebeschreibungen, der Technologien und andere solide Bücher dieses Schlags, vielleicht auch Gebetbücher und Traktätlein einzuführen wären, die dem Lesebedürfnis jener gemischten Klassen ohne Zweifel eine viel wahrhaftere Kost zuführen würden als die leichte Speise der Romane.

Allein darauf ist zu erwidern, daß der Mensch, und wär' er übrigens noch so roh, so gut wie sein Stückchen Fleisch, seinen Bissen Brot auch sein Stückchen Poesie, sein bißchen Literatur haben will. Die Nutzbarkeit ist ein recht schönes Ding: nur darf sie nicht der einzige Gott des Lebens werden wollen, man darf den Luxus der Dichtung, die Gaukelbilder der Kunst nicht ganz verbannen, auch nicht aus dem ärmsten Dasein und nicht in ihrer ärmsten Gestalt: wie ja auch die Erde nicht überall Kartoffeln trägt und wie auch der magerste Acker noch sein Blümchen hat, und wär' es ein weißblühendes Unkraut. Wir wollen nicht behaupten, daß der Soldat in der Wachtstube, der mit stieren Augen und glühendem Kopfe sich in die Wunder des *Rinaldo Rinaldini* vertieft, dadurch eben einen großen Zuwachs seiner Bildung gewönne; wir wollen sogar zugeben, daß es ihm vermutlich viel zuträglicher wäre, wenn er statt dessen das Exerzierreglement oder die »kurze Anweisung, ohne Geld ein reicher Mann zu werden, durch lauter einfache und bewährte ökonomische Mittel« zu seiner Lektüre wählte. Aber du lieber Himmel, *immer* Exerzierreglement?! – –

Der zweite Einwand ist gerade entgegengesetzter Natur. Nämlich ist nicht schon geschehen, was wir verlangen? Haben wir nicht bereits eine Literatur, welche, wie wir es soeben von einer richtigen und wahrhaften Unterhaltungsliteratur forderten, das Leben unsers Volkes, wenn auch nicht des ganzen, so doch einiger Sphären desselben schildert und die Wirklichkeit unsrer Zustände, wenn auch wiederum nur aus einigen gewissen Sphären, poetisch wiedergespiegelt? Haben wir nicht die vortrefflichen, moschusduftigen Romane des Herrn von Sternberg, der Frau Gräfin Hahn und anderer aristokratischer Weiber, bärtiger wie unbärtiger, die das high life unsrer Vornehmen mit geübtem Pinsel darstellen? –

Wir haben sie, allerdings: und wem sie gefallen, der mag sie auch behalten. Für den gesunden, derben Magen der Menge jedoch, für den frischen Geschmack des Volkes ist dies nicht die rechte Speise. Zwar wird auch die Menge diese Bücher lesen, weil sie Mode sind und so lange sie keine andern hat; ihr Herz indessen wird nichts dabei empfinden und ihre Seele nichts dabei gewinnen. Vielmehr nur die Eitelkeit und die Herzensöde werden wachsen: gleicherweise, wie der große Haufe auch zusammenläuft auf der Straße, wenn ein glänzend aristokratischer Wagen vorüberrollt: sie staunen das Wappen an und die seidenen Kissen und die Pracht des Aufzugs, das ist alles – und obendrein bewirft sie der Wagen mit Kot.

Endlich wenn wir im Vorstehenden unsre Dichter auf die Unterhaltungsliteratur hingewiesen und sie mit dringenden Worten aufgefordert haben, sich dieses verwaisten Gebietes anzunehmen und zu schaffen, was wir nicht haben: *Volksromane* – so halte man uns doch ja weder für so einfältig noch so anmaßend, als hätten wir damit gewissermaßen die Parole der nächsten literarischen Entwicklung austeilen und gleichsam die Wege vorzeichnen wollen, welche sie zu nehmen hat. Es geschieht dergleichen wohl mitunter und selbst besonnene und einsichtsvolle Männer haben sich zu derartigen apriorischen Anweisungen verleiten lassen: jetzt soll dies geschrieben werden und jenes soll liegen bleiben! Jetzt politische Satiren, jetzt Dramen, jetzt Romane! – Niemand kann von dieser schulmeisterlichen Anmaßung entfernter sein als der Verfasser dieses Aufsatzes. Er weiß recht gut, daß auch auf dem Gebiete des Geistes eine jede Frucht nur dann reift, wenn ihre Zeit gekommen ist, und daß kein kritisches Machtwort sie beeilen kann. Wohl aber glaubt er, daß es sich schicke und hält dies für die Pflicht und höchste Aufgabe des Literarhistorikers, die Tageshelle des Bewußtseins zum voraus auf die Wege fallen zu lassen, auf denen dereinst der Genius der Tat einherschreiten wird und so seinen Einzug zu erleichtern, wenigstens Herzen und Geister bereit zu stimmen zu seinem Empfang. –

Und mehr haben auch diese Zeilen nicht gewollt. –

ÜBER REISEN UND REISELITERATUR DER DEUTSCHEN

Man hat es noch nicht für wert erachtet, unsere Reisebeschreibungen, soweit dieselben nicht in rein wissenschaftlicher oder doch gelehrter Rücksicht geschrieben wurden, sondern mehr oder weniger in das Gebiet derjenigen Literatur hinübergreifen, welche man die schöne zu nennen pflegt (und von diesen allein soll hier die Rede sein), einer übersichtlichen und zusammenhängenden Darstellung, Entwicklung und Beurteilung zu unterwerfen. Und doch möchte auch an diesem abgesonderten, mehr blätter- als früchtereichen Zweige sich deutlicher, als man glaubt, das eigentümliche Wachstum und der gesamte Bildungsgang des großen Baumes unsrer Literatur, ja unsrer geistigen Entwicklung überhaupt nachweisen lassen.

Zwar allzuweit werden wir dabei nicht zurückgreifen dürfen. Gereist allerdings wurde auch in frühern Zeiten, nicht bloß in Geschäften, nicht bloß zu Handelszwecken, sondern allerdings auch, wie man es nur immer von einem Traveller oder gar einer »Reisendin« unsrer Tage verlangen mag, gereist um des Reisens willen.

Und dennoch war ein Unterschied, ein höchst beträchtlicher. Die Reisen des Mittelalters – oder richtiger gesagt, in der Übergangsepoche vom Mittelalter zur modernen Zeit, im sechzehnten, siebzehnten Jahrhundert (denn in der Tat fangen sie erst hier an sich zu zeigen) waren nicht bloß, wie heutzutage, ein Schmuck, allenfalls eine Schule des Lebens, nein, sie waren unmittelbar ein Stück des Lebens selbst. Sie waren meistenteils mit Kriegsdiensten verbunden, welche man hier oder dort in der Fremde, in Flandern, in Italien etc. leistete; man reiste, indem man Soldat war, man wurde Soldat, um reisen zu können. Sogar gelehrte Männer, Männer, welche weit weniger durch hohlen Durst nach Abenteuern als durch bestimmte wissenschaftliche Zwecke in die Fremde gezogen wurden, verschmähten es nicht, sich gelegentlich als Landsknecht oder dergleichen anwerben zu lassen, um etwa die Alpen zu überschreiten oder die Woge ferner Meere zu durchkreuzen; sie ergriffen (man erinnere sich, unter vielen, an Ulrich von Hutten und seine Römerfahrt) den strengen Dienst des Mars, um, unter seinem Schutz, nur desto eifriger den Musen dienen zu können.

Und was ferner ein wesentlicher Unterschied ist: nicht sowohl eine Auffrischung, eine bloße Bereicherung des Lebens war es, was man bei diesen Reisen beabsichtigte: vielmehr eine völlige Veränderung, eine gänzlich neue Begründung. Wenige, wenn das Glück ihnen irgend wohl wollte, der Fürst oder Heerführer, in dessen Dienst sie standen, sich günstig, das Land angenehm, die Frauen geneigt erwiesen, kurzum, wenn das Glück ihnen irgendwie die Hand bot zu dauernder Ansiedlung, so waren Wenige, welche diese Hand verschmäht hätten; es waren mehr Auswanderungen als Wanderungen, mehr Ansiedlungen als Reisen. Die Welt war auch damals in Bewegung, gewiß: aber die Elemente vertauschten sich nur, es war keine innerliche Erweiterung, nur eine äußerliche Veränderung, sie kehrten nicht, gesättigte Wogen, mit dem Inhalt der Fremde in die alte Heimat zurück, sie tauschten sich nur gegeneinander aus; die Welt wurde breiter, nicht tiefer, das Leben größer, nicht reicher.

Zu schriftlichen Aufzeichnungen hatten diese Leute, Leute des Schwertes und der Tat, begreiflicherweise keine Zeit; selbst die Gelehrten unter ihnen begnügten sich, etwa einzelne besonders lebhafte Eindrücke, besonders interessante Abenteuer in lateinischen Versen, in zierlich gefeilten Distichen festzuhalten. Es gehörte schon ein Gelehrter von Haus, ein Philolog von Handwerk, ein Altertumsforscher von Profession, wie Conrad Celtes, dazu, um derlei vereinzelte Momente in größere Massen zu verarbeiten und in einer Reihenfolge von Elegieen, beschreibenden Gedichten, Lobgedichten etc. ein ziemlich vollständiges Bild seiner gesamten Reisen zu entwerfen. Dies, wie gesagt, war schon eine Ausnahme; die Mehrzahl reiste fürs Leben, nicht für die Literatur, die glorreiche Erfindung der Tagebücher war noch nicht gemacht, es gab noch keine Buchhändler, welche Vorschuß leisteten auf Reisebeschreibungen vor der Reise selbst, noch keine Autoren, welche reisten um zu schreiben, schrieben um zu reisen.

Eine andere Gestalt gewann dies, seitdem, im Laufe des siebzehnten Jahrhunderts, der ursprünglich ritterliche, tatlustige Charakter der Nation, der namentlich auch in diesen Reisen und Heerzügen sich Luft zu machen gesucht, zurücktrat und endlich ganz verschwand gegen gelehrte Stubensitzerei, philologischen und theologischen Pedantismus, Philisterei und Bequemlichkeit. Die frühern Reisen waren eine Befriedigung der Tatlust, ein Stück Leben selbst, ein buntes, vielfarbiges, gewesen: jetzt, zu der enzyklopädischen Bildung der Zeit, die sich namentlich auch in der gleichzeitigen Entstehung des Journalismus, als der eigentlich enzyklopädischen Literatur, kund gab, bildeten enzyklopädische Reisen, Reisen voll gelehrten Interesses, voll Sammelfleiß und Kuriositätenkrämerei, ein so nötiges, wie glückliches Supplement; die Polyhistorie, welche in den Wissenschaften herrschte, wollte auch äußerlich ein ihr entsprechendes Terrain beherrschen. Wie früher Feldlager, Belagerungen, Kriegszüge, so jetzt wurden Museen, Bibliotheken, Sammlungen, so Höfe, berühmte Gelehrte, literarische Gesellschaften das Ziel der Reisen; es sind die Reisen der alten Magister, der Hofmeister, der Mentoren.

Beschrieben wurden diese Reisen allerdings: aber nicht anders, es sei denn in Folio, zum mindesten in Quart, mit zahlreichen Kupferstichen, zuvörderst der WohlEhrbare, HochAnsehnliche selbst, mit Wolkenperücke und Amtstalar, wie er, der Heimgekehrte, der Weitgereiste, das Wunder seiner Vaterstadt, stattlich einherschritt unter seinen erstaunten Mitbürgern. Aber an der schönen Literatur hatten diese Beschreibungen doch keinen Teil, noch sie an ihnen: es waren trockne, gelehrte Kompendien, Werke, mit einem Wort, wie (um sogleich das bedeutendste dieser ganzen Richtung, ein in seiner Art noch heut nicht unverdienstliches Werk zu nennen) »Joh. Georg Keyßlers, der Königlich Großbritannischen Sozietät der Wissenschaften Mitgliedes, Neueste Reisen durch Deutschland, Böhmen, Ungarn, die Schweiz, Italien und Lothringen, worinnen der Zustand und das Merkwürdigste dieser Länder beschrieben und vermittelst der Natürlichen, Gelehrten und Politischen Geschichte, der Mechanik, Maler-, Bau- und Bildhauerkunst, Münzen und Altertümer, wie auch mit verschiedenen Kupfern erläutert wird. 1741, 2 Bde in Quart« – ein Werk, über das wir nichts weiteres hinzuzusetzen brauchen, da schon dieser Titel es hinlänglich charakterisiert.

Und so ist denn, irren wir nicht, die erste Einführung der Reiseliteratur in die schöne Literatur überhaupt erst in der Blütezeit der Sentimentalität und der gemütlichen Überschwänglichkeit erfolgt. Es war gerade in dieser Zeit, als Yoricks *Sentimental Yourney*, schon 1768 übersetzt (von Bode: diese Übersetzung erlebte bis in den Anfang des neuen Jahrhunderts fünf Auflagen), erschien, und konnte es nicht fehlen, daß, bei der damaligen Mustergültigkeit der englischen Literatur im allgemeinen, sodann bei der wunderbaren Energie, mit welcher gerade Sterne, in seinem bizarren Gemisch von Empfindsamkeit und Frivolität, von Enthusiasmus und Nüchternheit, das aussprach, was weit und breit, diesseit und jenseit des Meeres die Gemüter bewegte, die Nachahmungen Yoricks und mit ihnen die sentimentalen Reisen sich ebenso häuften, wie wir nur irgend in unsern Tagen andere Könige andern Kärrnern zu tun geben sehen.

Es gesellte sich dazu, daß jener sentimentale Hang, wie er durch die Naturmalerei (in Brockes und mit entschiedenstem Erfolg in Kleist) war verbreitet worden, nun auch selbst wieder eine neue, bis dahin unerhörte Art des Naturgenusses, um nicht zu sagen der Naturschwelgerei, ein Jagen und Suchen nach Naturbeschauung, ein Erbauen und Begeistern an landschaftlichen Schönheiten hervorbrachte, welches gerade dieses Genre der Reiseliteratur ungemein befördern mußte.

Denn wie dazumal die Schwärmerei für Natur und Naturgenuß unsere Jünglinge (man erinnere sich der Göttinger Verbündeten!) hinaustrieb ins Freie, in die süße Pracht der Blütezeit, die stille Melancholie der Mondnacht, und wie unsere Poeten diese Eindrücke in Oden und Liedern wiedergaben: so trieb sie dieselben auch weiter ins Land hinaus, schwellte ihnen die Brust mit Wandersehnsucht, und ließ sie endlich ebenso das Gesehene und Erfahrene in Reisebeschreibungen niederlegen. Es war überdies die Zeit, wo, nach dem Goetheschen Ausdruck, die Literatur sich näher rückte: literarische Freundschaften wurden gesucht und geschätzt und namentlich auf Reisen und Besuchen mit raschem Enthusiasmus gegründet. Ja als nun bald darauf in diese wunderliche Masse durch Lavaters *Physiognomik* ein neues, mächtiges Ferment hineinkam, da gab es für die Reiselustigen einen solchen Überfluß von Motiven, Titeln und Berechtigungen, daß nicht allein der Parnaß in wandernder Bewegung erscheint, sondern auch die übrige Welt mehr und mehr in dies Treiben hineingezogen wird.

Eine besondere Geltung gewinnt von da an die Schweiz, teils als das Mekka der Naturreisenden, teils aber, was man ja nicht außer acht lassen darf, der literarischen Bedeutung wegen, die sich damals an die Schweiz knüpfte und wie mit einem Heiligenschein jene Ufer und Inseln des Zürcher Sees umgab, an denen einst Klopstock seine Fanny zu vergessen gesucht hatte, und die nun fortlebten in den geliebtesten seiner Oden: nicht zu erwähnen, daß nun auch Lavater, für manche der Messias selbst, für unzählige ein Prophet desselben, in der Schweiz seine heilige Stätte gegründet hatte. Diese Richtung der deutschen Sentimentalität hat sich außerordentlich lange behauptet; wir dürfen nur den Namen Matthisson nennen, um unsere Leser sogleich daran zu erinnern, wie viel von diesem sanften, süßen enthusiastischen Ichor (denn gemeines Blut, wie andere Menschen es auch haben, wagen wir diesen Lebenssaft der Sentimentalen nicht zu schelten!) noch in der gegenwärtigen Literatur und dem nie aussterbenden Trosse der Nachahmer sich regt.

Allein unsre Poesie selbst war nicht lange in der Sentimentalität, diesem bloßen selbstsüchtigen Selbstempfinden des bewegten Ich, stecken geblieben. Es war dies nur ein Kriegslärm gewesen, mit welchem sie überhaupt das Subjekt, das sie seit Jahrhunderten in Konvenienz und Dogma verloren, als poetisches Eigentum sich wiedererobert hatte. Nicht mehr abstrakt das Subjekt und sein maßloses Pathos allein (wie in den Stürmern und Drängern), sondern das *schöne* Subjekt ward Ziel und Aufgabe der Poesie; Winckelmann, Heyne und Homer lösten Brockes, Kleist und Klopstock ab, die Kunst trat an die Stelle der Natur, und – Goethe reiste nach Italien.

Dieses Land von nun an ward, was bis dahin die Schweiz gewesen; die Gletscher und die Seen und der Rheinsturz mußten zurückweichen vor dem Apoll von Belvedere, der Sixtinischen Kapelle und der Kuppel der Peterskirche. Mit einem Worte, die Bewunderung der Schweiz fing an, die Stelle einzunehmen, in welcher der Italienfahrer auf seiner Reise selbst die Schweiz erblickte: sie lag an der Schwelle seines Allerheiligsten, er nahm sie mit, wie im Vorbeigehen, sie war ein Zweites und Beiläufiges geworden, während von Rom einer dem andern zurief, daß es noch immer die Herrscherin der Welt, Italien noch immer der Garten der Erde sei.

Dieser Übergang vom Naturenthusiasmus zur Kunstschwärmerei zeigt sich zum Teil noch in Heinses Reisebriefen. Bald aber kam die Kunst und mit ihr Italien zur unbestrittenen Hegemonie, und es ist fast rührend anzusehen, wie von Weimar, als dem eigentlichen Mittelpunkt dieser Kultur, die in Goethe ihren hauptsächlichen und unvergleichlichen Repräsentanten hat, einer den andern nachzieht nach Italien, wie das bloße Wort Italien ein Funke wird, der Unruhe in die Glieder treibt und das Blut sieden macht, und wie dieser allgemeine außerordentliche Rausch bald selbst diejenigen erfaßte, die doch ihren Durst aus ganz andern Gefäßen zu stillen im Sinne hatten, als aus dem köstlichen antiken – und also heidnischen, also ungeweihten Becher Italiens.

Denn schon 1791 reisten die Stollberge, auch jenen Apoll von Belvedere und all jene Überreste heidnischer Kunst anzusehen, von denen sie nachher meinten, die alten Bilder, Götter wie Menschen, Männer wie Weiber, sahen doch alle nur aus wie melancholische, verdrießliche, zornige Heiden, und »selbst auf den Gesichtszügen der ewigen Götterjugend schwebe, wie eine schwarze Wolke, der Gedanke des Todes« (Reise, II, 310; vergl. Bd. III, 75). Diese also, das sieht man, trieb Begeisterung und Liebe für die alte Kunst nicht nach Italien, und Goethe und Schiller schossen daher auch die Pfeile ihrer Xenien gegen diese Stollbergsche Reise. Freilich, hätten sie damals schon geahnt, was bald darauf die Welt erfuhr, daß nämlich nicht die ewig sprudelnde Quelle der alten Kunst, sondern ein Tröpfchen Weihwasser aus dem Becken zu Rom es gewesen war, wonach die Stollberge dürsteten, und hätten sie damals schon gewußt, welche würdige Begleitung diese Reisenden an dem Herrn von Droste, dem nachherigen Erzbischof (denn es krümmt sich früh, was ein Haken werden will!), gehabt hatten, sie würden ihre Pfeile vermutlich anders gerichtet oder voll stummen Grams im Köcher behalten haben.

So dürfen wir hier die Stollbergsche Reise als den Übergang zu einer neuen Phase betrachten, in welche mit ihr unsere Literatur überhaupt und somit auch die Literatur der Reisen getreten ist: jene Phase meinen wir, in welcher man die heitere Bläue des italischen Himmels mit der wüsten Dämmerung des Mittelalters vertauschte, wo an die Stelle der schlanksäuligen, luftigen Tempel des Altertums die engen, schnörkelhaften Bogen gotischer Klosterkirchen traten, wo man den Apoll für einen St. Sebastian, die lächelnde Mutter der Grazien für ein Muttergottesbild dahingab, kurzum: wo die Reaktion der Romantik begann und Tieck – nicht der Verfasser der Novellen, sondern der Herausgeber von Sternbalds Wanderungen – auf den Stuhl des Meisters sollte erhöhet werden.

Italien freilich blieb bei diesem Wechsel noch immer unverändert das Ziel der Pilger. Steht doch in Rom nicht bloß der Faun, auch der Papst lebt in Rom, und nicht Raffael allein hat gemalt, sondern auch vor ihm haben Meister, welche zweifelsohne frömmer als geschickt, und bessere Christen als Künstler waren, Heilande am Kreuz und betende Marien und Wunder und Mysterien gemalt. So bekam nun Italien zu dem Ruhm, die lieblichste Heidin zu sein, auch noch den der frömmsten Heiligen; zu dem Epheukranz ward die Dornenkrone, zu dem weltlichen das geistliche Diadem gesellt – ja sind wir recht berichtet, so haben auch die neuen Pilger in Person diese doppelte Natur Italiens, die übersinnliche und sinnliche, in der eigenen Praxis recht wohl zu vereinigen gewußt.

Im ganzen freilich ist diese Richtung weniger in Reisebeschreibungen vertreten worden. Diese Gattung wäre dem transzendenten

Enthusiasmus dieser Herren zu plan, zu trivial, zu prosaisch gewesen; auch hätte selbst die dünnste Reisebeschreibung mehr Leib, mehr Plastik erfordert als sie meist aufzuwenden imstande waren. Sie verarbeiteten daher Italien mehr gelegentlich, mehr gesprächsweise; auch gehören zu ihnen jene Vielen, die nur den Pinsel zu führen wissen, jene Maler, die mit ihren Marieen und Engeln und Heiligen uns nur Langeweile oder im glücklichsten Falle Bedauern über das verirrte Talent erregen. –

Desto munterer dagegen gedieh und gedeiht noch heute jene ältere kunstkennerische Reisebeschreibung, wiewohl sie sich allmählich aus der Sphäre der schönen Literatur zurückgezogen und, die Kunst mit den Künsten, die Poesie mit der Industrie vertauschend, sich mit Vasengemälden und ein bißchen Mythologie und ein bißchen Archäologie in der Wissenschaft dilettierend niedergelassen hat.

Hier möchte wohl gleich der Ort sein, ein Vorurteil oder Mißverständnis der jüngsten Zeit zu berichtigen: dieses nämlich, als ob die Stimmen, welche neuerlichst in Spott und Warnung gegen die einseitige Überschätzung Italiens und das wunderlich übertriebene Gewicht sich erhoben haben, welches die exclusiven romantischen Zirkel auf den Besuch dieses Landes legen, damit einen Bannspruch über Italien überhaupt hätten aussprechen und jenem komischen Wehe! Wehe! sich anschließen wollen, welches ein bekannter, nun wohl auch vergessener Reisender über Italien ausrief, weil er den Biß der italienischen Flöhe und anderes ähnliches Ungemach nicht hatte ertragen können. Selbst Wohlmeinende haben sich diesem seltsamen Mißverständnis mit einem Eifer und einer Gereiztheit hingegeben, die unbegreiflich scheint, dennoch aber, wenn wir nicht irren, sich sehr leicht erklären läßt.

Nämlich wir Deutsche sind gründlicher und inniger Natur; eine Reise nach Italien ist (oder war doch bis vor kurzem) der Mehrzahl von uns nicht, wie etwa den professionierten travellers anderer Nationen, die ihre season in Rom oder Neapel machen, weil es eben zu Hause keine komfortablen Vergnügungen gibt, nur ein veränderter Aufenthalt, ein bloßer Zeitvertreib, eine Ergötzungsreise: sondern den meisten ist oder war es eine Herzensangelegenheit, ein lange und sehnlich gehegter Wunsch, ein Traum der Kindheit, den sie endlich nach jahrelanger Ungeduld nur spät und mühsam auszuführen imstande sind. Schon daß wir nicht so reich sind wie unsere Nachbarn, daß die größere Mehrzahl, die vielen Gelehrten und Künstler, die es nach Italien treibt, diese Reise oft erst durch Opfer, durch Entbehrungen und Einschränkungen erkaufen müssen, erhöht ihnen den endlichen Wert derselben, bringt sie zu Italien immer entschiedener in das Verhältnis des Liebenden zur Geliebten, macht sie aber auch eben deshalb um so gereizter und empfindlicher gegen jedes Wort, welches die unbedingte Schätzung, also Überschätzung Italiens in Zweifel zieht und auch hier auf das richtige Maß, die ernste Wahrheit dringt.

Und mehr, scheint es uns, haben jene Stimmen selbst niemals gewollt. Oder wer möchte in Wahrheit die hohe Bedeutung leugnen, welche Italien durch seine Natur, seine Kunst, nicht minder, wennschon auf eine weniger freundliche Art, durch seine Geschichte für einen jeden hat, der es mit offenen Augen und geradem Sinne zu betrachten weiß? Gewiß, so lange auf unsern Fluren der nordische Nebel lastet, den der ewig blaue Himmel Italiens nicht kennt; so lange jene üppige Natur, jenes heitere Sinnenleben, das bei uns nicht zur Reife gedeihen kann, in Italien sich lieblich, in fröhlicher Fülle, entfaltet; so lange die Schönheit der Kunst, die Erinnerung alter Zeiten ein Herz bewegt; so lange endlich es auch von Nutzen für uns sein wird, zu sehen, was bei allen Geschenken der Natur, allen überschwenglichen Gaben des Himmels, aus einem Volke wird, wenn es verlernt hat, ein Volk zu sein, und wie wenig die ästhetische Befreiung allein genügt: – so lange wird Italien von unsern Dichtern, unsern Künstlern, unsern Gelehrten besucht werden, so lange wird es die köstliche Bildungsschule bleiben für jeden, der den Aufenthalt in diesem Lande wirklich zu würdigen versteht.

Aber da eben hängt es! Wie es im Altertum nicht jedem frei stand, Korinth zu besuchen, so und noch viel mehr ist es nicht jedem vergönnt, Italien zu sehen, auch wenn er mitten auf dem spanischen Platze stände und alle Gassen von Neapel kennte, wie die Winkel seines Vaterhauses. Denn waren es nur gemünzte Talente, nur Frische und Jugendkraft des Körpers, was man nach Korinth mitbringen mußte, so bedarf es in Italien vielmehr geistiger Talente, es bedarf geistiger Jugend und frischer, ungeschwächter und unverblendeter Sinne, um nicht als ein Geck über die Alpen zurückzukommen, die man erst als ein Tor überstiegen hat. Nur gegen diesen Mißbrauch Italiens kann, unsers Bedünkens, jene Polemik gerichtet sein – gegen jene Schwätzer, die noch heut die gut neapolitanische Hyperbel: vedi Napoli e mori! in unserer deutschen Gegenwart wollen zur Wahrheit machen; gegen jene Gelehrten, die sich wie Mauerschnecken festsaugen an pompejanischem Trümmerwerk, oder

Vgl.!! 2. S. 42a

Zit.

wie Milben einnisten in alte Schriften, aber die Fühlhörner einziehen und erschrocken davonlaufen, wo ein frischer Hauch der Geschichte sie anweht; gegen jene Dichter, die ein weiches Herz haben für die Wollust italischer Nächte und die schwarzen Augen der römischen Mädchen und sogar für die Ruinen ich weiß nicht welchen alten Tempels, – aber kein Herz haben für den schwülen Mittag unsrer Geschichte, für den weinenden Blick unsres Volkes, für die Ruinen unsrer Freiheit; gegen jene Maler, die uns mit ein paar Albaneserinnen und einigen Marieenköpfen und ein paar italienischen Landschaften abzuspeisen gedenken, wo wir Gemälde voll Tat und Handlung erwarten, die dem Inhalt unsrer Zeit entsprechen; gegen jene Ästhetiker endlich, die Wunderdinge geheimnissen von dem Kunstverständnis, das ihnen jenseits der Alpen aufgegangen, und die daher mit einem achselzuckenden: Er war nicht in Italien! jede andere Meinung, die an ihre ausschließlichen Kreise sich heranwagt, ablehnen zu dürfen meinen.

Diesen also, nicht dem schönen Italien selbst, nicht denen, die es verstehen und richtig würdigen, gilt der Krieg. Aber gegen diese ist es auch ein berechtigter, ein notwendiger Krieg: ein Krieg, dessen Ausgang für die sittliche Erstarkung, die männliche Erhebung unsrer Literatur und somit also auch unsers Volkes wichtiger sein wird und einflußreicher als man, bei der scheinbaren Geringfügigkeit des Gegenstandes, etwa glauben möchte.

Auch hat Italien bereits in Wirklichkeit das Prinzipat verloren, welches ihm bis dahin Reisende und Reisebeschreiber eingeräumt hatten. Die Entwicklung der Poesie ist nicht bei Goethe, nicht bei dem schönen Subjekt stehengeblieben: eine Versöhnung und Durchdringung der Poesie und der Geschichte, der Kunst und der Wirklichkeit, der Literatur und des Lebens ist in Aussicht gestellt und wird von den verschiedensten Seiten, zum Teil sehr bewußtlos, angestrebt.

Es gehört nicht hierher, zu entwickeln, welchen Teil an dieser Arbeit des modernen Geistes die bekannte jüngere Literatur, die Literatur der dreißiger Jahre, halb übernommen, halb überkommen hat. Jedenfalls gebührt ihr das Verdienst, diesen neuen Tendenzen in der Reiseliteratur zuerst zum Durchbruch verholfen zu haben, wie denn diese Literatur überhaupt recht eigentlich der Tummelplatz und gleichsam die Domäne dieser Autoren ist. Auch wie dies gekommen, mögen wir hier im einzelnen nicht nachweisen; wir müßten von politischen Denunziationen, von erzwungener Heimatlosigkeit, unfreiwilligen Reisen und anderem gewaltsamen Unrecht sprechen, einem Unrecht, an welchem bald nichts weiter merkwürdig sein wird als daß es, durch tägliche, ja stündliche Übung, so ganz aufhört, merkwürdig zu sein.

Auch ist dies nur die eine Seite; von der andern her war es, im Guten wie im Bösen, im Wahren wie im Falschen, freie Wahl dieser Autoren, daß sie sich mit so besonderem Eifer auf Reisen begaben und mit so überströmendem Fleiß eine ganze dickleibige Literatur der Reisebriefe, Weltfahrten, Spaziergänge, Reisenovellen produzierten. Gemeinsam ist ihnen allen die Emanzipation von Italien und der verjährten Überlieferung italischer Herrlichkeit. Nicht die Kunst, sondern die Politik, die Gesellschaft, das öffentliche Leben ist ihr Wahlspruch: Paris daher, der Herd der Julirevolution, das Herz der neuen Geschichte, die Weltstadt, wo Heine und Börne und nach ihnen die Hunderte deutscher Flüchtlinge eine Stätte fanden, das Ziel ihrer Fahrt, – vorausgesetzt nämlich, daß sie überhaupt noch ein Ziel haben und nicht abstrakterweise bloß »Welt fahren«. Und wer möchte leugnen, daß dieser politische, dieser soziale Gesichtspunkt bei weitem der wichtigste ist, den ein Reisender haben kann? Hätten sie denselben also nur immer in Wahrheit festgehalten, hätten sie wirklich immer nur den Pulsschlag der Zeit behorcht und in wahrhafter lebendiger Schilderung uns ein Bild eigener wie fremder nationaler Zustände gegeben, so würde diese Reiseliteratur durchaus nur mit Dank aufzunehmen und als ein bedeutender Gewinn und Fortschritt unsrer Literatur überhaupt zu schätzen sein.

Aber dazu wäre mancherlei nötig gewesen, was gerade sie entweder nicht aufwenden wollten oder nicht konnten: – zunächst also (da niemand durch das Reisen wird, was er nicht zu Hause im innersten Kern schon gewesen ist) Kenntnisse und Studium, allerdings ein lästiges Gepäck, das sich minder leicht erwerben läßt als eine Taschenpolyglotte und Reichards *Passagier auf Reisen*. Es wäre dazu innerer Fond und eigne produktive Kraft nötig gewesen, statt daß nach dem eigenen Bekenntnis dieser modernen Weltfahrer ihre Reisen nur zur Anreizung und Belebung ihrer produktiven Kraft, nur zur Ausfüllung des ungeheuren Vakuums dienen sollen, das sie selbst in sich verspüren, – fürwahr, ein großartiger Luxus! Ehedem freilich genügte unsern Poeten ein Blick aufwärts zu dem blauen Himmel, ein Atemzug erquickender Frühlingsluft, ein Gang durch den duftigen grünen Wald, um das Herz zu erfrischen, die Kraft zu beleben und die Saiten der Seele zu harmonischem Spiel zu stimmen. Gutmütige Kinderzeit der Literatur, wo man sich Dezennien lang, wie von etwas Großem, von Kleists *Bilderjagden* erzählte, die er in den Straßen von Potsdam, auf der Wachtparade und in der nächsten, einförmigen Umgebung seines Ortes sollte angestellt haben! Jetzt bedarf es anderer Aphrodisiaka, um die Produktionskraft unsrer jungen Literaten anzureizen! Jetzt müssen sie Paris gesehen haben und London und müssen einen selbstmitgebrachten türkischen Shawl um das blasse Haupt winden können, eh' ihnen ein Verschen, ein Novellchen, eine kleine niedliche Tendenzkomödie glücken will! Ach und dennoch, so viel Länder sie schon durchirrt, in so viele Meere (nämlich in den Seebädern) sie schon, wie ein bedrängter Arion, gesprungen sind: immer noch will der rechte Trieb und Aufwuchs nicht kommen, es läßt sich kein Ems entdecken für die unfruchtbare Poetenseele, und die »Delphine«, welche geschwommen kamen, haben nur unaussprechlich törichte Novellen, unsäglich vergessene Komödien gebracht – und überdies bekanntlich schon längst sich im Sande festgefahren.

Dies nämlich ist der Übelstand, daß die Erde zwar groß ist, aber doch nicht unendlich, daß es der Länder und Städte zwar viele gibt, aber doch nicht unzählige, und daß den Weltfahrern die Welt ehe (wie das Sprichwort sagt) mit Brettern vernagelt ist, als sie des eigenen Vorteils wegen wünschen. Darum nun, und weil man doch interessant sein wollte, quand même, und weil selbst das strenge Feuer des Ungemachs jenen Individuen die Schlacken der Eitelkeit und des Egoismus nicht hat ausbrennen können, vielmehr sie nur noch fester mit ihnen verschmolzen hat (ein Urteil, welches, so herb es ist, wir dennoch ohne Scheu aussprechen oder eigentlich nur wiederholen dürfen, da jene Individuen durch die Stellung, welche sie zur Literatur, zur Wissenschaft, zum Leben einnehmen, es sich längst selbst gesprochen haben und durch ihre eigene Zerrüttung und Selbstverfolgung, ihre kleinlichen Fehden, ihre kindisch gehässigen Anfeindungen es täglich neu belegen!), – darum hat man die neueste Reiseliteratur in eine *Klatschliteratur* verwandelt, darum hat man, so schlecht der ehrlichen Bourgeoisie diese aristokratische Haltung auch passen will, das famöse Beispiel jenes Verstorbenen so begierig nachgeahmt, der gar nicht nötig hat, noch länger mit der Maske der Leiche zu kokettieren, da er wirklich nur eine geschminkte Leiche ist; darum (vielleicht noch aus andern Gründen) machte man Jagd auf Zötchen und Anekdötchen porträtierte Männer, bei denen man kaum im Vorzimmer seine Karte abgegeben, und brachte jenes System literarischer Spionerie auf, um dessen willen ehrliche Leute, die nicht in der nächsten Woche in irgend einem »Skizzenbuche« wollen abgemalt sein, reisenden Literaten keinen Zutritt mehr gestatten.

Zwar ist auch diese Klatsch-Reiseliteratur älter als diese Reisenden selbst wissen – was allerdings nicht viel sagen will, wenngleich sie zum Teil Literaturgeschichte schreiben, aber wohlgemerkt! auch nur schreiben. Denn schon vor sechzig Jahren suchte man die halbwissenschaftlichen statistischen und geographischen Reisen durch diesen Zusatz der Klatscherei etwas schmackhafter und gaumenkitzelnder zu machen: wofür statt aller andern nur Risbecks zu ihrer Zeit begierig gelesenen *Briefe eines in Deutschland reisenden Franzosen* und viele Partieen der verrufenen Nicolaischen Reise, besonders in den letzten Bänden, aus späterer Zeit zum großen Teil auch Webers Reisen als Beispiel dienen mögen.

Zum System ist diese Klatschliteratur allerdings nur erst in neuester Zeit geworden, nachdem der Verstorbene, weil ja Tote sich nicht zu schämen brauchen, das Eis der keuschen Scham durchbrochen hat; erst in neuester Zeit ist das Reisen und Reisebeschreiben eine Profession, die reisenden Autoren selbst Handwerker geworden, nur mit dem Unterschiede, daß Handwerker sonst auf Reisen gehen, um etwas zu lernen, diese aber, weil sie nichts gelernt haben und auch nichts lernen wollen.

Denn daß ihnen das Reisen eine bloße Profession, ein bloßes Handwerk ist, bekennen sie ja selbst. Wir erinnern uns z. B. »Reisenovellen« gelesen zu haben, wo der Verfasser sich selbst einführt, zusammensitzend im Postwagen mit einigen Handlungsreisenden; auf ihre Frage nach seinem Prinzipal antwortet er ganz humoristisch: »Ich reise für das Haus ...«, nämlich die Firma des verlegenden Buchhändlers, mit einigen andern unsauberen Witzen, die wir hier nicht wiederholen mögen. Wahrlich, ein würdiger Anfang, ein edles Selbstgefühl, diese Zusammenstellung von Meßreiter, Weltfahrer und – Literaten!

Diesem Bewußtsein dieser Reisenden entspricht denn auch die Ausführung der Reisebeschreibungen, welche, unbekümmert, quid pulcrum, quid honestum, nur das Pikante, das Moderne, das Unerhörte zur Absicht haben. So entsinnen wir uns ferner, in einem Journale vor etlichen Jahren einen Bericht aus Algier, dem Indien derer, die keine reisenden Fürsten sind, gelesen zu haben, in welchem eben derselbe Reisenovellist erzählt, wie am Abend oder doch bald nach seiner Ankunft in Algier er selbst sich in ein maurisches Freudenhaus führen läßt, während seine Gemahlin der Beschneidung eines arabischen Knaben beiwohnt; nachher kommen beide zusammen und teilen sich ihre Erfahrungen mit – und zu guterletzt wird die ganze interessante Historie, die allerdings mit einem Male den uralten Schleier von Afrika aufhebt, in einer Zeitschrift abgedruckt!! Fürwahr, man könnte dies naiv nennen, wenn es nicht frech wäre. Aber doch, was geschieht nicht, um interessant, um modern, um emanzipiert zu sein? –

So nun ist es gekommen, daß die Reiseliteratur in der Tat der Auskehricht der gesamten Literatur geworden, und es wäre wahrlich mehr als traurig, nämlich lächerlich zugleich, wenn die neue Ära, welche man uns prophezeite und welche man selbst herbeizuführen sich vermaß, in diesem Sumpf zu Ende gehen sollte. –

Allein sie wird es nicht! Auch die Reiseliteratur selbst wird sich aus dem Pfuhl der Persönlichkeiten und Klatschgeschichten, in dem sie in diesen letzten Jahren sich so behaglich eingewohnt hat, mit neuer Kraft, zu erneutem, ehrenvollerem Dasein erheben. Ja gerade, was beim ersten Anblick das Übel nur noch zu vermehren droht, wird es vielmehr vermindern: diese weltumschließenden Eisenbahnen, diese Dampfwagen, Dampfschiffe, diese unermeßliche, täglich wachsende Erleichterung des Verkehrs, indem sie die Zahl der Reisenden ins Unendliche steigert, wird sie zugleich eben dadurch die Zahl unsrer Reisebeschreiber auf ein entsprechendes Maß zurückführen und infolge dessen auch diese Literatur selbst von jener Verschleuderung, jener Unredlichkeit und Liederlichkeit befreien, welche, hier wie überall, die Folge einer zu weit getriebenen Konkurrenz zu sein pflegt. Vor allem diese Klatschhistörchen, diese Anekdoten und Persönlichkeiten, welchen Wert werden sie noch behalten, welchen Gaumen werden sie noch kitzeln, seitdem ein jeder imstande sein wird, dergleichen, sobald es ihm beliebt, in eigener Person sogar zu erleben? Wer wird sich von der Lais mögen erzählen lassen, sobald ihre Tür ihm selbst geöffnet ist?!

So wird die Entwicklung der Geschichte auch hier wieder jenem Speer des Achilles gleichen, welcher die Wunden heilte, die er schlug; die Kunst, die Bildung, die sittliche Energie eines starken, männlichen Charakters wird sich wiederum eines Gebietes bemächtigen, auf dem, einige so ehrenwerte wie anerkannte Ausnahmen der jüngsten Zeit abgerechnet, seither nur die Industrie, die Roheit, die Charakterlosigkeit ihr gewissenloses Spiel getrieben – und auch die

Reiseliteratur wiederum wird sich dem erneuten Organismus unsrer Literatur als gesundes Glied dienstbar einreihen.

DIE LITERATURGESCHICHTE UND IHRE STELLUNG ZUR GEGENWART

Die Literaturgeschichte hat bei uns im Lauf der letzten dreißig Jahre merkwürdige Schicksale und Umwandlungen erlebt. In der öden Zeit der zwanziger Jahre, zur Blütezeit der Restauration, war sie es hauptsächlich, wenn nicht ausschließlich, welche die patriotischen Hoffnungen der Nation wach erhielt und an der sich überhaupt noch eine Art von öffentlichem Leben entzündete. In der Literatur und ihrer Geschichte war jenem Gedanken der deutschen Einheit, der damals übrigens so schwer geächtet war und den doch keine Verfolgungen und Ächtungen, ja selbst keine Spott- und Stachelreden der Gegner jemals völlig ersticken konnten, die einzige Zuflucht geöffnet; selbst die Wörter »Nationalität« und »Deutschtum« passierten das Argusauge der damaligen Polizei nur noch, wenn sie in einem literarhistorischen Werke vorkamen. Es ist höchst charakteristisch und verdient bei Abschätzung des politischen und sittlichen Einflusses, welchen die Literaturgeschichte bei uns ausgeübt hat, wohl erwogen zu werden, daß gerade in der Zeit unserer tiefsten nationalen Zersplitterung und Entwürdigung, zunächst nach den Befreiungskriegen, da alle jene großartigen Hoffnungen und Träume, mit denen unsere Väter in die Schlacht gegangen waren, an der mitleidlosen Wirklichkeit zerflatterten – daß gerade damals zuerst das Wort »Nationalliteratur« entstand und in Gebrauch kam (durch Wachler, 1818); die Nation, jedes anderen Bandes beraubt, flüchtete sich gleichsam in den Äther der Poesie und suchte hier, in dankbarer Verehrung ihrer großen Dichter und Denker, die Pygmäen zu vergessen, welche die Praxis der Gegenwart beherrschten.

So vorbereitet, war es nur eine ganz natürliche Folge, wenn die neue Bewegung der Geister, die sich zu Anfang der dreißiger Jahre in Veranlassung der Julirevolution über Deutschland verbreitete, sich wiederum der Literaturgeschichte als ihres hauptsächlichsten Werkzeugs bediente. Das Ziel allerdings, auf welches diese Bewegung hinarbeitete, war in seinen letzten Konsequenzen der Literatur, wenigstens wie dieselbe sich bis dahin gestaltet hatte, und folgerecht auch der Literaturgeschichte eher feindlich als freundlich. Es handelte sich darum, die Nation aus der einseitigen literarischen Bildung, den abstrakten ästhetischen Interessen, in denen sie sich bis dahin bewegt hatte, aufzurütteln und sie hinüberzuführen in die Praxis des öffentlichen Lebens; es handelte sich darum, die Literatur jener Alleinherrschaft zu entkleiden, die sie bis dahin bei uns ausgeübt hatte und Theorie und Praxis, Literatur und Leben, Poesie und Wirklichkeit, Kunst und Staat in das richtige und naturgemäße Verhältnis zu einander zu bringen.

Dies richtige und naturgemäße Verhältnis aber konnte in Wahrheit nur hergestellt werden, indem die Literaturgeschichte selbst sich entschloß, ihr olympisches Dasein, hoch über den Häuptern der Menschen, im reinen, leidenschaftslosen Äther, zu vertauschen gegen ein Leben voll Kampf und Streit und Widerspruch, dessen Schlachtfelder sämtlich mitten in der Wirklichkeit lagen. Unsere Poeten und Schriftsteller mußten sich entschließen, herauszutreten aus jenen geweihten Kreisen, in denen sie sich bis dahin von der Welt und ihrem Treiben abgeschlossen hatten; sie mußten sich einlassen auf die Wünsche und Neigungen eines Publikums, das schon nicht mehr von ästhetischen Interessen allein in Bewegung gesetzt ward; sie mußten lernen, ihre poetische Saat mitten auf die Heerstraße zu streuen, auf den steinigen Acker der Wissenschaft, unter die Dornen und Disteln der Theologie, ja selbst mit der Politik, diesem (wie man bis dahin gemeint hatte) vollständigsten und prinzipiellsten Gegensatz aller Poesie, mußten sie sich befreunden lernen.

Es verstand sich von selbst, daß eine so gewaltige und tiefgreifende Umwälzung, welche die ganzen Grundlagen unserer bisherigen Literatur, ja unseres Lebens selbst veränderte, nicht ohne entsprechendes Geräusch und sogar nicht ohne mannigfache Fehlgriffe und Irrtümer durchgeführt werden konnte. Die tumultuarische Generation, die bei uns, namentlich um die Mitte der dreißiger Jahre, die Literatur mit einem Lärmen erfüllte, der mitunter sehr stark an ein altes, wohlbekanntes Sprichwort erinnerte, bietet, durch das Glas des Ästhetikers betrachtet, allerdings nur einen wenig tröstlichen Anblick. Dennoch gebührt ihr das Verdienst, die Notwendigkeit jenes Übergangs, wenn auch nicht klar eingesehen und begriffen, doch wenigstens instinktmäßig geahnt und herausgefühlt zu haben. Jung, übermütig, durch keine Rücksichten gebunden, gab sie sich der neuen Richtung der Zeit mit wahrem Fanatismus hin; ja sie steigerte sie absichtlich bis zum Übermaß, zur Karikatur, unbekümmert um das Kopfschütteln der Verständigen und sogar stolz auf die allerdings nicht allzu kostspieligen Martyrien, die sie sich durch ihre literarisch-revolutionäre Tätigkeit zugezogen.

Und freilich ist es für den nüchternen Zuschauer leicht, eines derartigen Fanatismus zu spotten. Doch sollte man immer eingedenk bleiben, daß ohne Leidenschaft nichts Großes und Edles jemals durchgesetzt worden ist und daß das eine schlechte Wahrheit wäre, die an ihrer eigenen Karikatur zu Grunde ginge.

Ungleich reiner und vollständiger als in der produktiven Literatur offenbarte die neue Richtung der Zeit sich in der historischen und kritischen Behandlung der Literatur, das heißt also in der Literaturgeschichte. Es ist nun einmal ein Naturgesetz aller historischen Entwicklung, daß jede neue Epoche damit anfängt, sich feindlich aufzulehnen gegen diejenige, die ihr unmittelbar vorangeht und in der sie selbst ihren eigentlichen Ursprung hat; es kommt kein Kind zur Welt, ohne daß es seiner Mutter Schmerzen macht, und so war auch diese Einseitigkeit und Strenge des Urteils, mit der die Literatur der dreißiger Jahre über ihre Vorgänger zu Gerichte saß und gleichsam im Handumdrehen eine Menge von Berühmtheiten zerstörte oder doch zerstört zu haben glaubte, an die sich bis dahin kein Zweifel gewagt hatte, etwas vollkommen Natürliches und Notwendiges. Indem man im Begriffe stand, gleichsam ein neues literarisches Konto zu eröffnen, war es zunächst erforderlich, die alte Rechnung abzuschließen und sich zu überzeugen, was wir denn eigentlich als dauerndes und wahrhaft wertvolles Eigentum besaßen und was als schlechter Posten ein für allemal aus den Büchern zu streichen. Der Boden, bestimmt eine neue Saat großzuziehen, mußte vor allem erst gereinigt werden, und wenn man dabei in jugendlichem Eifer auch hie und da ein wenig zu weit ging und wenn hier ein Trieb mit abgehackt, dort ein Keim mit ausgerissen wurde, die vielleicht einer schonenderen Behandlung wert gewesen wären, so mußte das gutgerechnet werden auf die große Ernte, die man von dem neubestellten Acker zu gewinnen hoffte.

Damit war denn auch der Charakter bestimmt, den die Literatur in dieser Übergangsepoche annimmt. Die Literaturgeschichte, in den zwanziger Jahren wesentlich positiv, sammelnd, zustimmend, wurde im Lauf der dreißiger Jahre überwiegend negativ, sichtend, zerstörend; hatte das Publikum bis dahin seine Freude gehabt an den vielen Ehrensäulen und Büsten, die man im Pantheon unserer

Literaturgeschichte aufstellte, so jauchzte es jetzt den bilderstürmerischen Händen zu, welche die kaum errichteten wieder umstießen und dabei, zur Erhöhung des allgemeinen Vergnügens, sich in ihrem Mutwillen nicht scheuten, die Scherben gegen die Aspiranten zu schleudern, die des Eingangs harrten.

Es war dies ein ganz neues Motiv, aber wie die menschliche Natur nun einmal ist, keines von den schwächsten, die Literaturgeschichte beim Publikum in Gunst zu setzen. Bis dahin hatte der Literarhistoriker nur die Andacht, die Verehrung, die Begeisterung seiner Leser in Anspruch genommen, jetzt fand auch ihr Mutwille, ihre Spottsucht Befriedigung. Sie war bis dahin sehr ernst, sehr feierlich gewesen, unsere »Nationalliteraturgeschichte« – und jetzt, in dieser kriegerischen Rüstung, dampfend vom Blut der Erschlagenen, wie wurde sie jetzt so unterhaltend, so kurzweilig, so pikant! Es sah sich gar zu angenehm zu für das unbeteiligte Publikum, wie hier ein Lorbeerkranz von ehrwürdigen Scheiteln flog und dort ein zweiter und wenn zuletzt die furchtbaren Kritiker selbst einer den andern bei den Köpfen kriegten und was ernst und feierlich wie ein Totengericht begonnen, zu Ende ging mit Kopfnüssen und Prügeln wie eine Hanswurstkomödie – auch gut, so war der Spaß doppelt und das Amusement um so vollständiger.

Und zwar geschah dies alles nicht bloß unter den Plänklern der Tagesliteratur, sondern auch die ernstere Wissenschaft vermochte sich dieser negativen, zerstörenden Stimmung der Zeit nicht völlig zu entziehen; selbst der Gelehrte, der Handschriften entzifferte und Bibliotheken durchwühlte, vertauschte von Zeit zu Zeit den behaglichen Lehnstuhl mit dem Schlachtroß der Kritik und würzte seine Exzerpte und Beweisstücke mit polemischen Bemerkungen. Ein berühmtes literarhistorisches Werk, das in dieser Zeit erschien und das sich sowohl speziell um die Literaturgeschichte wie um die Bildung des Publikums im allgemeinen Verdienste erworben hat, die niemals in Vergessenheit geraten dürfen, verdankt seinen ungewöhnlichen Erfolg, wenigstens beim größeren Publikum, zum guten Teil dieser morosen, fast menschenfeindlichen Stimmung des Verfassers, mit welcher derselbe auf die Literatur im allgemeinen, namentlich und besonders aber auf die literarischen Bestrebungen der Zeitgenossen herabblickte, während er selbst die allbewunderten Größen unserer sogenannten klassischen Epoche nicht völlig ungerupft ließ.

Man ging sogar noch weiter. Man machte die Literaturgeschichte zu einer Kritik unseres nationalen Lebens überhaupt, man machte die Bücher verantwortlich für die Taten, und da man an die eigentlichen Machthaber der Geschichte, die Könige und Fürsten, die Feldherren und Staatsmänner, nicht so recht herankommen konnte, so ließ man die Poeten und Schriftsteller, die Romandichter und Komödienschreiber für sie büßen.

Natürlich wäre dies alles nicht möglich gewesen ohne jenen praktisch-politischen Trieb, dessen wir bereits gedacht haben und der sich der Nation in immer weiteren Kreisen mehr und mehr bemächtigte.

Auch der Literaturgeschichte. Hatte man es früher ganz natürlich und angemessen gefunden, die Literatur als etwas Selbständiges, Organisches, von der übrigen Entwicklung Unabhängiges zu betrachten, so fand man es jetzt eben so natürlich und eben so angemessen, sie nur als einen Teil des nationalen Daseins überhaupt, nur als ein Spiegelbild der geschichtlichen, der politischen Zustände im allgemeinen anzusehen. War der Maßstab, nach dem man unsere literarischen Größen gemessen, bis dahin ein ausschließlich ästhetischer gewesen, ja hatte man es seitens der älteren Schule als einen besonderen Vorzug der Literaturgeschichte betrachtet, daß hier von politischen Parteien und Gegensätzen keine Rede: so verdrängte jetzt der politische Maßstab den ästhetischen, und auch in der Anwendung des ersteren wurde man bald eben so einseitig, wie man in der Handhabung des letzteren gewesen war. Was ein Poet gedichtet, ein Schriftsteller geschrieben, danach fragte man bald nur noch an zweiter Stelle; als Hauptsache betrachtete man, wie er sich politisch verhalten, welche Stellung er zu den Parteien seiner Zeit eingenommen, wie er überhaupt seinen sittlichen Charakter gegenüber der Praxis des Lebens entfaltet und behauptet hatte. War bisher über die Bücher der Mensch vergessen worden, hatte man die Poeten samt und sonders wie einen Vogel Phönix betrachtet, der ohne Füße ewig nur in den freien Lüften schwebt, so lag jetzt umgekehrt die Gefahr nahe, über den Verfasser die Bücher, über den Menschen den Schriftsteller zu vergessen, oder ihn doch auf unbillige Weise gegen den ersteren herabzudrücken. Man erinnere sich beispielsweise, wie Goethe damals wegen seines angeblichen Mangels an Patriotismus und Nationalgefühl mißhandelt ward und welche Fratze man andererseits aus Schiller machte, alles nur, um den politischen Leidenschaften und Parteistandpunkten der Zeit zu schmeicheln. – Auch ist es in dieser Zeit, daß die Jagd auf die geheimsten

Persönlichkeiten unserer großen Dichter und Schriftsteller beginnt; es ist die Zeit, wo man sich mit wahrhaft atemloser Gier auf jeden nachgelassenen Brief und jedes Tagebuchblättchen wirft und sich nicht eher zufrieden gibt, als bis man glücklich herausgebracht hat, was der berühmte Mann an diesem Tage gegessen und getrunken oder welchen Rock er an jenem getragen, wer die Chloe in diesem Gedichte ist und wer die Doris in jenem und wieviel Küsse er mit der einen gewechselt und aus welchen Gründen er mit der andern gebrochen ...

Wie gesagt, es sind auch dabei wieder außerordentlich viel Einseitigkeiten und Übertreibungen vorgekommen: allein unter der mitunter sehr abschreckenden Hülle dieser Einseitigkeiten und Übertreibungen lag doch ein Fortschritt, den wir, nicht bloß in wissenschaftlicher Hinsicht, sondern mehr noch in Beziehung auf die nationale Entwicklung überhaupt, als höchst beträchtlich bezeichnen müssen. Die Macht der Persönlichkeit wurde wieder in ihre Rechte eingesetzt; man überzeugte sich aufs neue, daß es nicht genug ist, ein großes Talent, ein tiefsinniges Genie zu sein, sondern daß man dabei auch ein tüchtiger Mensch sein müsse, ja daß bei Licht besehen das erstere gar nicht möglich ohne das letztere und daß alle Kunst und alle Bildung nur ein toter Flitter, wenn sie nicht zugleich den Charakter veredelt und zu entsprechenden Taten anfeuert. Die Literaturgeschichte, die soeben noch streitsüchtig, schadenfroh, boshaft gewesen war und im Übermaß ihres kritischen Eifers sich nur allzu häufig auch an die schlechten und niedrigen Leidenschaften des Publikums gewendet hatte, mußte diese schlüpfrige Bahn jetzt notwendig verlassen; indem sie es als ihre Hauptaufgabe erkannte, die sittlichen Motive zur Geltung zu bringen, welche sich in der Literatur offenbaren, gewann sie selbst den Einfluß einer sittlichen Macht und mußte also auch in ihrem eigenen Auftreten eine dem entsprechende Haltung annehmen. Hatte sie anfangs nur dem Schönheitssinne geschmeichelt, dann die Leidenschaften aufgestachelt, so mußte sie jetzt, Lehrerin und Prophetin zugleich, die Nation hinweisen auf die unerschöpflichen Quellen sittlicher Erhebung, die in der Literatur eines Volkes sprudeln und deren Heilkraft um so mächtiger, weil sie zugleich eben so viel Quellen der Schönheit und der ästhetischen Befriedigung sind; sie mußte von der Vergangenheit auf die Zukunft hinüberdeuten und es der Nation zum Bewußtsein bringen, daß dasjenige, was unserer Literatur noch mangelt, selbst auch in ihren vorzüglichsten und verhältnismäßig vollendetsten Schöpfungen, überhaupt nicht auf dem Felde der Literatur und nicht von Dichtern und Kritikern, sondern allein auf dem Felde der Wirklichkeit und des historischen Lebens, nicht durch Bücher, sondern allein durch Taten gewonnen werden kann ...

Auf diesem Standpunkte ungefähr befand die Literaturgeschichte sich, als jene bekannten Ereignisse zu Ende der vierziger Jahre eintraten, durch die, wenigstens für den ersten Anblick, unser gesamtes öffentliches Leben eine völlig veränderte Gestalt erhielt.

Für die Literatur lag darin, wie es schien, ein außerordentlicher Triumph. Nun hatte sich ja erfüllt, was sie so lange teils warnend, teils frohlockend vorausgesagt, nun war ja eingetroffen, wovon sie so lange gesprochen, bald offen, bald versteckt, ja was, in den mannigfachsten Modulationen, seit mehr als einem halben Menschenalter den eigentlichen Grundton der Literatur gebildet und wofür sie selbst so viel Angriffe und Verfolgungen, so viel Zurücksetzungen und Knechtungen erduldet hatte. Unsere Dichter hatten nicht gelogen, sie waren nicht von Traumbildern umnebelt gewesen, die heißen Köpfe, die aus der Stille der Nacht emporgefahren waren, nach den nahen Sturmglocken zu horchen; der Glaube, den sie so stolz verkündet, hatte sie nicht getäuscht; die Freiheit, an der ihr Herz so hoffnungsvoll gehangen, war kein Phantom – da wandelte sie ja hin, leibhaftig vor allem Volk, und selbst das Blut, das ihr Gewand benetzte, wie stand es ihr in den Augen unserer jungen Dichter so schön!

Aber nicht bloß die Literatur selbst, auch die Literaturgeschichte konnte mit einer gewissen Befriedigung auf den Weg, den sie bis dahin gegangen war, zurückblicken. Freilich fiel die Gewaltsamkeit der Ereignisse ihrem friedlichen, wissenschaftlichen Sinne einigermaßen unbequem; gewöhnt an stetige, organische Entwicklungen, würde sie es ohne Zweifel lieber gesehen haben, wäre dieser Übergang minder stürmisch, das Hereinbrechen einer neuen Zeit minder tumultuarisch und plötzlich gewesen.

Und auch darüber konnte sie sich nicht täuschen, daß ein guter Teil der Popularität und des Einflusses, dessen sie bis dahin genossen, unter den gewaltigen Erschütterungen dieser Zeit verlorengehen mußte. Wer hatte jetzt, wo ein Ereignis das andere drängte, noch Zeit, wer noch Lust, noch Fähigkeit, sich um Bücher und Schriftsteller zu kümmern? Was galten in diesem Augenblick, da die Schwerter klirrten und ein allgemeiner sehnsüchtiger Ruf nach großen Männern, Männern der Tat und des Handelns durch die Welt ging – was galten jetzt noch die Dichter, die Künstler? Die Literaturgeschichte befand sich in der Lage eines Erziehers, der Jahre lang sein ganzes Sinnen und Trachten darauf verwendet hat, seinen Zögling groß zu ziehen und für das Leben reif zu machen, und siehe da, da er es nun ist, so wendet er dem Erzieher den Rücken und läßt ihn einsam zurück.

Es kam dazu, daß offenbar die Literatur selbst ebenfalls einer Krisis entgegen ging. Sie war sogar schon mitten darin; man sprach schon mit Geringschätzung von Kunst und Wissenschaft, man erklärte schon, nachdem man sich so lange lediglich an Büchern genährt hatte, ein neuer Brand von Alexandria sei gar so übel nicht, und nachdem unsere Dichter und Schriftsteller so lange das große Wort geführt, so werde es nur ganz in der Ordnung sein, wenn sie jetzt auf einige Zeit verstummten – Amerika, das Land (wie man damals noch glaubte) der Freiheit als solches, hat auch keine Singvögel, und so wird ja auch ein Volk, das übrigens nur hat, was es bedarf, der Poeten und Schöngeister wohl für einige Zeit entbehren können.

Das waren schlechte Aussichten, wenigstens für Gelehrte und Dichter. Aber immerhin, man fand sich darein um des großen Zwekkes willen, den man dadurch zu fördern glaubte. Literatur und Literaturgeschichte hatten, so schien es für den Augenblick, ihre Mission vollendet; seit Jahren waren sie so zu sagen über sich selbst hinausgegangen, seit Jahren hatten sie die Nation immer und immer wieder darauf hingewiesen, daß Kunst und Wissenschaft allein nicht hinreichend, ein Volk groß und glücklich zu machen, ja daß Kunst und Wissenschaft selbst ihre Blüte auf die Dauer nicht behaupten können, wenn sie nicht in dem Boden eines tätigen, selbstbewußten Volkslebens wurzeln, nicht der Himmel der Freiheit auf sie herniederstrahlt.

Dieser Himmel hatte sich jetzt entwölkt. Die deutsche Nation, bis dahin der Spott unter den Völkern Europas, war plötzlich erwacht und hatte eine Tatkraft entwickelt und eine Kühnheit, welche aller Berechnungen spottete. Mußte die Literatur denn nun auch für einige Zeit verstummen, mußten Kunst und Wissenschaft zurücktreten, was schadete es, da ja das neue politische Leben, das sich bei uns zu entwickeln im Begriffe stand, die neue, großartige Geschichte, der wir entgegen gingen, notwendig auch Poesie und Wissenschaft einen neuen, großartigen Inhalt verleihen, ihr neue Kraft, neues Feuer einhauchen mußten? Und angesichts dieser Zukunft, die nun ja schon gar nicht mehr ausbleiben konnte, wer von unseren Dichtern, unseren Schriftstellern hätte so eitel, so engherzig sein sollen, der Dunkelheit zu grollen, in die er einstweilen zurücktreten mußte, und hätte den Lorbeer, mit dem er sich schon zu schmücken gedachte, nicht mit Frohlocken niedergelegt auf dem Altar des Vaterlandes?

Nun, wir wissen jetzt und wissen zur Genüge, was aus diesen und ähnlichen Hoffnungen geworden ist und in welchen bittern Wermut die geträumten Lorbeeren unserer Zukunft sich verwandelt haben. Wessen die Schuld, daß es so und nicht anders gekommen, dies zu erörtern wäre teils überflüssig, indem darüber unter allen Urteilsfähigen überhaupt keine Meinungsverschiedenheit besteht, teils würde diese Erörterung wenigstens nicht für diese Stelle passen. Wir überlassen es also dem Leser, sich die Lücke, die wir hier absichtlich lassen, nach seinem besten Wissen zu ergänzen und wenden uns zu unserem eigentlichen Thema zurück, nämlich zur Literatur und ihrer Geschichte und den Einwirkungen, welche das Jahr Achtundvierzig mitsamt dem großen Rückschlag, der demselben folgte, auf beide ausgeübt hat.

Der Anblick ist niederschlagend genug. So viel Hoffnungen damals auch gescheitert und so viel Träume sich als nichtig erwiesen – gründlicher als die Niederlage, welche die Hoffnungen der Literatur damals erlitten, dürfte doch kein zweiter von den zahlreichen Schiffbrüchen gewesen sein, welche die Jahre Acht- und Neunundvierzig bezeichnen. Nicht davon reden wir jetzt, daß von dem neuen, frischen Leben, welches die Literatur sich als nächste und unmittelbarste Folge jener Ereignisse versprochen hatte, sich auch so gar nichts zeigen wollte. Dieser Erscheinung und der Aufsuchung der Gründe, woher dieselbe stammt, wird erst der nächste Abschnitt unseres Buches, ja in gewissem Sinne das ganze Buch selbst gewidmet sein. Hier beschäftigt uns zunächst nur die Frage, welche Stellung die Literatur in Folge jener großen und allgemeinen Enttäuschung fortan in der öffentlichen Meinung einnahm und wie namentlich der Literarhistoriker über die Literatur der Gegenwart und ihre Leistungen urteilte.

Die Antwort ist leicht gegeben. Wie schon einmal im Lauf der dreißiger Jahre, so mußte die Literatur auch jetzt wieder den Prügeljungen abgeben für alles, was die Nation verschuldet, mit dem allerdings sehr wesentlichen Unterschiede nur, daß man damals wenigstens nur gewisse einzelne Richtungen, gewisse bestimmte

Epochen unserer Literatur für schuldig erklärt hatte, während man jetzt nicht übel Lust bezeigte, unsere gesamte Literatur in Bausch und Bogen für eine Verirrung – ja was sage ich? eine Verirrung? für einen Landesverrat, für den eigentlichen Giftbecher zu erklären, der die gesunden Säfte unseres Volks verdorben und es zu großen und glücklichen Taten unfähig gemacht hatte. So viel Jahre hatten wir auf die Vortrefflichkeit unserer Literatur gepocht und uns groß getan mit unsern Dichtern und Schriftstellern und was hatten sie uns nun genützt? Hatte die klassische Vergangenheit unserer Literatur den politischen Bedürfnissen der Gegenwart den mindesten Vorschub geleistet? Hatte die Nation der Dichter und Denker, wie wir uns so lange mit Stolz genannt, sich jetzt wirklich auch als eine Nation der Tat bewiesen? Ganz im Gegenteil: der plötzliche und rasche Aufschwung jenes verhängnisvollen März war gleichsam ein poetischer Rausch gewesen, eine jener phantastischen Anwandlungen, wie Poeten und Künstler denselben ausgesetzt sind, und nachdem der Rausch jetzt verflogen, o Himmel, wie niederschlagend, wie beschämend war jetzt der Katzenjammer!

Würde dies aber geschehen sein, würden Ereignisse, die so glorreich begonnen, ein so klägliches Ende genommen haben, wenn die Nation nicht durch den allzulangen und allzuausschließlichen Umgang mit ihren Dichtern und Künstlern verweichlicht und der wahren männlichen Kraft beraubt worden wäre? Oder hätten wenigstens die Dichter selbst dem Volke eine gesundere und kräftigere Nahrung dargeboten! Wären wenigstens die Stoffe, welche sie behandelt, von anderem, männlicherem Schlage gewesen! Aber bei diesen ewigen Lenz- und Liebesgedichten, bei diesem ganzen schönseligen Idealismus, der unsere gesamte Literatur durchdringt und der gerade da am allergrößten und allereinseitigsten ist, wo wir bisher, in beklagenswerter Verblendung, den eigentlichen Ruhm und die Größe unserer Literatur zu erblicken meinten – was konnte da freilich herauskommen? Unsere Dichter, auch die sogenannten klassischen nicht ausgenommen, ja sogar sie am wenigsten, haben immer nur in Phantasien gelebt, sie sind immer nur einem Traumbild von Schönheit nachgelaufen, das ihren persönlichen Neigungen und Bedürfnissen schmeichelte, für die Nation und ihre geschichtliche Aufgabe aber vollkommen unfruchtbar und verderblich war. Unsere Dichter haben sich immer nur mit sich selbst und ihren eigenen innerlichen Zuständen beschäftigt, sie waren Egoisten durch die Bank, wohlmeinende, liebenswürdige Egoisten, die selbst keine

Ahnung davon hatten, welchen Götzen sie eigentlich dienten – aber dennoch Egoisten. Statt sich unter das Volk zu mischen und seine Leiden und Freuden kennen zu lernen, um dieselben sodann in ihren Dichtungen abzuspiegeln und solchergestalt dem Volk ein Bildnis seiner selbst aufzurichten, haben sie sich immer nur in die kleinen Leiden und Freuden ihres eigenen Ich eingesponnen; statt sich in die Tiefen des Volkslebens zu versenken und hier den Stoff zu einer neuen selbständigen nationalen Form zu finden, sind sie immer nur bei den Fremden in die Schule gegangen, bald bei den Franzosen, bald bei den Engländern, bald bei den Griechen – und gerade dies griechische Schönheitsideal, als das allerentlegenste, allerfremdeste für unsere Zeit und ihre Bedingungen, hat den allermeisten Schaden angerichtet.

Hinweg denn mit der törichten Tradition, als ob wir jemals eine große klassische Literatur besessen hätten! Ja hinweg mit der Literatur überhaupt! Hat die Literatur uns die politische Einheit gebracht, deren wir so dringend bedürfen? Unsere Dichter und Schriftsteller, mit all ihrem Wohllaut, all ihrem Tiefsinn, haben sie uns Staatsmänner, haben sie uns Politiker erzogen und gebildet, wie die Not dieser Zeiten sie erheischt? Oder verdanken wir nicht vielmehr gerade ihnen und ihrem falschen Idealismus diese parlamentarischen Schönredner, diese Träumer und Idealisten, die uns das Schiff der deutschen Freiheit so glücklich auf den Sand gefahren haben?

Auch haben wir jetzt in der Tat anderes und dringenderes zu tun als Bücher zu lesen und Verse mitanzuhören. Wir müssen Geschichte studieren und Nationalökonomie, um uns für die praktischen Fragen vorzubereiten, die das Schicksal über lang oder kurz noch einmal an uns stellen wird. Wir müssen Aktienvereine gründen und Fabriken anlegen und Dampfmaschinen bauen, um unsere Industrie auf die Beine zu bringen und dem nationalen Wohlstand aufzuhelfen: denn nur reiche Völker – wobei man nach England schielt – verstehen frei zu sein, und bevor wir nicht, gleich England, über eine wohlhabende Gentry zu gebieten haben, die im Parlament sitzen kann auch ohne Diäten, eher werden alle Konstitutionen und alle Parlamente der Welt uns nichts nützen.

Also noch einmal: hinweg mit der Literatur! hinweg mit den Poeten, den volksverderberischen! Oder wenn ihr die Tinte einmal mit Gewalt nicht halten könnt, nun gut, so verschont uns wenigstens mit euren idealistischen Traumbildern und beschreibt uns, wenn ihr durchaus schreiben müßt, die Wirklichkeit der Dinge, und zwar in ihrer allerwirklichsten Gestalt; zeigt uns den Bauern, wie er seinen Mist fährt, den Schuster, wie er seinen Pechdraht zieht, den Kaufmann, wie er seinen Kaffee und Zucker abwägt – ihr schwankt? ihr zaudert? ihr rümpft wohl gar die Nase und meint, Mistfahren und Pechdrahtziehen seien zwar recht nützliche und ehrbare Beschäftigungen, aber doch nicht im mindesten poetisch? Ah ertappt, Verräter! So gehört ihr auch noch der alten volksfeindlichen Schule der Idealisten an und seid nicht wert, für das aufgeklärte praktische Geschlecht aus der Mitte des neunzehnten Jahrhunderts die Feder zu führen!

Sprachen die Stimmführer der neuen – wie sie sich selbst nannte – realistischen Richtung sich nun auch nicht ganz so unumwunden und nachdrücklich aus, so wird doch niemand, der das Treiben derselben während der letzten Jahre mit einiger Aufmerksamkeit betrachtet hat, in Abrede stellen mögen, daß wir den Grundgedanken, so zu sagen die letzte Perspektive ihres Systems (wenn es nämlich diesen Namen überhaupt verdiente) ziemlich richtig gezeichnet haben. Daher dies vornehme Achselzucken, mit dem sie von der Vergangenheit unserer Literatur sprechen; daher dieser blutdürstige Grimm, mit dem sie den schriftstellerischen Produktionen der Gegenwart entgegentreten – die deutsche Poesie ist ja für bankrott erklärt, wie können diese Menschen sich unterstehen, noch immer Verse zu machen und Bücher zu schreiben?! Daher endlich dieser für den unbeteiligten Zuschauer fast komische Eifer, mit welchem sie, im Gegensatz zu dem allgemeinen Verdammungsurteil, das sie übrigens über die Literatur der Gegenwart fällen, gewisse einzelne Autoren und einzelne Bücher auf den Schild heben, von denen sie sich eine besondere praktische Unterstützung ihres Systems versprechen – oder richtiger zu sagen: in denen sie, zum Teil sehr ohne Grund, eine Bestätigung und Ausführung ihrer Prinzipien erblicken.

Und doch dürfen wir bei alledem nicht verkennen, daß auch dieser Richtung wieder, trotz der Übertreibungen, in denen sie sich augenblicklich gefällt, etwas Wahres und Richtiges zu Grunde liegt, ja daß sie selbst, eben in ihren Übertreibungen, als ein notwendiges und berechtigtes Produkt der Zeitstimmung aus der allgemeinen Entwicklung dieser letzten Jahre hervorgegangen ist. Es ist ganz richtig, daß wir durch die Pforte der Schönheit allein nicht zur Freiheit gelangen werden, sondern daß noch andere und kräftigere Mittel dazugehören, das Ilion unserer politischen Zukunft zu erobern. Man darf sogar noch weiter gehen. Man darf den Anklägern des

Idealismus zugestehen, daß die ausschließliche und unbeschränkte Herrschaft, die derselbe so lange über unsere Literatur ausgeübt hat, allerdings nicht bloß dieser, sondern auch dem Volke selbst in mancher Hinsicht zum Schaden gereicht hat; es ist dadurch in den deutschen Charakter in der Tat etwas Unbestimmtes, Nebelhaftes, ein gewisses Ungeschick für die praktischen Bedürfnisse des Lebens gekommen, das wir schon zu verschiedenen Malen sehr schmerzlich gebüßt haben und das wir notwendig erst ablegen müssen, bevor wir hoffen dürfen, unsere politischen und gesellschaftlichen Zustände mit einigem Erfolg zu ordnen und festzustellen. Gewiß wird dazu eine angestrengte und vorurteilsfreie Beschäftigung mit den historischen Wissenschaften, mit Nationalökonomie, Statistik und ähnlichen Disziplinen eine ganz zweckmäßige Vorbereitung sein, und auch gegen den Satz, daß zur politischen Größe und Unabhängigkeit eines Volks ein gewisser Wohlstand unerläßlich ist, haben wir nicht das mindeste einzuwenden.

Ebenso räumen wir ein, daß die sogenannte klassische Epoche unserer Literatur einem späteren, politisch freieren und mächtigeren Geschlechte vielleicht nicht ganz in jenem Nimbus unbedingter und fleckenloser Vollkommenheit erscheinen wird, wie wir dieselbe jetzt noch erblicken und wie unsere Väter und Großväter es in noch viel höherem Grade getan haben. Jeder Dichter, auch der ursprünglichste und reichbegabteste, spricht immer nur den Inhalt der Zeit und des Volkes aus, unter dem er lebt; eine absolute Kunst gibt es ebensowenig, als es z. B. eine absolut vollkommene Staatsform gibt.

Daß nun der Bildungszustand – das Wort Bildung im weitesten Sinne gefaßt – auf welchem die Nation sich zu Goethes und Schillers Zeiten befand, keineswegs ein absolut vollkommener war, daß er nicht bloß übertroffen werden kann, sondern auch übertroffen werden muß, wenn es nicht mit der Entwicklung unseres Volkes ein für allemal vorbei sein soll, ja daß er in manchen und nicht unwesentlichen Punkten von der Gegenwart in der Tat schon übertroffen ist – wer wollte das leugnen? Wir brauchen darum nicht scheel herabzusehen auf jene bei all ihren Beschränktheiten dennoch so große und glänzende Epoche, noch brauchen wir irgend etwas von dem, was wir als ihr wahres und bleibendes Besitztum anerkannt haben, aufzugeben. Auch nicht ihren jetzt so viel gescholtenen Humanismus und Kosmopolitismus. Um dem Zeitalter der Goethe und Schiller, der Lessing und Herder auch in diesen beiden Punkten gerecht zu werden, müssen wir uns nur erinnern, aus welcher Barbarei und welchem Pfahlbürgertum dasselbe sich erst herauszuarbeiten hatte und mit welchem neuen, welchem alles bewältigenden Glanze die Idee eines schönen, freien Menschentums, einer über alle nationalen und religiösen Schranken erhabenen Verbrüderung aller Menschen auf jenes Geschlecht herniederstrahlte.

Und auch kann es sich jetzt unmöglich darum handeln, diese erhabenen Ideen gleich unnützem Ballast über Bord zu werfen; wohin das führen würde, davon haben wir in dem ebenso gehässigen wie unklugen Nationalitätenstreit des Jahres Achtundvierzig und ferner in den religiösen Häkeleien, die jetzt allerorten wieder anfangen, einen zwar kleinen, aber ich dächte genügenden Vorgeschmack erhalten. Nein, sondern darauf kommt es an, das eine zu tun, ohne das andere zu lassen; wir wollen das eine beibehalten und das andere dazu erwerben; zum Humanismus soll sich das Nationalgefühl, zum Kosmopolitismus der Patriotismus gesellen; wir wollen Menschen bleiben, aber zugleich Bürger werden.

Wie das zu erreichen sein wird? Die Zukunft wird es lehren; es lernt niemand schwimmen, als wer ins Wasser geht. Die Tatsachen haben eine unwiderstehliche Macht; vieles, was dem einsam brütenden Geiste unfaßbar und unlösbar erscheint, ordnet sich gleichsam von selbst, sowie nur die Stunde der Erfüllung gekommen ist. Auch uns kann nur die Praxis zu Praktikern erziehen; die Lösung irgend einer politischen Frage, die uns jetzt noch quält und ängstigt, darum für unmöglich erklären, weil wir für den Augenblick noch nicht die Mittel und Wege zu ihrer Lösung erkennen, wäre eine sehr klägliche Weisheit und würde ebensowenig Vertrauen in das Wesen der Freiheit, wie in unsere eigene Kraft verraten.

Auch haben eben unsere klassischen Dichter uns einen köstlichen Fingerzeig hinterlassen, wie diese Schwierigkeiten zu beseitigen, diese scheinbar so unlösbaren Widersprüche zu versöhnen sein werden. Was sie auf ästhetischem Gebiete vollbracht, genau dasselbe muß die Nation jetzt auf dem Gebiete der Geschichte und der politischen Praxis tun. Das ist der eigentliche Charakter unserer klassischen Epoche, darum führt sie diesen Namen und darin vor allem besteht die unverlierbare und unschätzbare Erbschaft, die sie uns hinterlassen: daß sie die fremde hellenische Form mit deutschem Geist erfüllte und eben dadurch ein neues Drittes erschuf, das eben so sehr deutsch ist wie griechisch und in dem die edelsten und liebenswürdigsten Eigenschaften der modernen wie der antiken Zeit sich durchdringen und versöhnen.

Ganz dieselbe Aufgabe ist uns nun auch auf dem politischen Gebiete gestellt. Auch hier kann es sich nicht darum handeln, in autochthonischem Eigensinne neue, bisher unerhörte Formen des Staatslebens auszubrüten, noch weniger wird eine leidlich gesunde Politik sich jemals dazu entschließen können (was freilich die Koryphäen unserer dermaligen Reaktion nicht bloß verlangen, sondern worauf sie sich wohl gar etwas zu Gute tun, als auf einen ganz besonderen Beweis ihres Patriotismus und ihrer staatsmännischen Einsicht) – noch weniger, sage ich, wird eine leidlich gesunde Politik sich jemals dazu entschließen, gewisse, unseren Zuständen und Bedürfnissen im übrigen entsprechende Formen des Staatslebens bloß darum unbenutzt zu lassen oder wo sie bereits eingedrungen sind, wohl gar wieder zu vernichten, weil dieselben nicht von klein an auf unserem Boden gewachsen, sondern erst von fremd her zu uns eingeführt sind. Vielmehr besteht die Aufgabe auch hier darin, in die von fremd her überlieferte Form den eigenen deutschen Geist zu gießen und so eine neue, höhere Form zu schaffen, die, indem sie über alle nationale Beschränktheit erhaben ist, doch dem Wesentlichen und wirklich Wertvollen der Nationalität aufs vollständigste entspricht.

Aber daß wir zu dem Punkt zurückkehren, von dem wir ursprünglich ausgingen. Es ist den Vertretern der realistischen Richtung, sagten wir, einzuräumen, daß auch unsere klassischen Dichter den heutigen Anforderungen nicht völlig und nicht in allen Punkten genügen, um deswillen nämlich, weil der heutige Bildungszustand über den damaligen hinausgeschritten ist und weil wir seitdem Bedürfnisse kennen gelernt und Ideen in uns genährt haben, von denen jenes klassische Zeitalter noch keine Ahnung hatte und denen wir jetzt auch in unserer Poesie wiederbegegnen wollen. In der Tat jedoch wird dies letztere erst geschehen können, wenn die neue Weltanschauung, die wir in Kürze als die politisch praktische bezeichnen und in deren ersten, noch ziemlich trüben und nebelhaften Anfängen wir uns augenblicklich befinden, dereinst zu vollständiger Tageshelle durchgedrungen und zum wirklichen lebendigen Inhalt des allgemeinen Bewußtseins geworden sein wird. Nur der hohe Sommer erzeugt wirklich reife und schmackhafte Früchte; nur wo eine gewisse Weltanschauung eine ganze Nation oder doch die überwiegende und tonangebende Mehrzahl derselben durchdrungen hat, wo sie mit einem Wort zur Herrschaft gelangt ist, und zwar zur ruhigen, widerstandslosen Herrschaft, da erst gelingt es ihr, sich auch in der Poesie eben dieses Volkes rein und vollständig abzuspiegeln.

Wer also lüstern ist nach einem neuen klassischen Zeitalter der deutschen Dichtung, das vermöge seines größeren und reicheren Inhalts jenes frühere dann allerdings übertreffen wird, in ähnlicher Art etwa, wie Shakespeare Goethe und Schiller überragt; wen es verlangt nach einer neuen Blüte unserer Literatur, die dann ebenso realistisch wie idealistisch, ebenso politisch wie ästhetisch sein wird – der wird allerdings zunächst nichts besseres tun können, als wenn er darauf hinarbeitet, den politisch praktischen Sinn der Nation zu stärken und zu heben und eben dadurch den Eintritt jener neuen geschichtlichen Epoche, von der allein auch der Eintritt einer neuen poetischen Epoche abhängig ist, zu beschleunigen. Er studiere denn also Geschichte und Nationalökonomie und Statistik, er sei ein regelmäßiger Zuhörer auf den Tribünen unserer Kammern und stähle seine Geduld, indem er das hundertmal Vernommene zum hundert und erstenmale wieder hört; er sehe auch dem Bauern zu, wie er seinen Dünger fährt, und dem Schuster, wie er Pechdraht zieht; ja er lade, wenn dies so zu seinem ästhetischen Katechismus gehört, auch unsere angehenden Dichter ein, ihm dabei Gesellschaft zu leisten und sich ebenfalls in den Realismus der Düngerbereitung zu vertiefen. –

Aber nur das Dichten selbst verbiete er nicht! Er spiele nicht den kleinen Papst und belege nicht mit Bann und Interdikt, die nicht überhaupt verstummen wollen, weil die Morgendämmerung jener neuen klassischen Epoche noch nicht da ist, und die, weil die Zeit ihnen noch keine größeren Stoffe bietet, sich einstweilen noch begnügen, ihre eigenen kleinen Leiden und Freuden zu singen oder der – oft, wir geben es zu, sehr gegenstandslosen – Sehnsucht des Volkes Worte zu geben oder auch die Schäden und Schwären abzuzeichnen, mit denen der Leib des Vaterlandes in diesem Augenblick noch behaftet ist. Eine künftige glücklichere Zeit, welche das Siechtum abgeschüttelt hat, an dem wir noch darniederliegen, wird dies alles nicht mehr tun, weil sie es nicht nötig hat. Aber diese glücklichere Epoche ist noch nicht da, wir leben noch in der Zeit der individuellen Leiden und Freuden, der patriotischen Sehnsucht, der nationalen Krankheit und Erniedrigung – »und der Lebende hat Recht!«

Und weil man nun dies auf Seiten unserer neuesten Kritiker und Literarhistoriker vergessen hatte, und weil ferner jede Übertreibung auf der einen notwendig eine andere nach der entgegengesetzten Seite hin hervorruft, so hat sich in jüngster Zeit ein bis dahin allerdings sehr vereinzeltes Bestreben kund getan, die Literatur der Gegenwart vielmehr ins günstigste Licht zu rücken und sie sogar als einen Fortschritt gegen unsere klassische Literatur zu demonstrieren, und zwar nicht bloß einen beabsichtigten, gleichsam innerlich versteckten, sondern als einen auch schon wirklich ausgeführten und vollendeten Fortschritt.

Da diese enthusiastischen Lobredner unserer neuesten Literatur bisher im ganzen nicht viel Anklang gefunden haben, weder beim Publikum, noch selbst bei ihren Kollegen von der Feder, so brauchen wir uns auch bei ihrer Widerlegung nicht lange aufzuhalten. Gemeinsam mit den Verächtern unserer neuesten Literatur ist ihnen der geringschätzige Seitenblick, den sie auf unsere klassische Epoche werfen. Und freilich ist das für sie noch eine dringendere Notwendigkeit als für jene. Denn da sie uns ja beweisen wollen, daß wir glücklichen Menschen aus der Mitte des neunzehnten Jahrhunderts die Heroen aus dem Ende des achtzehnten bereits um mehrere Kopflängen überragen, so erfordert es allerdings ihr Vorteil, jene Heroen so klein wie möglich darzustellen. Diese Beurteiler stützen sich dabei gewöhnlich auf einen Umstand, der auch von uns bereits angedeutet wurde: nämlich auf den ungleich reicheren Inhalt unserer Zeit, namentlich nach der historisch politischen, oder noch allgemeiner gesagt, nach der nationalen Seite hin.

Sie lassen dabei nur eines außer acht, diese mehr liebenswürdigen und wohlmeinenden als scharfsinnigen Kritiker: nämlich daß, wie von uns ebenfalls bereits erinnert ward, der Inhalt einer Zeit nur jedesmal dann zum vollständigen und in sich harmonischen poetischen Ausdruck gelangt, wenn die Zeit selbst dieses Inhalts vollkommen mächtig ist. Wer aber möchte wohl behaupten, daß dies mit der Zeit, in der wir leben, der Fall? da ja im Gegenteil das Halbe und Unfertige, das erfolglose Streben nach Zielen, die wir gern erreichen möchten und doch nicht erreichen können, der wahre Charakter unseres Zeitalters ist. Zugegeben, daß der Inhalt unserer Zeit an sich ein größerer und bedeutenderer ist und daß somit auch der Poesie in unseren Tagen neue und höhere Preise gesteckt sind als zur Zeit unserer klassischen Dichtung: so hat doch diese letztere dafür ihren an sich kleineren und ärmlicheren Inhalt so rein und vollständig zur Darstellung gebracht, Absicht und Ausführung, Form und Inhalt decken sich in ihren gelungensten Erzeugnissen so vollständig, daß eben nichts darüber geht und daß selbst Generationen, die der damaligen Bildung noch weit mehr überlegen sein werden, als wir uns augenblicklich rühmen dürfen, doch noch immer die Vollendung dessen, was damals geleistet ward und den Umständen nach allein geleistet werden konnte, mit Bewunderung anerkennen werden. Es ist richtig, daß gerade der reichere und großartigere Inhalt, dessen unsere Zeit sich zu bemächtigen sucht, eben deshalb auch die Aufgabe des Poeten bei weitem schwieriger macht; es ist allemal leichter, ein Goethesches Lied zu dichten als ein Shakespearesches Drama. Wir gehen sogar noch weiter; wir gestehen zu, daß es Zeiten gibt von so revolutionärer Gährung und so krankhaftem, ungewissem Inhalt, daß ein vollendetes Kunstwerk innerhalb ihrer schlechthin nicht zustande kommen kann – und wir sind sogar sehr ernstlich gesonnen, unsere gegenwärtige Zeit für eine solche kranke, in sich zerspaltene und darum auch der reinen poetischen Darstellung unfähige Zeit zu erklären. Aber wenn es kindisch ist (und jene früher besprochenen Rhadamanthe lassen sich diese Kinderei zu Schulden kommen), diesen allgemeinen Fluch der Zeit den einzelnen Dichtern und Schriftstellern in die Schuhe zu schieben und sie dafür verantwortlich zu machen, daß unsere Staatsmänner nicht weiser, unsere Feldherren nicht glücklicher, unsere gesamte Nation nicht einsichtvoller und tatkräftiger: so ist es zwar gutmütiger, aber darum nicht minder eitel und vergeblich, von jener allgemeinen Krankheit überhaupt keine Notiz nehmen zu wollen und sich für gesund zu erklären, bloß weil man es gern sein möchte. –

DAS JAHR 1848 UND DIE DEUTSCHE LITERATUR

Bereits in der Einleitung erwähnten wir, daß unter den vielen Niederlagen und Enttäuschungen, welche das Jahr Achtundvierzig mit sich geführt hat, fast die schlimmsten diejenigen sind, welche die Literatur bei dieser Gelegenheit erfahren.

Und zwar bezieht sich das nicht bloß auf die veränderte Stellung, welche die Literatur in Folge dieser großen Katastrophe sowohl im Urteil der Kritiker und Literarhistoriker wie überhaupt in der öffentlichen Meinung einnimmt, als auch auf die Schicksale, welche die Literatur unmittelbar an sich selbst erfahren hat. Mit welchen Erwartungen, welchen Hoffnungen hatte nicht grade die Literatur diesem Ereignis entgegengeblickt, das so lange gleich einer drohenden Wetterwolke an dem Horizont unserer Zukunft stand, von allen gesehen und bemerkt, nur von denen nicht, über deren Häupter das Unwetter sich zunächst ergießen sollte! Mit welchem Behagen, welcher Schadenfreude hatten unsere Poeten, unsere Zeitungschreiber das allmähliche Herannahen der grauen, unheimlichen Wolke verkündet! Wie hatten sie triumphiert, da dieselbe, sich fortwälzend von Bergspitze zu Bergspitze, immer tiefer sich ins Tal herabsenkte, und wie hatten sie aufgejauchzt, da der zündende Strahl jetzt endlich wirklich herniederzuckte!

Der Irrtum war verzeihlich; auch haben wir ihn alle damals nach der einen oder der anderen Seite hin geteilt, indem wir von der so lange vorausverkündeten Revolution teils mehr hofften, teils auch mehr fürchteten, als sie in Wahrheit zu leisten imstande war. Wir waren eben noch Neulinge im politischen Leben; wir sprachen von den Stürmen der Geschichte noch, wie der Binnenländer von den Stürmen des Meeres spricht, die er auch noch niemals mit Augen gesehen und von denen er daher ebenfalls nur die großartige und malerische Seite im Gedanken hat, ohne sich zu erinnern, wie viel Menschenleben dabei zugrunde gehen, und daß derjenige, der leibhaftig in solchem Schiffbruch steckt, gern alle Malereien der Welt darangebe für einen einzigen sichern und trockenen Fleck.

Jetzt sind wir wieder durch die Erfahrung klug geworden. Wir wissen jetzt, daß politische Revolutionen zwar mitunter unvermeidlich sein können – gerade so unvermeidlich, wie gewisse Revolutionen des Erdlebens – daß sie aber bei alledem in ihren nächsten und unmittelbarsten Folgen immer mehr zerstörend als segnend wirken: wie ja auch erst Jahrhunderte vergehen müssen, bevor die Lava, die grünende Felder und blühende Saaten vernichtet hat, sich zum fruchtbaren Boden umgestaltet. Allerdings trägt dieser Boden alsdann doppelte und dreifache Frucht: aber was kann das denjenigen nützen, deren Hab und Gut damals der Flammenstrom verschlang und die jetzt längst im Grabe modern, wenn endlich eine neue, üppige Saat aus der toten Asche emporkeimt? Wer zum Schwerte greift, soll durch das Schwert umkommen; so kommt auch denjenigen, welche die Revolutionen gemacht haben, oder richtiger gesagt: die es haben dahin kommen lassen, daß die Revolution zur Notwendigkeit ward, von den wohltätigen Folgen derselben am allerwenigsten zugute, vielmehr gehen sie regelmäßig zugrunde als das tragische Opfer ihrer Schuld, und erst für spätere Geschlechter, die an dieser letzteren keinen Teil mehr haben, verwandelt sich der Fluch in Segen. Das ist so nicht bloß bei einzelnen geschichtlichen Persönlichkeiten, auch ganze Völker unterliegen demselben Gesetz.

Auch ihre Literaturen. Die deutsche Literatur der vierziger Jahre hatte auf halb naive, halb frevelhafte Weise mit dem Bilde der Revolution gespielt, wie das Kind mit dem Feuer. Bei allem, was ihr unbequem oder verdrießlich, war immer die Revolution, die unausbleibliche, ihr letztes Wort; ihre Klaviatur hatte nur einen Ton und dieser hieß: gebt acht, die Revolution kommt! Wurde ein Buch konfisziert oder ein beliebter Professor abgesetzt oder ein mießliebiger Minister eingesetzt, immer derselbe Refrain; die Revolution war das große Wunderkraut, das geheimnisvolle Abrakadabra, das alle Wunden heilen und alle verborgenen Schätze aufdecken sollte.

Vor allem die Schätze, welche die Literatur in sich selbst zu tragen meinte. Das war nicht die Schuld unserer Dichter, daß wir keine poetischen Meisterwerke mehr hatten, beileibe nicht, das war bloß die Schuld der Zensur und der übrigen unfreien Zustände, unter denen wir schmachteten; der Baum unserer Poesie war jung und kräftig wie je, und wenn er nicht längst hoch hinauf in alle Himmel gewachsen war, so lag das lediglich an den Polizeischeren, die sein kräftiges Wachstum vorzeitig stutzten und seine hoffnungsreichsten Triebe mitleidlos verstümmelten. Gebt nur die Presse frei, laßt nur jeden schreiben, was er will und kann, enthebt die Bühne nur des polizeilichen Zwangs, der ihr jetzt alle Lebensadern unterbindet, und ihr sollt schon sehen, welche Gedichte, welche Romane, welche Theaterstücke wir demnächst haben werden!

Nun, die große Polizeischere ward zerbrochen, und wenn sie auch seitdem wieder fein säuberlich zusammengesetzt und in Gang gebracht worden ist, so schneidet sich doch nicht mehr ganz so scharf und namentlich nicht so geräuschvoll wie ehedem. Zeiten, wo jeder hat können drucken lassen, was ihm irgend in den Sinn gekommen ist, selbst den barsten Unsinn und die nackteste Infamie nicht ausgenommen, haben wir ebenfalls gehabt, und für gewisse Richtungen der Tagespresse dauert diese goldene Freiheit, so dumm und so gemein zu sein wie nur immer möglich, ja noch in diesem Augenblick fort. Auch die Bühne ist eine zeitlang ziemlich entfesselt gewesen und noch gegenwärtig existiert neben dem Schlendrian der Hoftheater eine ganze Anzahl von Privatunternehmungen, die wenigstens von der Etikette, welche jene höfischen Institute bindet, nichts wissen und die gern jedes Stück zur Aufführung bringen, ob schwarz oder weiß, reaktionär oder liberal, wenn es nur Kasse macht.

Aber seltsam, die verheißenen Meisterwerke sind bei alledem ausgeblieben. Ja wenn man der allgemeinen Stimme trauen darf, so hätte unsere Literatur nach dem Jahre Achtundvierzig im Vergleich mit der vormärzlichen sogar offenbare Rückschritte gemacht.

Wie weit diese letztere Ansicht begründet ist, dies zu erörtern, oder vielmehr an einer Reihe von Tatsachen darzulegen, ist der Zweck unseres ganzen Buches, und dürfen wir daher dem eigenen Urteil des Lesers durch eine vorzeitige Beantwortung hier nicht vorgreifen. Nur dies wird schon hier zu bemerken gestattet sein, daß, sollten wir uns auch schließlich genötigt sehen, der allgemeinen Stimme beizutreten, dies doch noch gar so niederschlagend nicht sein und uns die Aussichten in die Zukunft noch gar nicht so verkümmern würde, wie man etwa glauben möchte. Schon oben haben wir daran erinnert, daß es Zeiten der Gärung und des innern Zwiespalts gleich der unseren überhaupt nicht vergönnt ist, ein volles und reines Abbild ihrer selbst in der Kunst niederzulegen. Nur ein durchweg gesunder Boden bringt auch gesunde Früchte; nur wahrhaft gesunde, in sich selbst befriedigte Zeiten bringen auch wahrhaft vollendete Kunstwerke hervor. Futter fürs Pulver wie wir, Menschen, auf die Grenzmark zweier Zeitalter hingeschleudert, bloß um den Abgrund auszufüllen, Zwittergeschöpfe mit halben Wünschen, halben Hoffnungen, halben Erfolgen, müssen sich auch in der Kunst mit bloßen Anläufen und Versuchen begnügen. Wem es ein Trost, daß es andern vielgefeierten Epochen, deren Charakter ursprünglich nicht sehr verschieden von dem unseres Zeitalters, nicht besser ergangen ist, der blicke rückwärts auf die Zeit unserer Befreiungskriege, gewiß eine Zeit großartiger nationaler Erhebung und frischesten volkstümlichen Lebens – und doch in poetischer Hinsicht wie unfruchtbar, wie dürftig ist sie geblieben! Oder was wollen die paar Kriegs- und Siegeslieder der Arndt und Schenkendorf, der Körner und Rückert sagen gegen die Ströme Blutes, die damals vergossen, gegen die überschwenglichen Hoffnungen, die damals genährt wurden? Sie sind zum Teil sehr schön diese Lieder und werden ihren Ehrenplatz unter den Kleinodien unserer Literatur gewiß für alle Zeiten behaupten – aber die Hand aufs Herz: im Vergleich zu dem gewaltigen Aufschwung, den die Nation damals genommen hatte, reichen sie doch nicht völlig aus, noch sind sie genügend, ein so ungeheures weltgeschichtliches Ereignis in der Literatur würdig zu vertreten.

Aber ihr meint, dieser Aufschwung sei zu bald wieder gebrochen, dieses weltgeschichtliche Ereignis in zu kleine und niedrige Kanäle abgeleitet worden, als daß es der Poesie möglich gewesen wäre, den richtigen Nutzen davon zu ziehen? Gut, so blickt weiter rückwärts, blickt nach jenseits des Rheins, zu einem Volke, das an Elastizität und Beweglichkeit des Geistes der deutschen Schwerfälligkeit so weit voran steht und das überdies mehr als ein Jahrhundert hindurch die Literatur von ganz Europa beherrscht hatte: blickt zurück auf die erste französische Revolution. Sie bietet ganz genau dasselbe Schauspiel. Auch hier im Volk die allgemeinste und ungeheuerste Aufregung, eine Fülle von Ereignissen, ein wahres Pandämonium von Leidenschaften, Charaktere, Schicksale, Begebenheiten wie der Dichter sie sich nur immer wünschen mag, ganze vollständige Tragödien, fix und fertig auf die Bühne zu bringen – aber diese Dichter fehlen! diese Tragödien werden nicht geschrieben! Im Gegenteil, was in dieser Zeit ja noch geschrieben wird, trägt, mit kaum nennenswerten Ausnahmen, den Stempel der nüchternsten und frostigsten Langeweile; die französische Literatur ist nie dürftiger und inhaltloser gewesen, als gerade zu der Zeit, da das nationale Leben Frankreichs in den allerkühnsten und höchsten Wogen ging, die französischen Armeen die glänzendsten Siege errangen, Frankreich selbst auf dem höchsten Gipfel seiner Macht und seines Ruhmes stand.

Oder wen auch das noch nicht belehrt, nun wohl, der blicke noch einige Jahrhunderte weiter rückwärts, auf die Reformation. Auch dieses Ereignis, das, wenn je eines, den Namen eines universalen, weltbewegenden verdient, ist in seiner nächsten literarischen Umgebung nur sehr dürftig und unscheinbar vertreten; auch dieser erste Anbruch eines neuen Lebens, das dann späterhin die ganze Welt durchfluten und in allen Zweigen menschlichen Könnens und Wissens ein ganz neues Dasein erwecken sollte, bringt an dem Baum unserer Literatur zunächst nur sehr bescheidene Knospen hervor. Das protestantische Kirchenlied – allen Respekt, und auch den Schwank und die polemische Literatur des Reformationszeitalters wollen wir uns, trotz ihrer Roheit und unkünstlerischen Formen, gern gefallen lassen. Im Übrigen aber steht es hier doch ebenso wie mit den Befreiungskriegen, nur daß die Verhältnisse hier noch weit kolossaler, der Widerspruch hier noch weit augenfälliger ist. So wenig die Lieder unserer Arndt und Körner bei all ihrer Schönheit genügen, ein auch nur annäherndes Bild jenes nationalen

Aufschwungs zu geben, der endlich in den Befreiungskriegen zum Ausbruch kam, ebensowenig ist auch das Kirchenlied und der Schwank des Reformationszeitalters ein ebenbürtiges poetisches Seitenstück zu der ungeheuren geschichtlichen Bewegung, welche das deutsche Volk damals ergriffen hatte und deren Wogen noch weit, weit in die Jahrhunderte hinaus, bis in unsere Gegenwart und selbst noch über diese hinweg reichen.

Behaupten wir nun um deswillen, daß jene großen geschichtlichen Ereignisse überhaupt poetisch unfruchtbar gewesen sind und daß die Literatur niemals einigen Nutzen von ihnen gezogen?

Nicht von weitem kommt uns eine so verkehrte Behauptung in den Sinn; die alleroberflächlichste und lückenhafteste Kenntnis der Literaturgeschichte würde hinreichend sein, sie zu widerlegen. Zwar den Befreiungskriegen stehen wir noch zu nahe und sind selbst noch zu sehr beschäftigt, wenn auch zum Teil unwissend, ja mit Widerstreben, die notwendigen und unausbleiblichen Konsequenzen dieses Ereignisses zu ziehen, als daß wir über die Einwirkungen desselben auf unsere Literatur schon ein vollständiges, klares Urteil haben können; vielleicht sogar ist die Zeit noch gar nicht gekommen, wo diese Wirkungen selbst sich äußern. Dennoch mag schon hier daran erinnert werden, daß die schwäbische Dichterschule, diese reinste und nationalste Form unserer romantischen Epoche, wesentlich in den Freiheitskriegen wurzelt. Auch die deutsche Altertumswissenschaft, diese unschätzbare Errungenschaft der Gebrüder Grimm und ihrer Mit- und Nachstrebenden, ist ebenfalls unter dem Einfluß der Befreiungskriege entstanden – und was für neue und fruchtbare Quellen sich aus dem Schachte dieser Wissenschaft noch für unsere Dichtung eröffnen werden, wer will das heute schon ermessen?! Nur daß der Einfluß ebenso gewaltig wie heilsam sein wird und daß wenn irgendwo, hier der Anfang einer neuen, im höhern Sinn nationalen Dichtung liegt, das allerdings läßt sich schon jetzt voraussagen.

Was ferner die französische Revolution betrifft, so wäre weder die volkstümliche Muse Béranger's noch die ganze Schule der französischen Romantiker möglich gewesen ohne jenes Ereignis. Der Idealismus des alten Frankreich mußte erst gebrochen, die Hofzirkel mit ihren schöngeistigen Weibern und ihren galanten Abbés, mußten erst bis auf die letzte Spur zerstreut und vernichtet sein, bevor ein Sohn des Volks so keck, so frei in die Saiten greifen und sich den Beifall ganz Frankreichs damit erobern konnte; die französischen Armeen mußten erst den halben Erdkreis überschwemmt, die Pferde der Kosaken erst aus der Seine getrunken haben, bevor das nationale Vorurteil, das Frankreich bis dahin von jeder Kenntnis fremder Literaturen zurückhielt, überwunden und aus dem geschmackbeherrschenden Frankreich ein Schüler der Deutschen und der Briten ward; die Autorität in ihren verschiedensten Gestalten mußte erst gebrochen, die Bastille erst geschleift werden, bevor man das Joch zu brechen wagte, mit welchem das Ansehen der französischen Akademie auf der Literatur des Landes lastete. – Und bekanntlich hat die literarische Umwälzung mit viel größeren Schwierigkeiten zu kämpfen gehabt und ist verhältnismäßig viel langsamer vor sich gegangen als die politische; nach der Wiederherstellung des mittelalterlichen Feudalismus sehnt sich in Frankreich niemand, selbst nicht die gegenwärtigen Machthaber, wohl aber war das vereinzelte Auftreten einer genialen Schauspielerin genügend, der klassischen Tragödie der Corneille und Racine, welche die Romantiker längst bestattet zu haben meinten, neues Leben einzuhauchen, allen Victor Hugos und Alexander Dumas' zum Trotz.

Die literarischen Nachwirkungen der Reformation endlich sind so weitreichend und so anerkannt, daß es vollkommen überflüssig wäre, wollten wir uns hier noch dabei aufhalten. Nicht bloß die deutsche Literatur, die Literatur der Welt hat diese Nachwirkungen verspürt; nicht bloß Lessing und Herder, Schiller und Goethe, Kant und Hegel, auch Shakespeare hätte ohne die Sonne der Reformation niemals das Licht des Tages erblickt. Wohin wir auch sehen auf dem Gebiet der Kunst und der Wissenschaft – von den praktischen Gebieten gar nicht zu sprechen – überall begegnen wir dem Einfluß der Reformation; sie ist das große Zentralfeuer, das die ganze moderne Welt erwärmt und dessen Wirkungen wir überall verspüren; ihr den Rücken kehren, heißt vom Leben selber scheiden, während sie selbst auf diejenigen, die ihre segnenden Strahlen nur durch Widerspiegelung aus zweiter und dritter Hand empfangen, noch eine Fülle des reichsten Wohlseins ergießt. Beweis dafür die italienische und die einst so hochstehende spanische Literatur, die nicht nur beide in demselben Maße abgestorben und verkümmert sind, wie Italien und Spanien von der Berührung mit der Reformation zurückgehalten wurden, sondern die auch das wenige, was sie in neuerer Zeit überhaupt noch hervorgebracht haben, lediglich dem Einfluß des protestantischen Geistes (durch Vermittelung der französischen, englischen, deutschen Literatur) verdanken.

Und nun betrachte man auch die Kehrseite der Medaille. Wir haben noch ein Beispiel anzuführen, das aber in der Tat alle übrigen entbehrlich macht: Shakespeare. Auch Shakespeare, dieser größte aller Poeten, dieses leibhaftige »Buch der Natur«, vor dem alle übrigen Dichter zurücktreten müssen, selbst auch Vater Homer mit all seiner Einfalt und kindlichen Erhabenheit nicht ausgenommen, ist auch weder unter den Gräueln der Bürgerkriege, die sein Vaterland so lange zerfleischten, noch im Zeitalter der englischen Revolution geboren, sondern nach jenem und vor diesem, in dem glorreichen Zeitalter der Königin Elisabeth, in der eigentlichen Blütezeit des »alten lustigen England«, auf der Grenzscheide zwischen dem Mittelalter und der modernen Welt, in einer Epoche, die noch die ganze Unbefangenheit und Naivität, den ganzen Farbenreichtum und das volle sinnliche Behagen des ersteren besaß, während gleichzeitig der Gedankenreichtum der modernen Zeit und ihre tiefen geistigen Kämpfe bereits die Stirn des großen Dichters furchten. Nur einer solchen Zeit, die in sich so harmonisch, so durchaus befriedigt war, wie das damalige England unter dem Szepter seiner jungfräulichen Königin, die wir jetzt freilich aus unserer geschichtlichen Perspektive etwas anders betrachten als ihre Zeitgenossen – nur einem solchen Zeitalter konnte es vorbehalten sein, dieses »Wunder der Welt« zu erzeugen. Ja mit dem Instinkt des Poeten wandte Shakespeare sich ab von den beginnenden Vorboten jener religiösen und politischen Umwälzung, die dann ein Menschenalter nach dem Tode des Dichters mit dem blutigen Tage von Whitehall ihren Höhepunkt erreichte: sie störten ihm die schöne Ruhe, diese puritanischen Grillenfänger, sie verfinsterten ihm mit ihrem politisch-theologischen Parteigezänk den heitern Äther, in welchem der wahrhaft große und glückliche Künstler allein gedeihen kann. –

Wird nun das Jahr Achtundvierzig bei uns dermaleinst von ähnlichen literarischen Nachwirkungen begleitet sein, wie die eben besprochenen Ereignisse?

Wirklich beantworten würde diese Frage nur derjenige können, der das Buch der Zukunft aufgeschlagen vor sich hätte und der namentlich darüber gewiß wäre, ob und welche politischen und gesellschaftlichen Folgen das Jahr Achtundvierzig nach sich ziehen wird. Sollte dasselbe wirklich nur, wie die Reaktion uns gern glauben machen will, von »Literaten, Polen und Juden« angestiftet sein, ist es wirklich nur ein Rausch, eine Verirrung gewesen, wie die Falschmünzer der Geschichte uns so gern überreden möchten – ja dann allerdings, dann wird dies »tolle Jahr« auch an der Literatur so wirkungslos und unfruchtbar vorübergehen, wie an unserer Geschichte überhaupt. Ist es dagegen, wenn auch vielleicht in noch so verkehrter Form und mit noch so garstigen Auswüchsen behaftet, dennoch der erste Anfang einer neuen Epoche in der Entwicklung unserer Nation gewesen, haben wir in jenem verhängnisvollen März wirklich die ersten, wenn auch noch so ungeschickten, noch so stolperigen Schritte zur künftigen Einheit und Größe des deutschen Vaterlandes getan, nun ganz gewiß, so werden auch die Folgen für unsere Literatur nicht ausbleiben. Denn im ganzen und großen geht die Literatur immer denselben Gang wie das Leben, nur daß sie zuweilen etwas vorauseilt und wieder ein andermal etwas zurückbleibt; es sind die eigentlich klassischen, die goldenen Zeiten, wo beides unmittelbar zusammenfällt und dieser, wie man weiß, hat es bei allen Völkern nur sehr wenig gegeben, ja einige sind verloschen und zugrunde gegangen, ohne daß die Sonne eines solchen goldenen Zeitalters ihnen jemals geleuchtet.

Welcher von beiden Auffassungen in Betreff des Jahres Achtundvierzig und seiner geschichtlichen Bedeutung der Leser sich nun zuneigen will, das müssen wir natürlich dem eigenen Geschmack desselben überlassen. Wir für unser Teil hegen die Überzeugung, daß, von so viel Widerwärtigem und Fratzenhaftem das oftgenannte Jahr auch begleitet war und in so vielen Punkten wir für den Augenblick auch noch hinter dem März Achtundvierzig zurückgeschleudert scheinen, dasselbe doch in der Tat der Beginn einer neuen Epoche gewesen ist – einer Epoche, in der sich nun ausweisen muß, ob die deutsche Nation überhaupt zu politischer Größe berufen und befähigt ist oder nicht und die uns daher auch zu einer nie gekannten Macht und Größe oder aber zu einem jähen und vollständigen Untergange führen wird.

Wir stützen aber diese unsere Ansicht darauf, erstens daß die Weltgeschichte überhaupt kein Puppenspiel ist und daß Gott, die Vorsehung, das Schicksal, die innere Vernunft der Dinge, gleichviel wie wir es nennen – kurz, daß dieses geheime und unfaßbare Etwas, das die Wege der Völker lenkt und ihre Geschicke bestimmt, ein schon in seinen unmittelbarsten Folgen so großes und erschütterndes Ereignis, wie die Revolution des Jahres Achtundvierzig, gar nicht zugelassen hätte, wäre es nicht seine Absicht, noch andere und großartigere Folgen daraus abzuleiten. Schon im gewöhnlichen Verkehr von einem zum andern betrachten wir es als selbstverständlich, daß jeder bei dem, was er tut, auch seine bestimmte Absicht hat und sehen in dem Mangel dieser Voraussicht ein sicheres Zeichen von Leichtfertigkeit oder Verstandesschwäche. Und von der Weisheit der Geschichte wollten wir geringer denken? Und ihr wollten wir zutrauen, daß sie Ströme Blutes vergießt und ganze Reiche umwälzt und das Wohl von Millionen erschüttert – warum? etwa bloß, damit der Zuschauer der *Kreuzzeitung* und seinesgleichen Recht behalten, die in der Revolution nur ein »Strafgericht Gottes« erblikken, bestimmt, den Trotz der Völker zu brechen, und die Großen der Erde zur Wachsamkeit zu ermahnen? Möglich, daß diese Auffassung sich auf irgend ein Bibelwort stützt; wir für unser Teil vermögen darin nur eine Blasphemie zu erblicken.

Unser Glaube gründet sich aber auch zweitens darauf, daß, gegenüber den vielen wirklichen und vermeintlichen Rückschritten, die wir seit dem Jahre Achtundvierzig gemacht haben, ein offenes, von keinem Vorurteil verdunkeltes Auge doch noch eine viel größere Menge solcher Punkte gewahr wird, in denen wir in nachmärzlicher Zeit die wesentlichsten und unzweideutigsten Fortschritte gemacht haben. Dieselben hier im einzelnen aufzuzählen oder gar des näheren zu beleuchten, würde dem Zweck dieses Buches widersprechen. Wir begnügen uns daher nur, an die Aufhebung der Zensur (wir sagen noch nicht: die Entfesselung der Presse: – denn wie die Erfahrung gelehrt hat, so ist das unter Umständen noch zweierlei), ferner an die Einführung der Geschwornengerichte, wenigstens in einem großen Teile Deutschlands, desgleichen an die größere Einheit, die wir auf dem Gebiet der materiellen Interessen erlangt haben und andere allbekannte Tatsachen ähnlichen Schlages zu erinnern. Ja wenn wir dem März Achtundvierzig nichts weiter verdankten, als daß der größte reindeutsche Staat, zugleich der größte protestantische Staat Deutschlands aus der Bahn des Absolutismus in diejenige einer verfassungsmäßigen Entwicklung hinübergelenkt hat, wie dieselbe nun auch für den Augenblick sein mag – so würde dies nach unserm Dafürhalten allein schon hinreichen, den genannten Monat zu einem jeden deutschen Patrioten teuren und gesegneten zu machen.

Aber auch in der Literatur werden die Spuren einer derartigen Einwirkung schon jetzt keineswegs völlig vermißt: Freilich sind dieselben zum großen Teil noch sehr schwach, ja bei einigen kann man fürs erste noch in Zweifel darüber sein, ob sie der Literatur zum Vorteil oder zum Nachteil gereichen. Aber genug, sie sind da und deuten, selbst auch in ihrer gegenwärtigen unfertigen und unschönen Gestalt, jedenfalls auf eine weitere Entwicklung: der herben Knospe gleich, unter deren unscheinbarer Hülle das Auge des Gärtners ja auch schon die künftige Frucht erkennt.

Sehen wir uns diese ersten, ungewissen Spuren denn etwas näher an.

Zunächst ist es eine Tatsache, die selbst der flüchtigste Blick in unser dermaliges literarisches Treiben erkennen läßt, daß jene Isolierung der Schriftsteller vom Volke, jenes vornehme Zurückziehen der Autoren auf sich selbst, das namentlich zur Zeit unserer romantischen Schule in Blüte stand, von dem aber auch unsere klassische Epoche keineswegs völlig freizusprechen ist, gegenwärtig vollständig aufgehört hat. Am sichtbarsten wird dies in der wissenschaftlichen Literatur, die wir durchweg von einem wahrhaften Fanatismus ergriffen sehen, populär zu werden um jeden Preis. Der frühere Gelehrtenhochmut, durch den wir unter den Nationen Europas noch bis vor kurzem so übel berufen waren und mit dem das Ungeschick unserer Gelehrten, sich dem Volke verständlich zu machen, Hand in Hand ging, droht völlig auszusterben; nicht bloß unsere Naturforscher, auch unsere Geschichtsschreiber, unsere Literarhistoriker, unsere Ästhetiker, unsere Archäologen, selbst unsere Philosophen, wenn wir deren noch hätten, alles schreibt jetzt »fürs Volk«, alles legt seine Bücher so an, daß sie auch der großen Menge zugänglich und verständlich sind.

Ganz ohne Widerspruch läuft auch dabei wieder viel Verkehrtes und Törichtes mit unter. Die Wissenschaft popularisiert sich stellenweise dermaßen, daß sie nahe an das Triviale streift; auch gibt es so gut eine Art, dem Volke zu schmeicheln als den Fürsten und vielleicht ist jene noch widerwärtiger und noch entsittlichender als diese. Im ganzen aber ist der Fortschritt, den wir im Lauf des letzten Jahrzehnts in dieser Hinsicht gemacht haben, doch unverkennbar und eröffnet die glücklichsten Aussichten in die Zukunft. Es kann hier, wo wir uns, wie früher erinnert, lediglich auf die schöne Literatur und deren Erzeugnisse beschränken, nicht darauf ankommen, einzelne Namen aufzuzählen: aber so viel ist gewiß, daß unsere neu entstandene populär-wissenschaftliche Literatur die ersten und vorzüglichsten Namen aufzuweisen hat, die unsere Literatur überhaupt besitzt und daß die glänzendsten Sterne unseres literarischen Himmels, dieselben Sterne, die sich ehedem in stolzer Einsamkeit gefielen, es schon nicht mehr verschmähen, ihr mildes Licht auch in die Hütte des Armen und Unwissenden herab zu senden.

Was nun speziell die schöne Literatur anbetrifft, so kann dieser Drang nach Popularisierung in ihr allerdings weniger deutlich zu Tage treten, schon um deshalb, weil sie von Haus aus und ihrer eigensten Natur nach populär ist; die Poesie ist die eigentliche Sprache des Volks und wo das Volk es verlernt sie zu verstehen, oder wo es müde wird ihr zu horchen, da tragen allemal die Poeten selbst die Schuld.

Den Poeten der Gegenwart nun, wie groß oder klein, wie gut oder schlecht sie sein mögen, muß man wenigstens dies Zugeständnis machen, daß sie sich dieser ihrer volkstümlichen Bestimmung bei weitem bewußter sind und dieselbe viel fester im Auge behalten, als es wohl von den Dichtern früherer Epochen geschehen ist. Eine Literatur der Salons, der exklusiven Kreise, wie sie kurz vor Achtundvierzig noch in so üppiger Blüte stand, existiert bei uns entweder gar nicht mehr oder ist doch in der Hauptsache dem Fleiß des Buchbinders überlassen, der die dahin einschlagenden Produkte durch die gehörige Portion Goldschaum und Seidenzeug für den Geschmack eines hohen Publikums appretiert.

Auch von jener »Literatur der Literatur«, wie man sie nicht unpassend genannt hat, jenen Novellen und Dramen, deren Helden Dichter und Künstler sind und in denen die Literatur gleichsam mit sich selber spielt, ist wenig oder nichts mehr zu verspüren. Dieselbe hatte bei uns zu zwei verschiedenen Malen in Flor gestanden und war nicht nur von den Schriftstellern selbst mit großem Eifer angebaut, sondern zum Teil auch vom Publikum mit lebhaftem Beifall aufgenommen worden: einmal zur Blütezeit der Romantik, da besonders die Künstlerdramen der Öhlenschläger, Kind etc. die Tränendrüsen in Bewegung setzten, und dann wiederum in den dreißiger Jahren, zur Zeit des sogenannten Jungen Deutschlands, das sich selbst viel zu interessant vorkam und auch auf seine kleinen Martyrien einen viel zu hohen Wert legte, als daß es die Helden seiner Novellen und Erzählungen, lauter blasse schnurrbärtige junge Männer mit viel Weltschmerz und einer außerordentlichen Fähigkeit zu lieben, nicht vorzugsweise aus dem Stande der Schriftsteller und Künstler hatte entnehmen sollen. Diese Novellen freilich fanden beim Publikum nur wenig Anklang; auch waren sie eigentlich gar nicht für das Publikum, sondern für den kleinen Kreis der Eingeweihten, für die Herren Kollegen von der Feder, vorzugsweise aber für die jungen und alten Damen geschrieben, die noch gutmütig und unerfahren genug waren, für Dichter und Künstler als solche zu schwärmen. Desto glücklicher waren einige Schriftsteller derselben Richtung, als sie dasselbe Thema einige Jahre später, nur in etwas gemilderter Fassung und mit dem Vorteil eines bekannten historischen Kostüms, auf die Bühne verpflanzten. Einige dieser Stücke erwarben sich lebhaften Beifall und haben sich zum Teil bis jetzt auf dem Repertoire behauptet; auch dürften sie leicht das Beste sein, was die betreffenden Schriftsteller geschrieben haben.

Jetzt, wie gesagt, ist diese Mode vorüber und wo ja noch etwas davon auftaucht, da geschieht es weit weniger, um den Stand der Schriftsteller und Künstler in eitler Selbstbespiegelung zu verherrlichen, als vielmehr um die Widersprüche und Konflikte nachzuweisen, in welche einzelne Poeten und Künstler in Folge ihrer unpraktischen und träumerischen Natur mit der Wirklichkeit geraten; es sind also mehr Zugeständnisse, die man dem praktischen Charakter unsers Zeitalters macht, als daß es dabei auf eine Darstellung des literarischen und künstlerischen Treibens selber abgesehen wäre.

Wohl aber gibt sich in der Literatur der Gegenwart ein Bestreben kund, auch den poetischen Erzeugnissen ein so großes Publikum wie nur immer möglich zu verschaffen. Einiges davon mag wieder dem industriellen Charakter dieses Zeitalters zuzuschreiben sein; unsere Poeten wollen sich durch die Gelehrten nicht ganz vom Markt der Literatur verdrängen lassen, sie wollen zeigen, daß sie ebenfalls »für das Volk« zu schreiben verstehen.

Zum Teil freilich fallen ihre Versuche ziemlich wunderlich aus. Die einen apotheosieren den Handel mit Kaffee und Syrup, zeigen an grauslichen Beispielen, wie man durch den Verkehr mit Spekulanten und Wucherern ins Unglück geraten kann und daß es unter den Juden sehr viele schlechte Menschen gibt, verhältnismäßig ungefähr ebensoviel als unter den Christen, und wollen uns hinterdrein überreden, sie hätten »das deutsche Volk bei seiner Arbeit aufgesucht«. Andere wieder verlegen eine beliebige Herzensgeschichte, gerade so abgedroschen und langweilig, wie sie ehedem zwischen Gräfinnen und Baronen spielten, unter die Viehmägde und Bauernburschen, radebrechen dazu in einigen möglichen und verschiedenen unmöglichen Dialekten, spicken das Ganze, um ihm den letzten Hautgout zu geben, mit einigen Dutzend Sprichwörtern, die sie sich aus irgendeiner gelehrten Sammlung zusammengelesen haben und wollen uns nun ebenfalls einreden, sie hätten uns »das deutsche Volk« geschildert »wie es ist«. – Noch andere schildern das Volk allerdings wie es ist, aber nur von seiner Schattenseite; sie stürzen sich in die Kloake unserer großen Städte, durchwühlen die Mysterien der Zuchthäuser und anderer übel berufener Örter, exzerpieren die Gerichtszeitungen, drehen ein haarsträubendes Gespinnst aus Mord- und Diebs- und Meineidsgeschichten – und siehe da, der »deutsche Sittenroman« ist fertig.

Große Verkehrtheiten das alles, ohne Zweifel, und dennoch liegt auch ihnen wieder ein gewisser, wenn auch noch so dumpfer, noch so unverstandener Zug zum Wahren und Richtigen zu Grunde. Das ist das realistische Element, das allen diesen Produktionen, wie fratzenhaft sie sich zum Teil auch ansehen, gemeinsam ist.

Wie es sich mit diesem realistischen Element im allgemeinen verhält und daß es wenig Einsicht in das Wesen der Kunst und noch weniger Geschmack verrät, dasselbe der idealistischen Richtung unserer klassischen Epoche mit derjenigen Einseitigkeit entgegenzusetzen, wie es jetzt von gewissen kritischen Autoritäten geschieht, das haben wir zum Teil schon in unserer Einleitung angedeutet. Der ganze Streit zwischen Realismus und Idealismus, der jetzt auf den verschiedenen Gebieten der Kunst so viel von sich reden macht, ist überhaupt, bei Lichte besehen, ein sehr müßiger; nur Zeiten, die über sich selbst so im unklaren sind und noch dermaßen um ihren eigenen Inhalt ringen wie die unsere, können eine so müßige Fehde mit einem solchen Eifer und solchem Aufwand von Gelehrsamkeit führen. Hoffentlich wird es schon dem nächsten Geschlecht damit so gehen, wie es jetzt uns mit dem berühmten Streit zwischen Gottsched und den Schweizern um die Mitte des vorigen Jahrhunderts geht: man wird gar nicht begreifen können, um was der Streit sich eigentlich gedreht hat und wird schließlich zu der Einsicht kommen, daß beide Parteien gegenseitig mehr gegen Luftgebilde als gegen Realitäten gefochten haben. Der wahren Kunst ist der Idealismus ebenso unentbehrlich als der Realismus: denn was ist alle Kunst selbst anders, als die ideale Verklärung des Realen, die Aufnahme und Wiedergeburt der Wirklichkeit in dem ewig unvergänglichen Reiche des Schönen? Welche Seite in einem bestimmten Kunstwerk und weiterhin in einem ganzen bestimmten Zeitalter überwiegt, das wird ebenso sehr von der Befähigung und dem Charakter des einzelnen Künstlers als von dem Genius des Zeitalters im allgemeinen abhängen. Entbehrt, wir wiederholen es, kann keine von beiden werden; weder der abstrakte Idealismus, der sich um die Wirklichkeit der Dinge nicht kümmert, kann ein Kunstwerk schaffen, noch ragt der brutale Realismus, der nichts weiter weiß und will als eben diese gemeine Wirklichkeit der Dinge, jemals hinauf in die heiteren Höhen der Kunst. Das vollendetste Kunstwerk wird aber alerdings immer dasjenige sein, in welchem beide Seiten, die reale wie die ideale, sich am vollständigsten decken und am gleichmäßigsten zu ihrem Rechte kommen. Es ist das Ei des Columbus: nur daß die handwerksmäßige Tageskritik, die ja immer ein möglichst vornehmklingendes Stichwort haben muß, um ihre eigene Gedankenleere zu verdecken, natürlich ihr ganz spezielles Interesse darin findet, diese an sich so einfache Frage und damit zugleich den unbefangenen Sinn des Publikums mit hochtönenden Orakelsprüchen zu verwirren.

Was nun die Poeten der Gegenwart anbetrifft, so schweifen dieselben für den Augenblick mehr nach der realistischen als nach der idealistischen Seite hin aus. Es liegt dies teils wieder an dem überwiegend praktischen Charakter unseres gesamten Zeitalters, teils auch darin, daß die Dichter der früheren Epoche, insbesondere auch die großen Dichter unserer klassischen Zeit, diese realistische Seite weniger angebaut, zum Teil sogar über Gebühr vernachlässigt haben. Die lebende Generation findet hier also nicht nur ein freies Feld, auf dem sie den Vergleich mit unseren klassischen Dichtern weniger zu fürchten hat und auf dem es ihr daher verhältnismäßig leichter fällt Lorbeeren zu erringen, sondern sie findet hier auch Gelegenheit, eine Einseitigkeit zu berichtigen und einen Mangel zu ergänzen, den ihre Vorgänger sich haben zuschulden kommen lassen.

Und wenn sie dabei nun ihrerseits wiederum das richtige Maß überschreiten und aus lauter realistischem Eifer zum Teil in das Ordinäre und Widerwärtige verfallen, so liegt auch ein solches Übermaß wiederum zu sehr in der menschlichen Natur, als daß wir sie darum besonders hart anklagen möchten. Die Geschichte sorgt schon dafür, daß jedes Übermaß seinen Zügel, jeder Irrtum seine Berichtigung findet, und wie in der Natur jedes reißende Tier auf ein anderes noch reißenderes trifft, so wird auch in Literatur und Kunst eine Übertreibung regelmäßig durch eine andere noch größere wieder wettgemacht. Das Wesentliche der Poesie und Kunst ist dabei sowenig beteiligt und hat davon so wenig zu fürchten, wie die ewige Ordnung der Natur durch die Masse der reißenden Tiere gestört wird, die einander verschlingen; wir wünschen den letzteren gegenseitig guten Appetit und auch den Ausschweifungen und Irrtümern unserer Poeten sehen wir mit Gelassenheit zu, weil sie das ewige Licht der Schönheit ja doch nicht auf die Dauer verfinstern können. –

In nahem Zusammenhang mit diesem populären Eifer unserer Poeten einerseits, so wie mit dem Vorwiegen des realistischen Elements andererseits steht ferner die Wahrnehmung, daß gewisse bis dahin sehr beliebte Gattungen der Poesie in neuester Zeit viel weniger angebaut werden, während andere bis dahin sehr wenig beachtete sich einer ungleich sorgfältigeren Pflege zu erfreuen haben. So wird namentlich ein Zurücktreten der Lyrik bemerkt, während die epischen Gattungen, von dem Zwittergeschöpf des erzählenden Gedichtes bis hinauf zum drei-, vier-, ja neunbändigen Roman mit einem bis dahin ganz ungewohnten Eifer angebaut werden.

Wir lassen dabei den Wert der einzelnen Produkte zuvörderst völlig aus dem Spiel und fassen nur die Tatsache als solche ins Auge. Und da glauben wir dieselbe denn als eine ganz erfreuliche bezeichnen zu dürfen. Allerdings wird die Lyrik, diese eigentliche Poesie des Herzens und seiner Empfindungen, niemals aussterben, solange es eben noch Herzen gibt, die einer warmen und innigen Empfindung fähig sind. Unsere Kritiker haben gut die Nase rümpfen, unsere Literarhistoriker, die all diesen lyrischen Singsang zu Buch bringen sollen, gut die Hände ringen über diese Flut von Liebesliedern und Frühlingsliedern und Trinkliedern, die von allen Seiten herbeigeströmt kommt und mit jedem Tage höher steigt und rauscht und wogt und sich überstürzt, »als wollte das Meer noch ein Meer gebären«; so unbequem diese Lieder euch Ästhetikern von der Schulbank auch sind, so wohlberechtigt sind sie und so unsterblich. Wie jeder neue Frühling neue Blumen und neue Lerchen bringt und wie selbst der Greis am Stabe, der diese Wiederkehr des Frühlings mit seinen Blumen und Liedern schon achtzigmal gesehen hat, sich dennoch glücklich schätzt und es als eine hohe Gunst des Himmels betrachtet, daß er dasselbe auch noch zum einundachtzigsten Male erleben darf: so bringt auch jedes neue Geschlecht seine neuen Frühlings- und Liebesdichter hervor, solange noch ein Becher schäumt, eine Rose duftet, noch ein schönes Mädchenauge winkt – und es verrät daher eine mehr als greisenhafte Morosität, wenn man diesem ganz natürlichen und echt menschlichen Treiben durch kritische Machtsprüche ein Ende setzen will.

Etwas anderes freilich ist es, wenn die Frühlingssänger, denen wir also ihre Existenz an sich von Herzen gönnen, entweder falsche Tonarten singen oder aber wenn sie sich einbilden, im Mittelpunkt der Welt zu sitzen und niemand auf Erden hätte etwas Wichtigeres und Dringenderes zu tun als ihrem Gezwitscher zu horchen. In diesem Betracht ist denn das Zurücktreten der Lyrik, das wir in diesem Augenblick bemerken, für die Poeten selbst ganz zweckmäßig und heilsam und auch das Publikum kann nur dabei gewinnen und wäre es auch nur deshalb, weil die oft vernommenen Melodien durch die nunmehr entstehende Pause wieder einigermaßen neu werden und also an Reiz und Annehmlichkeit gewinnen.

Der Vorteil steigert sich aber noch dadurch, daß unsere Dichter in demselben Maße wie sie sich von der Lyrik mehr und mehr abwenden, sich der epischen Dichtung zukehren. Es war dies auch eines von den Schlagworten der vormärzlichen Literatur, dieser Vorzug, welchen die epische Poesie vor der lyrischen behauptet und daß es nur eines großen politischen Anstoßes, einer großen, weltbewegenden Tat bedürfe, um die versteckten epischen Keime, die in den Köpfen unserer Dichter schlummerten und die natürlich die garstige Vettel, die Zensur, wieder nicht zur Blüte kommen ließ, zur schönsten und glücklichsten Entfaltung zu bringen.

Nun, wenn es sich nur um Dichtungen handelt, die sich selbst als epische bezeichnen, gleichviel wie sie sind, so hat das Jahr Achtundvierzig in diesem Punkte allerdings einmal Wort gehalten. Eine genauere Prüfung wird allerdings ergeben, daß ein großer Teil dieser angeblichen epischen Dichtungen mit dem wahren Wesen der epischen Poesie gerade soviel zu tun hat wie mit der Poesie überhaupt, nämlich gar nichts, und daß es nur eine Sache der Mode ist, wenn unsere jungen Dichter jetzt mit einem Bändchen »Erzählender Dichtungen« debütieren, wie wir andern vor zwanzig und dreißig Jahren mit lyrischen Gedichten debütiert haben. Immerhin erkennen wir an, daß auch darin wieder ein gewisser Fortschritt liegt, und daß sich darin ein gewisses Bewußtsein von dem Vorzug der epischen Poesie kundgibt, wenn dergleichen überhaupt nur zur Modesache werden kann. Man studiert eine Zeit nicht bloß in ihren großen und glänzenden Eigenschaften sondern ebenso sehr und vielleicht noch mehr auch in ihren Torheiten und Lächerlichkeiten, und wenn wir den Moden, die Schneider und Putzmacherinnen unter uns aufbringen, eine gewisse kulturhistorische Bedeutung nicht absprechen, warum sollten wir uns denn gegen die Moden der Literatur so gar spröd und ablehnend zeigen?

Eine weitere und, wie uns dünkt, ebenfalls höchst erfreuliche Folge dieses Zurücktretens des subjektiven Elements erkennen wir ferner darin, daß die literarischen Streitigkeiten und Fehden, die früher einen sehr breiten Raum in unserer Literatur einnahmen, gegenwärtig fast völlig verstummt sind. Freilich rührt dies großenteils mit von der veränderten Stellung her, welche die Literatur überhaupt bei uns einnimmt. Die Literatur hat in den letzten zehn Jahren sehr an Wert und Ansehen verloren, darüber dürfen wir uns nicht täuschen, brauchen es aber auch nicht zu tun, weil es, rechtverstanden, eine Erscheinung ist, die wiederum zu den erfreulichen gehört.

Denn in demselben Maße, wie die Literatur bei uns verloren, hat das Leben an Ansehen und Bedeutung gewonnen. Das einseitige Interesse, was wir in vormärzlicher Zeit den literarischen Zuständen und Persönlichkeiten widmeten, war doch im Grunde nur ein kläglicher Notbehelf für das mangelnde politische Interesse. Schauspieler und Schriftsteller teilten dazumal bei uns das nach den damaligen Begriffen wenig ehrenvolle Privilegium, öffentliche Personen zu sein und als solche auch dem öffentlichen Urteil, sei es lobend, sei es tadelnd, zu unterliegen; an diejenigen, denen wir das Bad am liebsten gesegnet hätten, an die Minister und Staatsmänner, durften wir nicht heran, und so ließen wir denn unsern ganzen Grimm und ganzen Durst nach Öffentlichkeit an den armen Schauspielern und Literaten aus. Jetzt ist auch das anders geworden. Wir haben jetzt, gleichviel unter welchen Beschränkungen, aber genug, wir haben ein öffentliches politisches Leben, wir haben nationale Interessen, die wir öffentlich erörtern, wir haben auch Minister, Ministerialräte und ähnliche Sündenböcke, auf die wir unsern Grimm ausschütten dürfen; man braucht nicht mehr, wenn man sich einen hübschen gesunden Ärger verschaffen will, die Zänkereien zweier sich bekämpfender Schriftsteller zu lesen, sondern jede beliebige Zeitung, die wir zur Nachmittagslektüre in die Hand nehmen, bietet uns den reichlichsten und passendsten Stoff dazu.

Damit ist denn das Interesse, das wir den inneren Kämpfen unserer Literatur bisher zuwandten, vollständig entwurzelt, und da man ohne Zuschauer keine Turniere zu halten pflegt, so haben damit auch die Kämpfe und Fehden selbst ein ebenso rasches wie natürliches Ende genommen; es verlohnt sich nicht mehr, einander die Köpfe blutig zu schlagen, da niemand mehr ist, der unsern Siegen Beifall klatscht oder gar Tränen des Mitleids in unsere Wunden träufelt. Überhaupt ist der ganze Ton unserer Literatur in diesen letzten Jahren bei weitem bescheidener, maßvoller, beinahe hätten wir gesagt, anständiger geworden, wenn dies nicht die Supposition in sich schlösse, als wäre er früher zuweilen unanständig gewesen; die Literatur fühlt eben, daß sie nicht mehr die erste Stelle einnimmt und findet sich in diese ihre Degradation mit dem Anstande und der edlen Fassung, die man entthronten Königen so allgemein nachzurühmen pflegt.

DAS JUNGE DEUTSCHLAND VON EHEDEM UND JETZT

Man kennt die Geschichte von dem kleinen Töffel, der, dieses Beinamens überdrüssig, sein Heimatdorf verläßt, in den Krieg geht, Wunden und Ehrenzeichen davonträgt, und da er endlich, ein schnauzbärtiger, pulvergeschwärzter Invalide, wieder in sein Dorf zurückkehrt, was ist der erste Gruß, mit dem man ihn empfängt? »Sieh, kleiner Töffel, lebst Du noch?!«

Die Schriftsteller des sogenannten Jungen Deutschlands haben sich über ein einigermaßen ähnliches Schicksal zu beklagen. Auch sie haben im Laufe der beinahe dreißig Jahre, die vergangen sind, seitdem jener Beiname zuerst auf sie angewendet ward, alles Mögliche getan, denselben in Vergessenheit zu bringen; auch sie haben Schlachten gekämpft und Abenteuer bestanden und haben dann ein andermal sich still zu Hause gehalten, während die ganze Welt brauste und schwärmte; auch an ihnen ist die Zeit nicht spurlos vorübergegangen, auch sie haben längst aufgehört, die wahre Jugend Deutschlands zu sein, es sind sogar mehrenteils ganz solide, ganz ruhige Bürger, im literarischen wie im politischen Sinne, aus ihnen geworden – und doch können sie diesen verhängnisvollen Beinamen nicht loswerden, und doch müssen sie, obwohl zum Teil mit ergrautem Kopf, diese Bezeichnung des »Jungen Deutschland« mit sich herumschleppen bis an das Ende ihrer Tage.

Verhängnisvoll aber nennen wir diesen Beinamen teils wegen seines polizeilichen Ursprungs und der kleinlichen politischen Verfolgungen, an die er erinnert, teils wegen des Widerspruchs zwischen den Erwartungen, welche ein solcher Name erweckt und demjenigen, was die Träger desselben wirklich geleistet haben. Es sind bedeutende Schriftsteller darunter, ausgezeichnet sowohl durch die Gewandtheit und Energie ihres Talents, als namentlich durch die Vielseitigkeit ihrer Leistungen. Wir verdanken ihnen einige sehr geistvolle kritische Erörterungen, einige sehr wirksame Theaterstücke, einige sehr unterhaltende Romane und Erzählungen: aber bei alledem – ein eigentliches und wirkliches »Junges Deutschland« hätten wir uns doch noch anders gedacht ...

Wiewohl es sehr unrecht wäre, wollten wir die Träger dieses Namens für die Erwartungen, die derselbe erweckt und die von ihnen nur zum kleinsten Teil befriedigt worden sind, verantwortlich machen. Es ist eine sehr triviale Wahrheit, die aber doch auch in Kunst und Wissenschaft ihre Geltung hat: Jeder ist jung – in seiner Jugend, und wenn wir, deren Locke eben noch braun, deren Auge hell, deren Blut heiß und stürmisch ist, – wenn wir nicht begreifen können, wie diese altersmüden, verwitterten Gestalten da vor uns auch einmal jung gewesen sein sollen, so steht schon ein neues Geschlecht dicht hinter uns, bereit, denselben Spott und dieselben Zweifel auf unsern, o Himmel, wie bald ebenfalls kahl gewordenen Scheitel zu schleudern. Nicht darauf eigentlich kommt es bei der Würdigung geschichtlicher Persönlichkeiten an, was jemand geleistet, sondern ob und inwieweit er dasjenige geleistet, was unter den einmal bestehenden Verhältnissen überhaupt zu leisten möglich war und wozu sein Schicksal, das ihn grade in diesen und keinen anderen Verhältnissen geboren werden ließ, ihn gleichsam vorausbestimmt hatte.

Legen wir diesen bescheidenen, aber doch allein gerechten Maßstab an das sogenannte Junge Deutschland, so wird manches und vieles von dem, was uns jetzt an dieser Erscheinung verstimmt und beleidigt, vollkommen klar und begreiflich werden. Wenn je eine literarische Epoche, so verdienen jene dreißiger Jahre, in welche das Auftreten des Jungen Deutschland fällt, den Namen einer Übergangsepoche; sowohl die Vorzüge und Verdienste, die wir den Mitgliedern des Jungen Deutschlands durchaus nicht absprechen wollen, als auch ihre Irrtümer und Unzulänglichkeiten wurzeln vornehmlich in diesem Umstand. Die Julirevolution auf der einen, die Ausbreitung und Popularisierung der Hegelschen Philosophie auf der andern Seite hatten jene Herrschaft der Romantik, die sich ungefähr seit Schillers Tode mehr und mehr über unsere Literatur ausgedehnt hatte, und die das literarische Seitenstück unserer politischen Restauration bildet, teils gestürzt, teils wenigstens so erschüttert, daß der Umsturz demnächst und ohne große Anstrengung erfolgen mußte. Nun aber ist es ein historisches Gesetz, daß überlebte, dem Untergang geweihte Richtungen nicht sowohl durch völlig neue, ihnen schnurstracks entgegengesetzte gestürzt werden, als vielmehr von innen heraus; es stirbt eben niemand als an sich selbst.

Oder um es noch genauer auszudrücken: die neue Richtung der Zeit, welche allerdings im Entstehen ist, tritt zunächst in der Form der alten absterbenden Richtung auf und namentlich auch mit ihren Mängeln behaftet; es gibt keinen Sprung in der Geschichte und auch da wo sie von einem alten, überlebten Prinzip zu einem neuen, höheren fortschreitet, ist es immer dieselbe Entwicklung, die z. B. in der Natur aus dem absterbenden, verwesenden Samenkorn die neue Frucht hervorgehen läßt. Das Junge Deutschland war der entschiedenste und ausgesprochenste Gegensatz gegen die bisherige Romantik, aber in wesentlich romantischer Form; die Einseitigkeit unserer bisherigen bloß literarischen Bildung wollte es aufheben, es wollte die Literatur enger ans Leben anschließen und ihren ermatteten Leib in der freien Luft der Geschichte, durch die Berührung mit Politik, Philosophie und Theologie erfrischen und wieder herstellen, bediente sich dazu aber selbst noch ausschließlich literarischer Mittel; es wollte mit einem Wort die Literatur über sich selbst hinausführen, verfiel aber, mitten in diesem Streben, demselben literarischen Kastengeist, dem auch die Romantik gehuldigt hatte; es wollte eine politisch soziale Partei sein und brachte es doch nur bis zur literarischen Coterie.

Auch dies lag weniger an den Tendenzen und Mitteln des sogenannten Jungen Deutschlands als vielmehr an den unreifen und unfertigen Zuständen, unter denen dasselbe sich entwickelte. Die Kluft, welche Literatur und Leben damals bei uns trennte, war zu groß, höchstens ein Dichter, auf den Fittichen des Genius, hätte sie überfliegen können: einen solchen wahrhaft genialen Dichter aber, wie hätte diese in sich zerrissene, ohnmächtige Zeit ihn zu erzeugen vermocht? So sehr auch die Theorie grade des Jungen Deutschlands dagegen ankämpfte, es bleibt doch richtig: nur höchste Gesundheit ist höchstes Genie, es gibt keinen in sich unharmonischen und zerrissenen Dichter, der etwas Ganzes und Harmonisches schaffen könnte. Die Flügel des Jungen Deutschland reichten minder weit, grade so weit, wie die Schwungkraft der Zeit, in der diese Schriftsteller selbst entstanden und lebten. Das eigentliche große Gebiet der Poesie, Epos und Drama, war ihnen verschlossen und hat sich auch späterhin, so beharrlich sie zum Teil an seine Pforten pochten, ihnen so wenig erschlossen, wie irgend einem aus moderner Zeit; selbst die am weitesten vordrangen, sind doch immer nur im Vorhof stehengeblieben. Das Junge Deutschland war überhaupt weit weniger poetisch als literarisch; die Lyrik namentlich, dieser Grundton aller Poesie, der durch alle Gattungen derselben mehr oder weniger hindurchklingt, war ihm vollständig versagt. Auch dies lag großenteils in seiner historischen Stellung; nachdem die Romantik so maßlos in Gefühlen geschwelgt, nachdem sie die ganze Poesie zu einer bloßen abstrakten Lyrik, ja noch weiter, zu bloßen musikalischen Stimmungen verflüchtiget hatte, war es dem Gesetz historischer Entwicklung ganz angemessen, daß den Romantikern nunmehr ein Geschlecht auf die Ferse trat, bei dem Gefühl und Empfindung im Gegenteil sehr unentwickelt waren und das hauptsächlich von den kritischen Mächten des Verstandes geleitet ward. Auch die Romantiker hatten viel und gern kritisiert, aber sie taten es immer nur zu ästhetischen Zwecken; bei den Schriftstellern des Jungen Deutschland dagegen sollte die Kritik wesentlich eine praktische Macht sein, sie kritisierten die Literatur, weil sie das Leben, sie geißelten die Poeten, weil sie die Staatsmänner ihrer Zeit strafen oder umstimmen wollten. Die Romantiker hatten von einer »poetischen Poesie« gefabelt, das Junge Deutschland stellte die Literatur ausdrücklich in den Dienst der Praxis und schrieb seine Bücher nur, weil ihm zu Taten teils die Gelegenheit, teil wohl auch die Fähigkeit mangelte.

Der Verfasser hat schon früher einmal Veranlassung gehabt, sich über Stellung und Bedeutung des Jungen Deutschland ziemlich vollständig und im Zusammenhang auszusprechen (vergl. *Vorlesungen über die deutsche Literatur der Gegenwart*, 1847). Es sind seitdem mehr als zehn Jahre vergangen und seine Ansichten sind heut noch dieselben wie damals, weshalb es ihm denn auch verstattet sein mag, hier einige jener früher geäußerten Sätze zu wiederholen. – Es ist, sagte er damals, die charakteristische Eigenschaft der modernen Literaturen, sich aus der Kritik zu entwickeln; der Geist hat seine paradiesische Unschuld, seine Naivität verloren, er wird, was er wird, erst durch die Entzweiung der Reflexion. Darum geht auch in der Geschichte der modernen Literaturen jeder neuen Epoche, jedem neuen Ansatz der Dichtung ein Geschlecht reflektierender Geister, eine Generation von Kritikern voran, die kommenden Produktionen die Wege zeigen, indem sie die Unzulänglichkeit der bisherigen erweisen. So geht vor Goethe Lessing, so vor den revolutionären

Poeten der Sturm- und Drangepoche die revolutionäre Kritik Gerstenbergs, der Frankfurter Anzeigen etc. einher; so wird die produktive Romantik eingeleitet durch die kritische, die Tieck, Brentano, Arnim durch die Schlegel; so geht der Poesie der Gegenwart die Kritik des Jungen Deutschland voraus.

Allein es ist das Schicksal dieser vermittelnden Generationen, und nur dadurch eben gelingt es ihnen, Vermittler zu werden, daß sie nur halb erst in der neuen, halb noch in der alten Epoche stecken: zwiespältige Wesen, schwankend zwischen zwei Zeitaltern und daher sehr gewöhnlich mißverstanden und verleugnet von beiden. Die Schlegel und Genossen steckten noch halb in der klassischen Epoche Goethes und Schillers, von der sie ausgegangen – und das war ihre Stärke; das Junge Deutschland steckte noch halb in der Romantik, die es bekämpfte und – das war seine Schwäche.

Die Absicht des Jungen Deutschland war ohne Zweifel die beste. Es hatte die Aufgabe der Zeit richtig begriffen, es war nicht umsonst bei Hegel in die Schule gegangen, hatte nicht umsonst das Ereignis der Julitage erlebt. Wie sich in der Hegelschen Philosophie Idee und Wirklichkeit versöhnt hatten, so suchten diese Schriftsteller jetzt das Leben mit der Literatur, die Literatur mit dem Leben zu vermitteln. Die Literatur verließ im Jungen Deutschland ihre romantische Selbstgenügsamkeit, sie hörte auf, Selbstzweck zu sein, sie wollte den großen bewegenden Mächten des Lebens, der Geschichte, der Politik, der praktischen Entwicklung des Völkerlebens sich dienend anschließen.

Und wie hierin die Konsequenzen der Philosophie, so suchte es andererseits auch die Konsequenzen der Julirevolution zu ziehen und ihre Resultate, oder doch was damals ihr Resultat zu sein schien, nach Deutschland zu übertragen; die pittoreske Schilderung, die ein hervorragendes Mitglied des Jungen Deutschland in einer seiner frühesten Schriften von dem Augenblick macht, da er in der Berliner Aula, eben den akademischen Preis für eine theologische Konkurrenzarbeit empfangend, zuerst die Nachricht vom Ausbruch der Julirevolution erhält, sowie von dem tiefen und alles bewältigenden Eindruck, den diese Meldung auf ihn hervorbringt, ist, wenn auch vielleicht mit etwas poetischen Farben ausgeschmückt, doch der Sache nach vollständig wahr und bezeichnend. Auch für die Angehörigen des Jungen Deutschland war jenes »Vive la liberté!« das in den Julitagen durch die Gassen von Paris schallte und das uns noch zehn Jahre später aus den Herweghschen Versen entgegentönt – auch für das Junge Deutschland, sage ich, war Freiheit das Losungswort; auch sie fühlten, daß die Zeit der bevorzugten Individualitäten vorüber und daß die wahre Souveränität nur der Totalität des Volkes gebühre; auch sie waren Revolutionäre.

Aber, Kinder einer romantischen Zeit, aufgewachsen unter ihrem Einfluß, angesteckt von ihrem Siechtum, entbehrten sie der Kraft, die richtig verstandene Aufgabe auch richtig durchzuführen. Es fehlte ihnen vielleicht weniger das Talent – denn das wie die Folge gelehrt hat, war versatil genug – als die Begeisterung, der Glaube, die sittliche Energie; im Gegensatz zu dem perpetuierlichen Rausch der Romantiker waren sie nur zu nüchtern und diese Nüchternheit tat nicht nur ihren poetischen Leistungen, sondern auch ihrem sittlichen Verhalten Abbruch; sie waren zu klug, zu überlegt, zu praktisch, um sich dem Prinzip, das sie im Übrigen bekannten, völlig rückhaltlos und bis zur Aufopferung ihrer selbst hinzugeben.

Im Gegenteil, dieses Selbst spielt bei ihnen eine sehr große Rolle; es ist die Achillesferse dieser übrigens so tapfern und kriegslustigen Jugend. Jedes geschichtliche Prinzip setzt sich nur auf die Art durch und wird nur dadurch zur wirklichen geschichtlichen Macht, daß es sich in bestimmten Persönlichkeiten verkörpert; es wird nicht eher wahrhaft allgemein, bevor es nicht individuell wird – genau derselbe Hergang, wie in der Kunst, in der das Allgemeine und Ewige auch nur insoweit wirkt, als es in sinnlicher bestimmter und individueller Gestalt ausgeprägt wird. Aber in dieser Beimischung des Individuellen und Vergänglichen in das Allgemeine und Ewige liegt auch eine große Gefahr; – es kommt zuweilen, ja wohl sehr häufig vor, daß das Vergängliche dem Ewigen über den Kopf wächst und daß die Persönlichkeit erntet, was das Prinzip gesät hat.

Dieser Gefahr ist auch das Junge Deutschland unterlegen und zwar in um so höherem Maße, je ungeübter und unausgeprägter das individuelle Vermögen jener Zeit überhaupt noch war. Wie im Jungen Deutschland, dem vorhin gebrauchten Ausdruck nach, die politische Partei sich zur literarischen Coterie verdummt, so wird ihm auch die Freiheit zur Willkür, das philosophische System zur einseitigen und exklusiven Schule. Es sind die wahren Louis Philipps unserer literarischen Revolution: unter dem Titel des Bürgerkönigs, des Volksfreundes ist es nur die eigene Persönlichkeit, das eigene vergängliche Ich, dem sie schmeicheln und für das sie arbeiten.

Dies erklärt auch das Verhalten, das sie sowohl zur Philosophie wie zur Politik beobachtet haben und das sich in beiden Fällen durch Konsequenz eben nicht auszeichnet. Kaum trat die Philosophie aus den Banden der Schule heraus, kaum wurde mit Anwendung ihrer Prinzipien auf Kunst und Leben Ernst gemacht, so fanden dieselben Schriftsteller, die sich kurz zuvor noch mit so lautem Jubel unter dem Banner der Philosophie versammelt hatten, eben diese Philosophie auf einmal sehr unbequem und langweilig. Es war ihnen ganz angenehm gewesen, vor den Augen der Welt in philosophischer Rüstung einherzustolzieren und sich als tiefe Denker anstaunen zu lassen: sowie die Philosophie aber Miene machte, die eigenen Produkte eben dieser Schriftsteller nach ihrem strengen Maßstab zu messen, da erhoben sie auf einmal laute Klage über philosophische Barbarei und Geschmacklosigkeit. – Ebenso in der Politik. Kaum hört die Freiheit auf, ein Privilegium zu sein, kaum fängt das politische Interesse an überzugehen in die Massen, so finden sie die Freiheit auf einmal sehr unästhetisch, so klagen sie lebhaft über diesen Rigorismus der Zeit, der gar keine reine Kunst, keine reine Schönheit mehr aufkommen lasse, so tun sie vornehm und heucheln Verachtung einer Popularität, um die sie sich vor kurzem noch so eifrig bemühten, die ihnen aber freilich jene exklusiven Kreise, jene Kreise der literarischen Kenner und Feinschmecker, für welche sie nach Art der Romantiker hauptsächlich tätig waren, nicht wohl hatten geben können.

Das Junge Deutschland ist der letzte Ausläufer der Genieperiode. Wie ehemals die Stürmer und Dränger, wie zu Ende des Jahrhunderts die romantische Genossenschaft des Athenäums etc., so traten auch sie gewaltsam lärmend in die Literatur, so begannen auch sie damit, die Vergangenheit über Bord zu werfen und die Forderung einer neuen Literatur, einer neuen Dichtung aufzustellen. Bei der außerordentlichen Erschlaffung, in welche unsere Literatur während der zwanziger Jahre geraten war, bei der Zahmheit der Phrasendreherei, der hohlen Ableierung des altromantischen Kunstkatechismus, zu welcher die Kritik herabgesunken, war auch in dieser Turbulenz, mit welcher das Junge Deutschland auftrat, dieser Rücksichtslosigkeit seiner Kritik, dieser Impietät, diesem Terrorismus, mit dem es der gesamten frühern Literatur das Leben absprach, während es mit studentischer Keckheit sich selbst in den Mittelpunkt der Bewegung stellte – es war in alle dem ohne Zweifel ein Fortschritt, es diente auch dies zu einem Heilmittel, einem Zugpflaster gleichsam, welches der Schwäche der Zeit aufgelegt ward.

Aber über diese Anregung sind die Schriftsteller des Jungen

Deutschland auch nicht hinausgekommen, wenigstens so lange nicht, als sie selbst sich noch dazu zählten und als ein Junges Deutschland noch anders als in den Repertorien der Literaturgeschichte bestand; die Frucht, deren Süßigkeit man die herbe Knospe verzeiht, ist entweder ganz ausgeblieben, oder zeigt doch ein ganz anderes Aussehen und gehört einer ganz andern Gattung an, als man nach dem ersten Auftreten dieser Richtung hätte vermuten sollen.

DIE DEUTSCHE BELLETRISTIK UND DAS PUBLIKUM

Die deutsche Literatur rühmt sich bekanntlich, eine der reichsten zu sein, die existiert. Und allerdings, wenn der Reichtum einer Literatur nur in der Masse von Büchern besteht, welche sie jährlich ans Licht sendet, so besitzen wir in unserer Literatur in der Tat ein geistiges Californien, ebenso reich und ebenso unerschöpflich wie das Goldland jenseits des Ozeans. Verhält es sich dagegen mit dem Reichtum einer Literatur ebenso wie mit allem sonstigen Reichtum einer Nation und selbst auch mit dem Reichtum des einzelnen, nämlich daß nicht die aufgespeicherten Vorräte den Reichtum bilden, sondern vielmehr der Gebrauch und Umsatz, den man von ihnen macht – mit anderen Worten: wird auch der Reichtum einer Literatur nicht durch die Masse ihrer Bücher, sondern lediglich von dem Maße bestimmt, in welchem diese Bücher einerseits den Volksgeist zur Darstellung bringen und andererseits ihn selbst wieder entwickeln und bilden helfen, so möchte der gepriesene Reichtum unserer Literatur wohl beträchtlich zusammenschmelzen.

Alle moderne Bildung beruht auf einem gewissen Zwiespalt, einer Kluft, nach deren Versöhnung und Aufhebung man wohl ringen und arbeiten kann, die darum aber noch keineswegs tatsächlich aufgehoben ist. Wir haben keine Sklaven mehr, die zur Knechtschaft geboren werden, aber dafür haben wir unsere geistigen Heloten, arme Parias, für die aller Reichtum unserer Bildung, alle Blüte unserer Wissenschaft so gut wie nicht vorhanden ist und die sich niemals mit uns anderen an dieselbe Tafel geistigen Genusses setzen dürfen.

Das, wie gesagt, ist ein Grundzug aller modernen Bildung und darum gibt es auch in allen modernen Literaturen gewisse Gattungen und gewisse Werke, die immer nur von einem kleinen Kreise vorzugsweise Gebildeter verstanden und genossen werden können, während die Masse des Publikums vielleicht kaum eine Ahnung hat von ihrer Existenz. Nicht selten geschieht es sogar, daß diese Werke des exklusiven, bevorzugten Geschmacks grade diejenigen sind, auf welche eine Literatur mit Recht am allerstolzesten ist und die am meisten zu ihrem Ruhme beitragen. Aber ähnlich wie der Edelstein im Märchen, der von den armen Fischerkindern nur wegen seines bunten Glanzes als Spielwerk benutzt wird, dient auch der Glanz dieser berühmten Namen der Masse höchstens nur dazu, sich müssig darin zu sonnen, ohne daß ihre Kenntnis eine Bereicherung, ihre Bildung einen Zuwachs, ihr Schönheitsgefühl eine Befriedigung davon hätte.

In keiner Literatur jedoch ist diese Spaltung schroffer, diese Kluft tiefer, noch ist irgendwo die Zahl dieser »unbekannten Götter« größer als bei uns in Deutschland. So groß bei uns die Masse der Bücher, so gering der Kreis der Lesenden; unzählige Bücher werden in Deutschland gedruckt, Jahr aus Jahr ein, die außer dem Autor selbst und allenfalls der Braut des Autors (denn die Frauen sind darin schon weniger gefügig und wissen sich diesem Notdienst schon eher zu entziehen) niemand liest als nur der Rezensent – und auch dieser nur, wenn das Exemplar ihm geschenkt ward – und auch das nur im Fluge und mit halbaufgeschnittenen Blättern!

Könnten die Handelsbücher unserer Verleger reden, wir würden oft wundersame Geschichten zu hören bekommen. Schon an einer früheren Stelle haben wir es ausgesprochen, daß es uns nicht von weitem in den Sinn kommt, den Maßstab des Absatzes für den einzigen oder auch nur den hauptsächlichsten Maßstab für den Wert eines Buches zu halten. Indessen wenige vereinzelte Fälle ausgenommen, bei denen dann immer ganz eigentümliche Konstellationen tätig gewesen sein müssen, wird die Wirkung eines Buchs auf das Publikum allerdings wesentlich von seinem Absatz bedingt sein und in ziemlich genauem Verhältnis zu demselben stehen.

Da es nun aber unzweifelhaft erst die Wirkung eines Buches auf das Publikum ist, was ihm seine Bedeutung für den Reichtum einer bestimmten Literatur oder Literaturepoche verleiht, so läßt sich auch daraus wieder schließen, wie es mit dem Reichtum unserer Literatur bestellt ist und was wir eigentlich an so manchem berühmten Namen besitzen – nämlich einen Namen und nichts weiter . . .

Und zwar findet dies Verhältnis bei uns nicht bloß in solchen

Gattungen statt, die ihrer Natur nach nur auf ein kleines Publikum beschränkt sind, also nicht bloß in gewissen wissenschaftlichen Gebieten, deren Ausdehnung überall mehr in die Tiefe als in die Breite geht und die daher auf Popularität im gewöhnlichen Sinne verzichten müssen: nein, diese Literatur der Rezensionsexemplare erstreckt sich bei uns auch auf solche Gattungen, die grade recht eigentlich für das große Publikum bestimmt sind, ja deren Begriff schon die allerweiteste Verbreitung in den verschiedensten Bildungskreisen mit sich zu bringen scheint.

Oder was wäre seinem Begriff nach populärer als die Unterhaltungsliteratur? Welche Gattung ästhetischer Produktion hätte mehr Anspruch, von Alt und Jung und Arm und Reich, in Hütten und Palästen, in Kasernen und Fabriken gelesen zu werden als der Roman, diese eigentümlichste Schöpfung der modernen Literatur, dieser wahre Überallundnirgends, dem alle Höhen und Tiefen offenstehen, dem keine Wirklichkeit zu prosaisch, keine Erfindung zu phantastisch ist, dies eigentlichste poetische Abbild unseres vielbewegten, vielverflochtenen, vielirrenden modernen Lebens?

Freilich, wenn man bloß die Inventurlisten unserer Literatur, ich meine jene sogenannten Literaturgeschichten nachschlägt, die nur Titel und Jahreszahl der Bücher und allenfalls noch einige biographische Notizen über die Verfasser bringen und ihre ganze Aufgabe erfüllt zu haben meinen, wenn sie möglichst viel solcher Namen und Notizen zusammenschleppen, so ist das Lager unserer vaterländischen Literatur allerdings auch in diesem Artikel außerordentlich wohl assortiert! ja wir besitzen dann so viel Romanschreiber und darunter so viel ausgezeichnete und vortreffliche, daß wir kaum wissen, wo wir damit bleiben sollen.

Klappen wir dagegen das Buch zu und sehen uns in der Wirklichkeit um; fragen wir die Verleger deutscher Romane oder noch besser, fragen wir die Leihbibliotheken (denn das sind ja doch bei uns in Deutschland die hauptsächlichsten und oft sogar die einzigen Vermittler der Unterhaltungslektüre); ja fragen wir hier und da im Publikum selbst nach, was ihm von all diesen gefeierten Namen bekannt ist; beschleichen wir die gnädige Frau in ihrem Boudoir, die Nähterin neben ihrer Arbeit, den Lieutenant auf der Wache, den Studenten auf seinem Canapé; schlagen wir die zerlesenen Bände auf, die der Schuljunge eilig unter den Tisch steckt, wenn der Lehrer die Reihe heruntergeschritten kommt; sehen wir zu, was für Bücher das sind, die von allen diesen und unzähligen anderen am meisten, am liebsten und am aufmerksamsten gelesen werden – und wir werden sagen können, wir haben einen weißen Raben gesehen, wenn wir dabei unter je fünfzig Fällen auf einen Namen stoßen, den unsere Literarhistoriker kennen und empfehlen.

Neben der Politik der Diplomaten gibt es, wie man weiß, noch eine andere, die mit Noten und Protokollen nichts zu tun hat, die auf keinem Lehrstuhl gelehrt wird, in kein System gebracht, von keinem Hofe erkannt ist – und die sich doch schon in vielen Fällen unendlich mächtiger und erfolgreicher erwiesen hat als alle Kunst der Politiker vom Fach.

Ganz ebenso gibt es auch neben der Literatur der Literarhistoriker noch eine andere, vielleicht sehr unästhetische und jedenfalls sehr unberühmte Literatur, die aber doch vor jener den nicht unwesentlichen Vorteil hat, eine gelesene zu sein: kleine literarische Costermonger, die sich auf der großen Handelsbörse der Literatur freilich nicht dürfen sehen lassen, die nur von der Hand in den Mund leben, nur die Reste aufkaufen von den Tischen der Reichen, deren Ware niemals echt, oft ungesund und schädlich ist, aber an deren wandernder Tafel Tausende sich sättigen, die von Tausenden gekannt, von Tausenden herbeigewinkt werden zu heimlich lüsternem Genuß! Es wäre ein interessantes Unternehmen, würde aber freilich eine größere Kenntnis des Publikums und mehr Berührung mit den verschiedenartigsten Klassen desselben erfordern, als unsern Schriftstellern, geschweige denn unsern Gelehrten gemeiniglich zu Gebote steht, statt der herkömmlichen gelehrten oder ästhetischen Literaturgeschichte einmal eine Historie der Literatur zu schreiben vom bloßen Standpunkt des Lesers aus: das heißt also eine Literaturgeschichte, wo nach gut oder schlecht, gelungen oder mißlungen, gar keine Frage wäre, sondern wo es sich allein darum handelte, welche Schriftsteller, in welchen Kreisen, welcher Ausdehnung und mit welchem Beifall sie gelesen werden. Leicht würde eine solche Arbeit gewiß nicht sein und noch weniger dankbar, insofern man dabei auf die Anerkennung der Schriftsteller selbst rechnen wollte: denn so wenig es uns einfällt, dem Resultat einer solchen Untersuchung durch einseitige Behauptungen vorgreifen zu wollen, so scheint uns doch allerdings dies festzustellen, daß dabei viele sehr glänzende Namen sich merklich verfinstern und dafür andere auftauchen würden, die das Ohr des Literarhistorikers bis dahin noch niemals vernommen.

Ja wir zweifeln, ob es überhaupt nur viele deutsche Namen sein möchten, die dabei zum Vorschein kommen würden. Denn zu der eigentümlichen Stellung unserer Unterhaltungsliteratur gehört auch dies, daß sie sich weit mehr von fremden Bestandteilen, namentlich von Übersetzungen aus dem Französischen und Englischen nährt, als von eigenen vaterländischen Erzeugnissen. Wir wollen und dürfen dieser Erscheinung hier nicht näher auf den Grund gehen, weil uns dies in Regionen führen würde, die außerhalb der literaturgeschichtlichen Betrachtung liegen. Aber daß diejenigen nicht im Rechte sind, welche diese Begünstigung der fremden Unterhaltungsliteratur, wie sie bei uns faktisch besteht, allein und lediglich aus der Vorliebe erklären wollen, welche die deutsche Nation für alles Fremdländische besitzt, oder vielleicht auch nur besitzen soll, das scheint uns auch ohne besondere Untersuchung ziemlich einleuchtend zu sein. Grade in denjenigen Kreisen der Gesellschaft, in denen die Unterhaltungsliteratur bei uns die meiste Verbreitung findet und die, wie wir wohl nicht erst zu versichern brauchen, die vorzugsweise gebildeten nicht sind – grade da ist die Vorliebe für das Fremde wohl schwerlich so mächtig wie man glaubt: sondern die einzige Frage, um die es sich da handelt, besteht darin, ob das Buch verständlich, ob es unterhaltend, ob es fesselnd ist. Ist es das, so wird es gelesen, studiert, verschlungen, einerlei ob Übersetzung oder Original. Feinschmecker mögen prüfen und wählen, ob diese Trüffel aus Perigord oder aus Franken, jener Schinken aus Westfalen oder Bayonne ist: der gesunde Magen des Volks ist zu hungrig, sein Geschmack zu wenig verwöhnt, um sich mit solchen Bedenklichkeiten zu plagen, es schluckt vergnügt hinunter, was ihm schmeckt, ohne sich um Paß und Heimatschein zu kümmern.

Aber auch nur was ihm schmeckt. Und das ist denn der zweite und wichtigste Punkt, auf den es hier ankommt und aus dem auch das Übergewicht, welches die französische und englische Unterhaltungsliteratur bei uns allerdings behauptet, sich zur Genüge erklärt, ohne daß wir deshalb nötig hätten, die Nation einer besonderen Fremdtümelei zu beschuldigen. Unser Publikum liest die Dickens und Thackery, die Sue und Dumas nicht deshalb, weil sie Engländer und Franzosen sind, noch läßt es die deutschen Romane ungelesen, weil es deutsche: sondern es liest die einen, weil sie unterhaltend sind, weil es das Leben der Wirklichkeit darin abgespiegelt findet, weil interessante Charaktere, mächtige Leidenschaften, spannende Verwicklungen ihm daraus entgegentreten – und wirft die anderen beiseite, weil sie langweilig sind oder doch wenigstens eine

Sprache reden und von Dingen handeln, die das Publikum im großen entweder nicht versteht oder für die es sich nicht interessiert.

Ganz gewiß ist es ein nationales Unglück, daß wir Deutsche den Hauptbestandteil unserer literarischen Unterhaltung aus der Fremde holen und uns für Geschichten enthusiasmieren, die im französischen und englischen Leben wurzeln und nur von demjenigen vollständig gewürdigt werden können, der auch mit diesem Leben selber vertraut ist. Allein so lange und insoweit unsere deutschen Schriftsteller nicht verstehen, das deutsche Leben ebenso auszubeuten und zu ebenso interessanten Romanen zu verarbeiten wie jene Franzosen und jene Engländer, solange, scheint es uns, darf man wenigstens die Schuld dieses Unglücks nicht dem Publikum beimessen. Patriotismus ist ein schönes Ding: aber aus Patriotismus sich bei einem deutschen Roman langweilen und den kurzweiligen fremden Roman ungelesen lassen, das wäre denn doch eine etwas abstrakte Forderung. Schon Brander im *Faust* räumt ein, daß ein echter deutscher Mann zwar keinen Franzen leiden mag,

> »Doch ihre Weine trinkt er gern –«

und mit diesen Weinen des Geistes, die unsere überrheinischen Nachbarn so frisch, so prickelnd und obenein in so zierlichen Gefäßen zu bieten wissen, sollten wir es anders machen!?

Allein man erhebt noch einen anderen Einwand, der darum nicht minder schwer in die Wagschale fällt und auf den auch die Literaturgeschichte nicht weniger Rücksicht zu nehmen hat, weil er ein äußerlicher, materieller ist. Man weist auf die Verschiedenheit des Preises hin, zu dem unsere deutschen Originalromane und jene Übersetzungen aus dem Englischen und Französischen zum Kauf gestellt werden. Für die vier oder fünf Taler, welche ein dreibändiger deutscher Roman durchschnittlich kostet, kann, wer sonst Lust hat, sich eine ganze Bibliothek übersetzter Romane kaufen; als z. B. um Mitte der vierziger Jahre Sues berühmte *Mysterien* das Lieblingsbuch von Europa waren, erschien davon eine wohlgemachte und gutausgestattete Übersetzung ins Deutsche, in welcher der ganze Roman, volle zwanzig oder einundzwanzig Bände, nur einen einzigen preußischen Taler kostete. Wie ist es möglich, daß der deutsche Roman sich gegen diese Konkurrenz behauptet? Und wie soll es mit der deutschen Unterhaltungsliteratur jemals anders, jemals besser werden, es wäre denn, daß unsere Verleger sich entschließen, die deutschen Originalromane ebenso billig oder womöglich noch billiger zu geben, als jene Übersetzungen?

Das deutsche Publikum (fährt man fort) ist arm, zumal dasjenige, welches Bücher kauft; wo selbst die vornehmste Frau es nicht unter ihrer Würde hält, ein interessantes neues Buch nicht aus dem Buchladen, sondern aus der Leihbibliothek holen zu lassen, oder wo die reichsten Leute ihr Budget haben für Pferde und Theaterplätze und Konzertbillets und Gemälde und Nippessachen und sogar auch für Innere Mission und Verbreitung des Christentums unter den Negern am Senegal, für Bücher aber, deutsche Bücher haben sie keins – da freilich kann von einer Blüte der Literatur nicht gesprochen werden, da muß der Leihbibliothekar König der Literatur sein, da muß das fremde, aber billige das vaterländische, aber teure Produkt notwendig verdrängen.

Ohne Zweifel liegt in diesen Klagen und Anklagen nicht bloß etwas, sondern sogar sehr viel Richtiges. Die Tatsachen selbst sind leider unbestreitbar, nur in der Art und Weise, wie man sie kombiniert, scheint man uns nicht ganz zweckmäßig zu Werke zu gehen; man hält, meinen wir, für Grund, was vielmehr Folge, für Ursache, was vielmehr Wirkung ist. Unsere Verleger sind, was man auch sonst durchschnittlich von ihnen urteilen mag, denn doch zum wenigsten Kaufleute und haben rechnen gelernt, oder die es nicht gelernt haben, die müssen es nachträglich tun und müssen so lange Lehrgeld zahlen, bis sie gelernt einen richtigen Kalkül zu entwerfen.

Nun läßt sich aber sowenig im Buchhandel, wie in einem andern Handels- oder Gewerbszweig, in welchem der Konkurrenz freier Zutritt verstattet ist, irgendein Monopol behaupten, noch ein höherer Preis für eine Ware festhalten als dieselbe wirklich wert ist. Wäre es also möglich, oder wäre es doch bis vor kurzem noch möglich gewesen, deutsche Originalromane zu denselben oder gar zu geringeren Preisen zum Verkauf zu stellen wie die Übersetzungen, so müßte dies in Folge der Konkurrenz, die im Buchhandel ebenso groß ist wie irgendwo, in der Tat schon längst geschehen sein. Es ist aber nicht geschehen und konnte, vereinzelte Ausnahmen abgerechnet, bisher nicht geschehen, weil der Absatz, auf den bei dem deutschen Roman zu rechnen, durchschnittlich zu gering ist. Die spezielle Auseinandersetzung mit Zahlenangaben und ähnlichem technischen Apparat wird man uns hier erlassen; es genüge das Faktum, daß eine gewöhnliche Romanauflage im deutschen Buchhandel in der Regel halb so stark ist wie die Auflage wissenschaftlicher Werke, die doch, sollte man meinen, für ein viel spezielleres und also auch kleineres Publikum bestimmt sind. Aber klein oder groß, das wissenschaftliche Werk hat sein bestimmtes Publikum, von dem es nicht bloß gelesen wird, sondern auch gekauft, während unsere Romanliteratur lediglich auf die Leihbibliotheken und Lesezirkel angewiesen ist. Rechnet man nun dazu, daß unsere Übersetzer zwar sehr billig arbeiten, unsere Dichter dagegen (und mit vollem Recht) umso besser honoriert sein wollen, mit je mehr Ernst und Liebe sie sich ihrem Berufe widmen und je größer ihre literarische Geltung, so wird man sich vielleicht entschließen, das Mißverhältnis, das bei uns bisher zwischen dem Preise eines deutschen und eines übersetzten Romans geherrscht hat, mit etwas anderen Augen zu betrachten.

Nicht doch, erwidert man uns, das Mißverständnis bleibt so schreiend wie zuvor: nur fällt die Schuld nicht mehr auf das Publikum, sondern allein auf den Buchhändler. Warum macht er es nicht, wie seine Kollegen jenseits des Rheins? In Frankreich kauft man jetzt die interessantesten und gediegensten Produkte der belletristischen Literatur zu einem Preise, der bei uns kaum hinreichen würde, den Einband zu bezahlen; die Franzosen haben ganze Sammlungen, ganze Bibliotheken gegründet, in welchen die beliebtesten Werke zu den allermäßigsten Preisen zu Kauf gestellt werden, ein Verfahren, das natürlich diesen Werken selbst eine immer größere Verbreitung verschafft. Warum machen unsere deutschen Verleger es nicht ebenso? Warum haben sie nicht mehr Courage, warum drucken sie nicht von einem deutschen Originalroman so viel Tausende wie jetzt Hunderte und schleudern sie dann ins Publikum zu demselben spottbilligen Preise, wie jetzt mit den Übersetzungen geschieht? Die Nationalökonomie hat es längst als einen Grundsatz alles Handels nachgewiesen, daß der Absatz einer Ware sich in demselben und sogar in steigendem Verhältnisse vermehrt als der Preis sich verringert. Alle Geschäftszweige haben von dieser Erfahrung profitiert, warum läßt nur der deutsche Buchhandel sie unbenutzt? Oder ja, er hat sie ebenfalls benutzt, aber nur erst für die populäre Journalistik, die Naturwissenschaften und wenige andere besonders volkstümliche Zweige der Literatur. Die Erfahrungen, die er dabei gemacht, sollen durchschnittlich die günstigsten sein: warum wendet er sie nicht auf die Belletristik an? Warum liefert er nicht deutsche Originalromane in derselben massenhaften Auflage und zu demselben billigen Preise, wie z. B. jetzt gewisse naturwissenschaftliche Werke verbreitet werden?

Der Absatz einer Ware nimmt in demselben Grade zu wie der

Preis der Ware sich verringert; ganz recht. Aber doch wohl nur, wenn und insoweit die Ware überhaupt ein Bedürfnis ist, oder beim Publikum in Gunst steht? Eine Ware, die ich nicht brauchen kann, oder die mir nicht gefällt, kaufe ich immer zu teuer, auch wenn sie mir halb geschenkt wird: und weil das so ist, und weil ich sie immer zu teuer kaufen würde, kaufe ich sie lieber gar nicht. Das Hundert Austern vier Groschen – ein entzückender Gedanke, nicht wahr?! Aber doch immer nur für den, der Austern überhaupt liebt und dem sie zusagen; wer kein Austernesser ist, wird es wahrhaftig nicht werden und wenn das Hundert vier Heller kostete, statt vier Groschen oder auch vier Taler.

Machen wir davon die Anwendung auf den vorliegenden Fall. Ein Buch, dessen Inhalt mich übrigens nicht interessiert, das meinen Geist nicht zu beschäftigen, meine Aufmerksamkeit nicht zu packen und festzuhalten weiß, wird dadurch nicht interessanter für mich und wird darum nicht mehr gelesen, weil es billig ist; sonst müßten geschenkte Bücher wenigstens auch immer gelesen werden, was doch erfahrungsmäßig keineswegs der Fall ist. Vielmehr, wie bei jeder anderen Ware, wird die Billigkeit des Preises auch beim Buche erst dann von Bedeutung, wenn das Buch selbst durch seinen Inhalt zu einer lebhaftern Verbreitung fähig und geeignet ist. Dann aber wird sie durch einen billigen Preis auch ganz außerordentlich befördert, wie sich dies ja nicht nur in England an gewissen didaktisch moralischen Schriften, in Frankreich an den jetzt so beliebten Unterhaltungsbibliotheken, sondern auch in Deutschland an einigen hervorragenden Unternehmungen (man denke z. B. an das Brockhaussche *Conversationslexikon* mit seinen Hunderttausenden von Exemplaren, an die Cottasche Volksausgabe der *Deutschen Classiker* etc.) bewährt hat und an den schon erwähnten billigen Volkszeitschriften und naturwissenschaftlichen Sammelwerken sich noch in diesem Augenblick bewährt.

Wenn diese Fälle nun bisher in Deutschland nicht zahlreicher waren, so scheint uns dies hauptsächlich daran zu liegen, daß erstlich unsere Schriftsteller in der Kunst, für ein großes Publikum verständlich und anregend zu schreiben, sich bis in die neueste Zeit im allgemeinen noch ziemlich ungewandt zeigten und zweitens, daß viele unserer Verleger glaubten, der billige Preis allein sei schon hinreichend, einer gewissen Unternehmung den allerstärksten Absatz zu verschaffen.

Und doch ist der billige Preis nur die eine Hälfte, die andere und mindestens eben so wichtige besteht, wie gesagt, darin, daß das Buch auch seinem Inhalte nach Bedürfnis und Geschmack des Publikums befriedige. »Billig und gediegen« – dieser große Wahlspruch des modernen Gewerbslebens im allgemeinen, dessen Nichtachtung der deutschen Industrie bereits so vielen Schaden getan und so manche altberühmte Erzeugnisse derselben vom Weltmarkt verdrängt hat, findet auch auf den Buchhandel seine rückhaltloseste Anwendung; auch hier werden nur diejenigen Unternehmungen auf die Dauer glücken und nur für die wird das größere Publikum sich wirklich interessieren, welche beide Forderungen gleichmäßig zu erfüllen suchen.

Nun war von allen Zweigen unserer Literatur die Belletristik bisher am allerwenigsten imstande, dieselben zu erfüllen. Nicht bloß die übliche Höhe der Bücherpreise stand ihr im Wege, sondern neben dieser Höhe des Preises und Hand in Hand mit ihr, als zwei Umstände, welche sich gegenseitig bedingen und von denen jeder gleichzeitig Ursache und Wirkung des andern ist, stand der größern Verbreitung unserer Unterhaltungsliteratur auch das Ungeschick unserer Romanschreiber entgegen, Bücher hervorzubringen, die wirklich imstande waren, in die Menge einzudringen und ein mehr als exklusives Publikum zu unterhalten.

Zwar bei einigen war das nicht bloß Ungeschick, es war auch verkehrte Absicht. Unter den romantischen Traditionen unserer Literatur hat kaum eine zweite sich länger erhalten und ist für die Literatur selbst verderblicher geworden als die Geringschätzung, mit der die Mehrzahl unserer Dichter die Masse des Publikums betrachtete und durch die sie sich verleiten ließen, in einem populären Erfolg nicht allein nichts Wünschenswertes zu sehen (oder sich auch wohl so zu stellen), sondern gradezu etwas Ehrenrühriges, dergleichen ein gebildeter »Schriftsteller« von Herzen gern den »Tagelöhnern des Marktes« überließ. Unsere sogenannten »gebildeten«, unsere »höheren« Schriftsteller waren lauter verkannte edle Seelen oder hielten sich doch dafür, die mit dem großen Haufen nichts zu tun haben mochten und deren literarischer Ruhm, wenigstens in ihren eigenen Augen, umso höher stieg, je kleiner die Gemeinde, von der sie gefeiert wurden. Selbst die Kritik, selbst die Literaturgeschichte stimmte in diese Torheiten mit ein; wie es in der deutschen Philosophie eine Zeit gegeben hat, wo das unverständlichste System als das tiefsinnigste bewundert waıd, so gab es auch in unserer Ästhetik eine Epoche, wo die Dichter umso mehr gepriesen wurden und für umso poetischer galten, je weniger man sie las.

Diese Epoche ist gottlob überwunden. Wir haben es schon an einer früheren Stelle ausgesprochen: und hätte die politische Poesie der vierziger Jahre kein anderes Verdienst, als daß sie dies Vorurteil des exklusiven Geschmacks vernichtet und unsere Dichter aufs neue und nachdrücklich daran erinnert hat, daß alle Poesie ihren wahren Boden im Volke hat und daß kein Dichter zu hoch geboren, kein Talent zu vornehm ist, um sich außerhalb der Zeit und ihrer Strömungen zu stellen, so würde schon dies ein sehr wesentliches Verdienst sein und den gültigsten Anspruch auf historische Anerkennung begründen.

Nirgend aber zeigt diese Umwandlung sich deutlicher, noch hat sie irgendwo nachhaltiger gewirkt als in unserer Unterhaltungsliteratur. Dieselbe hat seit dem Jahre Achtundvierzig wirklich ein ganz neues Ansehen gewonnen. Aus dem Sturm und Drang unserer politischen Lyrik hat sich, in richtiger Konsequenz, der historische, der zeitgenössische Roman entwickelt; zum wirklichen epischen Gedicht noch nicht reif, nicht in sich befestigt genug, hat unsere Zeit in dieser vorzugsweise modernen Gattung des Romans den glücklichsten und angemessensten Ausdruck gefunden. Unsere Romanschreiber setzen nicht mehr, wie in der Blütezeit der Tieckschen Novelle, ihren Stolz darein, nur für eine kleine, romantische Gemeinde zu schreiben; sie benutzen den Rahmen des Romans nicht mehr, allerhand theologische oder ästhetische oder sonstige theoretische Streitfragen zu erörtern. Vielmehr bemühen sie sich, uns in ihren Dichtungen wirklich Fleisch von unserm Fleisch und Blut von unserm Blut zu geben, das heißt, sie suchen den Roman auch bei uns zu dem zu erheben, wozu er seiner Natur nach bestimmt ist und was überhaupt jede echte Poesie sein soll und muß: ein Spiegelbild des Lebens, ein poetisch verklärtes, künstlerisch gereinigtes, aber doch immerhin ein Bild des Lebens! Wie viel für den Augenblick auch noch fehlen mag, daß dieses Ziel überall erreicht sei, und wie viel Verkehrtes und Schwächliches sich auch an den einzelnen Versuchen noch nachweisen lasse, genug, die Bahn ist doch wenigstens eröffnet, unsere Poeten wissen und fühlen doch wenigstens wieder, worauf es ankommt, sie machen nicht mehr aus dem Irrtum ein Verdienst, werfen nicht mehr um die poetische Schwäche den Mantel ästhetischer Vornehmheit – so wird man ja auch dem Ziel allmählich näher und näher kommen.

Wir sprachen vorhin von den buchhändlerischen Beziehungen unserer Unterhaltungsliteratur. Auch in diesem Betracht ist der innerliche Fortschritt, den unsere Unterhaltungsliteratur im Laufe dieser letzten zehn Jahre gemacht hat, nicht ohne Einfluß geblieben. Man hat nicht nur angefangen, einzelne anerkannte und treffliche Romane älterer Zeit in neuen billigen Ausgaben zu verbreiten (wie z. B. die Immermannschen), sondern auch für die Neuigkeiten unserer belletristischen Literatur ist der Preis zum Teil erheblich herabgesetzt und dadurch wenigstens die Möglichkeit einer größeren Verbreitung gegeben worden. Es hat sogar nicht an Versuchen gefehlt, nach Art der Franzosen ganze belletristische Bibliotheken zu gründen, in denen billiger Preis und Gediegenheit des Inhalts sich vereinigen, oder doch vereinigen sollten. Einige dieser Unternehmungen sind nach dem ersten, vielleicht etwas zu weit gesteckten Anlauf wieder zugrunde gegangen, aus Ursachen, die uns hier nicht interessieren, andere dagegen blühen noch fort und wenn auch keine von ihnen den Umfang und den Einfluß auf die Bildung des Publikums und die Produktivität der Schriftsteller erlangt hat, den einige der französischen Unternehmen in der Tat ausüben, so ist es doch immerhin ein Anfang, der eine weitere Entwicklung hoffen läßt und dem daher ebensosehr die Aufmerksamkeit des Literarhistorikers wie des Kulturhistorikers gebührt.

Überhaupt bildet die Unterhaltungsliteratur die eigentliche Glanzseite unserer gegenwärtigen literarischen Produktion und wenn wir vorhin schon jenen abstrakten Kritikern, die für die Literatur der Gegenwart nichts als Wehklagen und Verwünschungen haben, den Namen Ernst Kossaks und den hauptsächlich von ihm repräsentierten Aufschwung des Feuilletons entgegenhielten, so bietet unsere Unterhaltungsliteratur noch eine ganze Menge von Namen dar, auf die wir mit gerechtem Stolz verweisen dürfen. Freilich ist es leicht, mit dem ästhetischen Kompendium in der Hand, auch dem Roman der Gegenwart noch allerhand Gebrechen und Mängel nachzuweisen. Allein diese leichte Manier ist nicht diejenige des Geschichtsschreibers, der bei seinen Urteilen, den lobenden sowohl wie den tadelnden, immer die historisch gegebenen Bedingungen im Auge behält und die Gegenwart nicht bloß von der Warte der Zukunft, sondern ganz besonders auch vom Standpunkt der Vergangenheit aus betrachtet. Vergleichen wir doch nur die Vergangenheit unserer Unterhaltungsliteratur mit demjenigen, was jetzt auf diesem Gebiet teils angestrebt, teils geleistet wird, und niemandem, glauben wir, der sein Auge nicht absichtlich verschließt, wird der ungemeine Fortschritt verborgen bleiben können, den wir auf diesem Felde gemacht haben. Es ist ganz gut, immer nur auf unsere klassischen Dichter zu verweisen, nur sollte man nicht vergessen, was für ein Schund neben diesen klassischen Dichtern nicht bloß geschrieben, sondern auch gelesen, und nicht bloß gelesen, nein, auch verschlungen worden ist und daß unsere Klassiker selbst bei ihren Zeitgenossen nicht halb die Anerkennung und Verbreitung fanden, die jenen erbärmlichen Produkten zuteil ward. Freilich wird unter uns kein Roman mehr geschrieben, wie etwa der *Werther* oder *Wilhelm Meister* oder gar die *Wahlverwandtschaften*, dieser, was die gleichmäßige künstlerische Vollendung anbetrifft, erste und vorzüglichste aller deutschen Romane, wir haben sogar keinen Jean Paul mehr, der, mit allen seinen Auswüchsen und so nahe er zuweilen die Grenze zwischen Dichter und Modedichter streift, sich zu unseren heutigen Romanschreibern allerdings noch immer verhält wie der Riese zu den Zwergen.

Aber dafür haben wir auch keine Spieß und Cramer, keine Schlenkert und Vulpius mehr. Unsere Unterhaltungsliteratur hat sich ihrem Begriff, die eigentliche Durchschnittsliteratur der Zeit zu sein, mehr und mehr angenähert, jener nivellierende Charakter, den man unserer Epoche übrigens so vielfach nachsagt, hat sich auch an ihr bewährt, wir haben nicht mehr die Höhen, aber auch nicht die Abgründe, unsere guten Schriftsteller sind nicht mehr so gut, aber auch unsere schlechten nicht mehr so schlecht wie früher. Wenn es nichts weiter wäre, als daß neben Goethe und Schiller auch jene Spieß und Cramer geschrieben, so hätte das allerdings nicht viel auf sich. Das Übel lag vielmehr darin, daß diese Pygmäen der Literatur auf Kosten jener Heroen lebten; während Goethes *Wilhelm Meister* mehr denn zehn Jahre brauchte, um es zu einer zweiten Auflage zu bringen, während (um in ein anderes Gebiet überzuschweifen) *Tasso* und *Iphigenie* von den Zeitgenossen kaum beachtet wurden, war Vulpius der gefeierte Held des Publikums, zählte Cramer seine Auflagen nach halben Dutzenden und wurde, frisch wie er aus der Presse kam, sofort in fremde Sprachen übersetzt. Wir wollen dabei auch noch dies einräumen, daß der Beifall, den jene Schriftsteller bei der Masse des Publikums fanden, keineswegs ganz unverdient war und daß in *Rinaldo Rinaldini* und *Hermann a Spada* ebensoviel, ja vielleicht noch mehr naturwüchsiges Talent und rohe, derbe Kraft war als in verschiedenen unserer heutigen

Belletristen. Aber schon darin, daß die Roheit, die saloppe, zum Teil schmutzige Form, in welcher die damalige Unterhaltungsliteratur auftrat und in der sie sich den Beifall des Publikums eroberte, heutzutage gradezu unmöglich ist, schon darin scheint uns ein nicht unerheblicher Fortschritt zu liegen. Wir erkennen das Gewicht an, das es für die sittliche Haltung des Menschen hat, ob er schmutzig oder gewaschen, in einem heilen oder zerrissenen Rock einhergeht, und dies zerrissene, unsaubere, schlotternde Gewand, in welchem die Unterhaltungsschriftsteller der klassischen Epoche sich dem Publikum präsentierten, sollte ohne Bedeutung sein? und es sollte kein Fortschritt darin liegen, daß unsere heutigen Romane, wenn sie auch vielleicht an wirklichem Kunstwerk und Fülle des poetischen Vermögens nicht viel höher stehen als jene, sich doch wenigstens einer anständigen Form, einer gebildeten und fehlerfreien Sprache, kurzum einer Haltung bedienen, wie man sie eben annimmt, wo man in guter Gesellschaft erscheint? Große Geister lassen sich nicht schaffen, in der Politik so wenig wie in der Literatur, die Natur gibt sie entweder freiwillig her, oder sie bleiben ganz aus. Aber daß die Mittelmäßigkeit wenigstens anständig auftritt, daß die kleinen und beschränkten Geister wenigstens in der Form eine Ahnung des Höheren betätigen, dies ist allerdings ein Fortschritt, der sich bei zunehmender Bildung, durch Fleiß und strenge Selbstbeobachtung machen läßt.

Und unsere Unterhaltungsliteratur hat ihn gemacht. Sogar das Gros derselben ist heutzutage ungleich gebildeter und hat einen viel größeren Respekt vor den Forderungen der Kunst, als es vor zwei oder drei Menschenaltern selbst bei den Koryphäen unserer Unterhaltungsliteratur der Fall war. Zugegeben, daß dieser Respekt häufig nur ein instinktmäßiger ist, so ist doch schon das wieder ein unbestreitbarer Fortschritt, wenn der Respekt vor dem Edlen und Schönen ein Instinkt der Masse wird. Wir glauben nicht, durch unsere ganze bisherige Darstellung den Verdacht auf uns geladen zu haben, als wollten wir die Lobredner unserer gegenwärtigen Literatur machen und sie mit Lorbeeren krönen, die sie nicht verdient; aber das behaupten wir allerdings, Romane, wie sie zur Zeit unserer Großväter in aller Händen waren und gleichsam den eisernen Bestand der Literatur bildeten, sind heutzutage unmöglich. Nicht als ob wir nicht auch heutigentags noch unsere Spieß und Cramer besäßen: aber es sind wenigstens Spieß und Cramer einer erhöhten Potenz, sie haben sich wenigstens reine Wäsche angezogen, sie sprechen, wenn nicht schönes, doch richtiges Deutsch, sie haben sich das Schwören und Fluchen abgewöhnt, sie taumeln nicht mehr trunken auf offener Straße und suchen das Publikum nicht mehr durch Ausmalung frivoler und üppiger Szenen anzulocken. Man redet in gewissen Kreisen so viel von der Unsittlichkeit unserer heutigen Unterhaltungsliteratur, man beklagt sich, daß sie das Herz der Jugend verpeste und ihren Kopf mit unklaren Vorstellungen erfülle. Nun denn, wir möchten diese modernen Jeremiasse doch nur fragen, ob sie wohl jemals einige Dutzend älterer deutscher Romane, Romane aus der vielgerühmten Zeit des strengen patriarchalischen Regiments und der ehrbaren Familiensitte durchblättert haben; wir möchten sie, um von den eigentlichen Schmutz- und Schandgeschichten ganz abzusehen, beispielsweise nur fragen, ob ihnen der Name Karl Friedrich Laukhardts bekannt ist, eines in den achtziger und neunziger Jahren des vorigen Jahrhunderts und selbst bis in den Anfang des jetzigen hinein sehr verbreiteten und beliebten Schriftstellers, insbesondere bei der akademischen Jugend, die sich ganz vornehmlich zu ihm hingezogen fühlte, weil er nämlich selbst ein verdorbener Student war und den ganzen Vorrat seiner romantischen Effekte den Erinnerungen seiner eigenen wüsten Studentenzeit entnahm. Wo wird dergleichen heutzutage noch geschrieben? wo könnte es geschrieben werden? Der Sumpf ästhetischer und sittlicher Versunkenheit, aus dem diese und zahlreiche ähnliche Erscheinungen jener Zeit hervorgingen, ist von der Sonne der Bildung längst aufgetrocknet worden, und wenn es möglich wäre, daß ein Schriftsteller der Art noch unter uns erschiene, wer will behaupten, daß er Leser fände?!

DIE LITERATUR UND DIE FRAUEN

Es ist unmöglich, einen Rundgang durch die poetische Literatur der Gegenwart zu machen, ohne der schriftstellernden Frauen zu gedenken. Die Frauen sind eine Macht in unserer Literatur geworden; gleich den Juden begegnet man ihnen auf Schritt und Tritt. Man kann sich darüber freuen oder beklagen, genug, das Faktum bleibt und muß als eine Eigentümlichkeit unserer Literatur verzeichnet werden.

Zwar von so jungem Datum, wie gewöhnlich angenommen wird, ist die Teilnahme der Frauen an der Literatur keineswegs; dieselbe reicht vielmehr weit in die Jahrhunderte hinauf und hat nur in unseren Tagen, entsprechend der größeren Gleichmäßigkeit und der zunehmenden Ausbreitung unserer heutigen Bildung, einen so außerordentlichen Umfang gewonnen, daß es kaum noch einen einzigen Zweig literarischer Tätigkeit gibt, selbst das Kritisieren und Rezensieren nicht ausgenommen, der nicht von weiblichen Händen gepflegt würde; ja auf manchen Gebieten, wie z. B. im Roman, haben sie sogar entschieden die Oberhand.

Die klassische Zeit, die Zeit der Griechen und Römer, kannte eine derartige Teilnahme der Frauen an Literatur und Wissenschaft allerdings nicht. Zwar werden uns, insbesondere bei den Griechen, einzelne Namen von Dichterinnen und Rednerinnen überliefert: doch sind das eben nur Ausnahmen, die für die Stellung der Menge nichts entscheiden. Diese allgemeine Stellung der Frauen ging aber bei den Griechen bekanntlich dahin, daß sie nicht viel besser als eine Art von Haustieren behandelt wurden. In der alten, der Homerischen Zeit, war das anders gewesen: allein mit der größeren Verfeinerung und Verweichlichung der Sitten, insbesondere mit dem immer größern Zudrange asiatischer Elemente, war auch die Stellung der Frauen immer beschränkter und untergeordneter geworden. Nur wo eine Frau gänzlich aus den Schranken der Weiblichkeit heraustrat, wo sie Haus und Familie hinter sich ließ und sich als Hetäre dem öffentlichen Kultus der Schönheit und des Genusses weihte, da war es ihr auch gestattet, an Kunst und Wissenschaft teilzunehmen: nicht um ihrer eigenen Ausbildung willen, sondern lediglich weil der Genuß, den der Mann im Umgang mit dieser Art von Frauen fand, noch erhöht ward, wenn zu dem Reiz der Jugend und der Schönheit noch die Blüte der Bildung hinzutrat. Jedermann kennt die berühmte Aspasia, angeblich die Lehrerin des Perikles in der Beredsamkeit, und auch sonst waren Athen und Korinth reich an hochgebildeten, mit allen Vorzügen einer gewählten ästhetischen und wissenschaftlichen Erziehung ausgestatteten Hetären. Allein wie gesagt, es waren und blieben immer nur Hetären; die sittsamen Frauen, die Vorsteherinnen des Hauses, die Mütter der Kinder waren zu ewiger Bildungslosigkeit verdammt und konnten und durften daher auch an der Literatur keinen selbsttätigen Anteil nehmen.

Bei den Römern, wo allerdings in der spätern Zeit der Republik, noch mehr aber während der Kaiserherrschaft, die Frauen ein Ansehen und einen Einfluß erlangten, wie vielleicht nie wieder in der Weltgeschichte, Frankreich natürlich ausgenommen, standen Kunst und Wissenschaft überhaupt in zu geringem Ansehen, als daß die Frauen besondere Veranlassung gefunden hätten, um die Palme der Kunst zu werben.

Eine Änderung in dieser Hinsicht trat erst ein mit Einführung des Christentums. Dieses, als die frohe Botschaft, den Armen und Schwachen verkündet, wandte sich vorzugsweise an die Weiber und die Sklaven, und die Geschichte der ältesten Kirche erzählt uns von zahlreichen frommen und gelehrten Frauen, welche die heiligen Schriften auslegten, öffentliche Vorlesungen hielten und an den theologischen Streitfragen der Zeit den lebhaftesten Anteil nahmen.

In dieser Art setzte die wissenschaftliche Tätigkeit der Frauen sich auch durch das ganze Mittelalter hindurch fort. Die Frauen werden nicht leicht eine neue Richtung in Kunst oder Wissenschaft einschlagen, sie werden keine neuen Prinzipien aufstellen, keine neuen Erfindungen machen, wohl aber sind sie durch die Rezeptivität ihrer Natur vorzüglich befähigt, eine einmal vorhandene Bildung weiter auszubreiten und zur Herrschaft zu bringen. Ja es läßt sich behaupten, daß kein philosophisches System und keine politische Meinung und keine religiöse oder ästhetische Richtung je die Welt wirklich beherrscht hat, als bis die Frauen auf ihrer Seite standen. Auch ist es ja ein alter Spruch: für wen sich die Frauen erklären, für den erklärt sich das Publikum.

In dieser Weise, also rezeptiv, wiederholend, ausbreitend, haben die Frauen nun das ganze Mittelalter hindurch bis in die Gegenwart hinein den jedesmaligen Gang der Bildung begleitet und auch in Deutschland haben wir, von der Nonne Hroswita im zehnten Jahrhundert angefangen, bis zu der gelehrten Dorothea Schloezer, der in Göttingen in feierlicher Promotion unter Pauken und Trompeten der Doktorhut aufgesetzt ward, eine Menge literarisch tätiger und gelehrter Frauen gehabt. Immer, was grade der wissenschaftliche Inhalt der Zeit war, fiel später oder früher auch den Frauen zu dilettantischer Übung anheim; zur Zeit der Mönchspoesie schrieben sie lateinische Gedichte und Komödien und zur Zeit der Polyhistorie schrieben sie gelehrte Abhandlungen und Kommentare.

Wenn nun gegenwärtig die Frauen sich vorzugsweise der Belletristik zuwenden, so wäre dies, bei dem Übergewicht, welches das belletristische Interesse bis vor kurzem bei uns behauptete, an und für sich vollkommen in der Ordnung. Der sehr wesentliche Unterschied zwischen jetzt und früher besteht nur darin, daß die Frauen sich auch in der Literatur nicht mehr begnügen, bloß in den Bahnen fortzuwandeln, welche die Männer ihnen vorgezeichnet haben, sondern daß sie ebenfalls selbständig aufzutreten und ihre eigenen Interessen in ihrer eigenen Weise auszusprechen und zu verteidigen suchen. – Es bestätigt sich dabei dasselbe Gesetz der Befreiung und Erlösung, das überhaupt die Entwicklungen der Gegenwart leitet; es ist eine Zeit, wo alle Ketten brechen und alle Unterdrückten frei aufatmen sollen und auch an die Frauen, die unserer gerühmten Bildung zum Trotz, dank der Roheit der Männer, sich größtenteils noch in sehr gedrückter und unwürdiger Stellung befinden, ist der Ruf der Befreiung ergangen. – Wir nannten vorhin die Juden und brachten sie in einen gewissen Zusammenhang mit den schriftstellernden Frauen. Dieser Zusammenhang existiert in der Tat. Beide, die Juden wie die Frauen, sind bei uns noch nicht zu ihren vollen Menschenrechten gelangt, beide fühlen sich noch als die Unterdrückten, Gekränkten, Mißhandelten; darum werfen beide sich auch mit solchem Eifer in die Literatur, teils um auf dem Wege der literarischen Öffentlichkeit für ihre verkannten Rechte zu kämpfen, teils und besonders, um in der idealen Beschäftigung mit Kunst und Wissenschaft einen Trost und eine Entschädigung zu finden für die Leiden und Ungerechtigkeiten des Lebens. Es ist traurig zu sagen, muß aber doch gesagt werden, weil es die Wahrheit ist: wir haben unter unsern heutigen Frauen so viele Schriftstellerinnen, weil wir so viele unglückliche Frauen haben, in der Literatur suchen sie die Befriedigung, welche die Häuslichkeit, dieser nächste und natürlichste Boden des Weibes, ihnen nicht gewährt, sie flüchten in die Poesie, weil das Leben sie zurückstößt.

Auf diese Weise erklärt es sich auch, weshalb, wie wir vorhin andeuteten, ganze gewiß Zweige unserer modernen Literatur fast ausschließlich von Frauen gepflegt werden. Man kann nur dichten, was man erlebt hat, und so sind auch für gewisse Schattenseiten unserer sozialen Verhältnisse, für gewisse dunkle Flecken in den Herzen und der Bildung unserer Männer, endlich für gewisse Tragödien des häuslichen Lebens die Frauen die wahrhaft berufenen Darsteller: weil nämlich sie unter allen diesen Dingen am meisten zu leiden haben, und weil sie dieselben eben deshalb auch am gründlichsten kennenlernen und am fleißigsten, wenn auch nicht immer am richtigsten darüber nachdenken.

Doch wozu noch der vielen Worte? da ja der glänzendste poetische Lorbeer Europas in diesem Augenblicke auf einem weiblichen Haupte ruht: George Sand, nicht bloß die größte Dichterin, sondern auch der größte Dichter unserer Tage. Auf ein solches Beispiel sich zu berufen, muß unsern Frauen schon verstattet sein, wie denn überhaupt die Kritik bei Beurteilung der Produkte weiblicher Federn niemals vergessen sollte, woher diese Produkte ihren Ursprung nehmen, und daß in den meisten Fällen Schmerz, Kummer, Verzweiflung die Muse unserer Frauen ist. Eine glückliche Frau schreibt nicht so leicht; wohl der unglücklichen, die wenigstens schreiben kann.

BEGRIFF, WESEN UND GESCHICHTLICHE ENTWICKLUNG DER LITERATURGESCHICHTE ALS WISSENSCHAFT

Die Frage nach Begriff und Wesen der Literaturgeschichte schließt, wie schon der Name der Wissenschaft selbst andeutet, zwei andere Fragen in sich: was ist Geschichte? was ist Literatur?

Die Antwort darauf läßt sich sehr einfach geben: Geschichte ist, wie es wiederum schon im Worte liegt, alles, was geschieht, die ganze Masse der Ereignisse, die sich in einer bestimmten Zeit und auf einem bestimmten Schauplatze zutragen, sowie deren Erzählung. Unter Literatur aber verstehen wir die ganze Masse der schriftlichen Denkmäler, den gesamten Schriftvorrat, in dem eine gewisse Nation und ein gewisses Zeitalter ihre Empfindungs- und Anschauungsweise niedergelegt hat, mit Einschluß derjenigen frühesten Erzeugnisse, die bei einem Volk etwa vor Einführung der Schriftsprache entstanden sind und die sich also längere Zeit hindurch nur auf dem Wege mündlicher Überlieferung fortgepflanzt haben. Literaturgeschichte demnach ist die Erzählung der Ereignisse, die sich mit einem derartigen bestimmten Schriftvorrat zugetragen; wie die politische Geschichte die Schicksale der Staaten, das Herkommen der verschiedenen Nationen, ihre Blüte und ihren Fall, ihre Kriege und wechselseitigen Beziehungen, so schildert die Literaturgeschichte die Schicksale der Bücher und ihrer Verfasser, ihren Ursprung, ihre Erfolge und ihre gegenseitigen Beziehungen.

Das ist eine sehr einfache Erklärung, nicht wahr? aber auch eine sehr ungenügende? – Und dennoch, so ungenügend sie in der Tat auch ist, so ist sie doch lange Zeit, ganze Jahrhunderte, ganze Jahrtausende hindurch die einzige gewesen, die man gekannt, ja von der man nur eine Ahnung gehabt hat; Jahrhunderte hindurch ist die Geschichte stets nur als Chronik, die Literatur nur als mechanische Büchermasse, als toter Stoff der Gelehrsamkeit, endlich die Literaturgeschichte nur als äußerliche Bücherkenntnis, als Bibliographie verstanden und geübt worden.

Der chronistisch-bibliographische Standpunkt

Und das für die betreffenden Zeiten mit vollstem Recht. Solange der Mensch in seiner Wesenheit sich selbst verschlossen war, solange er nur äußerlich existierte, nicht zugleich auch innerlich, ein Gegenstand des eigenen Bewußtseins, lebte: solange mußte ihm auch in der Wissenschaft, mithin auch in der Betrachtung der Geschichte wie der Literatur, dieser äußerliche Standpunkt vollkommen genügen. Ja er hätte sogar keinen andern brauchen, keinen andern begreifen können, und wenn ihm derselbe von vorgeschrittenern, bevorzugten Geistern wäre erschlossen worden. Ein Geschlecht, das die treibende Macht der Weltgeschichte, Gott, Vorsehung, Schicksal oder wie wir sie sonst nennen wollen, außerhalb der Geschichte selbst verlegte; ein Geschlecht, dem alles, was ihm begegnete und was es selbst vollbrachte, nur äußerliches Schicksal, nur vorbestimmte Fügung des Verhängnisses war; das ferner willenlos, äußerlich regiert ward, dem keine Teilnahme am Staat, keine Selbstbestimmung seines politischen Daseins zustand; das endlich auch in der Kunst nur die äußerliche Nachahmung der Natur erblickte, das dem Geheimnis der Schönheit mit Lineal und Richtschnur, nach Regeln und Systemen auf die Spur zu kommen glaubte, das in der freiesten, unberechenbarsten aller Künste, der Poesie selbst, nur eine Fertigkeit erblickte, die sich äußerlich erlernen und mitteilen ließ – ein solches Geschlecht konnte natürlich auch nur eine äußerliche Geschichtsschreibung sowie eine äußerliche Literatur, mithin auch nur eine äußerliche Literaturgeschichte haben, bei dem mußte die Chronik die Geschichte, massenhafte Gelehrsamkeit die Literatur, Bücherkenntnis die Literaturgeschichte ersetzen.

Und so ist es in der Tat gewesen, nicht bloß bei uns, sondern überall in Europa, bis in die zweite Hälfte des achtzehnten Jahrhunderts: wo dann, in einer Verwandtschaft, deren Stammbaum wir sogleich näher betrachten werden und die in der Tat eine Blutsverwandtschaft ist, wie es nur irgend eine gibt, mit der Blüte der Schönheit zugleich auch die Saat der Freiheit sich zu entwickeln beginnt – wo, mit andern Worten, die deutsche klassische Poesie und die französische Revolution zusammenfallen.

Angesichts dieser beiden Ereignisse, um die Mitte des gedachten Jahrhunderts, tritt nun eine Übergangsepoche ein, gleichsam ein gemäßigter Absolutismus. Die Masse der Begebenheiten wie der Bücher ist zu groß geworden, es fällt zu unbequem und bald sogar unmöglich, sich hindurchzuschlagen. Man sucht daher nach leitenden Gesichtspunkten, nach einem Faden, einer Richtschnur, die uns sicher und unbeschädigt durch die von allen Seiten zusammendrängenden Massen hindurchführen soll. Der Historiker trennt sich vom Chronisten, der Literarhistoriker vom Bibliographen; nicht mehr alle Ereignisse sollen geschildert, nicht mehr alle Bücher verzeichnet und beschrieben werden, sondern nur einige, nur eine Auswahl des Wichtigsten.

Aber hier entsteht sogleich eine neue Schwierigkeit. Denn was ist nun das Wichtigste? und woher entnimmt man den Maßstab, das Wichtige von dem minder Wichtigen, das minder Wichtige von dem Unwichtigen und Wertlosen zu unterscheiden?

Man braucht noch lange kein Alexander zu sein und zerhaut gleichwohl die Knoten, die man zu lösen außerstande ist. Auch das achtzehnte Jahrhundert besaß den absoluten Maßstab, dessen es zur Lösung der Frage bedurft hätte, nicht. Aber dafür war es, in einer Ausdehnung wie noch keine andere Epoche vor ihm, das Jahrhundert der Subjektivität. Auch die Entscheidung über das, was in der Welt der Ereignisse wie der Bücher wichtig sein sollte oder unwichtig, bedeutend oder unbedeutend, legte es in das subjektive Belieben des Einzelnen; die geschichtliche Epoche, die mir eben am meisten zusagte, für die ich die meisten Sympathien hegte, hatte ich auch das Recht als die wichtigste zu proklamieren; der Schriftsteller, der mir am besten gefiel, das Buch, das mich am meisten fesselte, war auch das beste.

Allerdings gestand man sich das nicht völlig in dieser Nacktheit zu;

Völker sowohl wie Individuen sind nie in Verlegenheit ihre Schwächen zu beschönigen und auch noch ihre Irrtümer mit einem klangvollen Namen zu schmücken. So erklärte man auch dazumal dasjenige für geschichtlich bedeutend und verpflichtete den Historiker, seine Aufmerksamkeit demjenigen zuzuwenden, was dazu diente und was nötig war, sich gegenseitig zu erläutern; das Maß der gegenseitigen Einwirkungen auf einander, das Maß der Verwandtschaft und des Einflusses auf Andere sollte auch das Maß der Wichtigkeit bestimmen und gleichsam die Rangordnung festsetzen, nach der Ereignisse wie Bücher sich zu plazieren hatten.

Allein wenn man damit nur wirklich weiter gekommen wäre! wenn nur nicht auch dies Maß der gegenseitigen Einwirkungen, diese Weitläufigkeit oder Nähe der Verwandtschaft bei weitem in den meisten Fällen ganz in dem subjektiven Dafürhalten der Einzelnen und jedenfalls in der subjektiven Einsicht derselben gelegen hätte! Ein scharfes Auge sieht bekanntlich da noch Zusammenhänge und Verbindungslinien, wo der Kurzsichtige nur das leere Nichts erblickt; ja eine lebhafte Phantasie schafft sich noch Zusammenhänge, wo die nüchterne Beobachtung nichts dergleichen zu erblicken vermag: während andererseits wieder Abneigung und geflissentliche Geringschätzung Dinge leugnet, die für den Unbefangenen so hell sind wie der Tag.

Auch diese pragmatische Geschichtsschreibung, wie man sie nannte, die Geschichtsschreibung, welche den historischen Stoff nach Gesichtspunkten der Zweckmäßigkeit und des gegenseitigen Zusammenhangs ordnet, war in ihrem eigentlichen Kerne eine völlig subjektive, völlig willkürliche, also unhistorische Geschichtsschreibung. Ihr zur Seite geht in der Literatur die ästhetische Auffassung derselben, welche die einzelnen Dichter nebst ihren Erzeugnissen dem Maßstab des jeweiligen Geschmacks, des persönlichen Gefallens oder Nichtgefallens unterwirft. Beide zusammen geben für das spezielle Gebiet der Literaturgeschichte die ästhetisch pragmatisierende Methode, die den literarhistorischen Stoff allerdings schon nach allgemeinern Gesichtspunkten zu ordnen sucht, in diesen Gesichtspunkten selbst aber abhängig ist teils von der zufälligen persönlichen Einsicht, teils von dem zufälligen und beschränkten persönlichen Geschmack.

Auch dieses Verhältnis entspricht genau den politisch-sozialen Zuständen der damaligen Welt. Wie der brutale Absolutismus der früheren Jahrhunderte den Chronistenstandpunkt in der Geschichtsschreibung, die äußerlich mechanische Auffassung der Literatur, endlich die bloß bibliographische Behandlung der Literaturgeschichte neben sich hat: so entspricht dieser mittlere, dieser pragmatisierend ästhetische Standpunkt, den wir soeben geschildert haben, dem aufgeklärten Absolutismus, der wohlmeinenden, humanisierenden Tyrannei, die um die Mitte des vorigen Jahrhunderts auf den Thronen Europas saß. Es ist das Zeitalter eines Friedrichs des Großen, eines Pombal, eines Struensee, eines Leopold von Toskana, einer Katharina von Rußland – Tyrannen ohne Zweifel: aber Tyrannen mit Auswahl, Tyrannen, die theoretisch über ihre eigene Tyrannei erhaben sind, die sich selbst freuen, wo sie von ihrer Tyrannei keinen Gebrauch zu machen nötig haben, die sogar die Tyrannei selbst als Mittel der Aufklärung, als Schule zur Freiheit anwenden. Wo und wann dies geschehen soll? und wer die Grenzen festsetzt, wo die Humanität aufhört und die Tyrannei wieder beginnt und umgekehrt? Nun versteht sich, niemand anders als das subjektive Belieben der Fürsten selbst! In der ersten Epoche ist nur Einer der Herrschende und alle Übrigen sind Sklaven; das Auge des Chronisten schwebt über den Ereignissen wie der Geist Gottes über den Wassern und siehe da, es ist alles gleich leer, gleich nichtig, gleich unbedeutend für ihn, bloße tote Namen, die er mit Gleichgültigkeit, einen wie den andern, in seine Verzeichnisse einträgt. Jetzt ist die Welt allerdings schon etwas vorgeschritten, der Monarch erkennt schon gewisse Rechte seiner Untergebenen an, er erhebt schon Einzelne, wenn auch nur vorübergehend, aus dem Stande der Sklaven in den Stand der Freien, er hat schon seine schwachen Augenblicke, wo er in Zweifel gerät über die unbedingte Zulänglichkeit seiner fürstlichen Autorität und ob in diesem Staat, in dem er so lange nur eine ihm zugehörige persönliche Domäne, und diesem Volk, in dem er bis dahin nur die Leibeigenen seines fürstlichen Hauses gesehen, sich nicht in der Tat der Funke eines eigenen selbständigen Lebens, der Anfang einer neuen, großartigen Weltentwicklung regt. Ganz ebenso fängt nun auch der Geschichtsschreiber an, von der souveränen Gleichgültigkeit des bloßen Chronikenschreibers herabzusteigen; auch ihm kommen bereits die Zweifel, ob die Geschichte in der Tat nicht noch etwas mehr als eine bloße Anhäufung von Tatsachen, ob sie nicht die lebendige, Leben zeugende Verwirklichung eines tiefliegenden geistigen Inhalts ist; auch er fängt bereits an, einzelne Ereignisse, einzelne Personen, einzelne Bücher herauszugreifen, die er bereit ist in ihrer Bedeutung als Repräsentanten jenes geistigen Inhalts anzuerkennen. Aber der Eine wie der Andere folgt dabei keinem feststehenden, keinem bewußten Prinzip, sondern lediglich dem persönlichen Belieben; »car tel est notre plaisir« ist die Devise, nach welcher nicht bloß die Fürsten ihre Gunst, sondern auch die Geschichtsschreiber ihre historischen Ehren, die Literarhistoriker ihre Kränze austeilen.

Der Fortschritt, den man gemacht hatte, war in der Tat also nur ein scheinbarer. Auch zeigte sich das sofort überall, wo die subjektive Halbheit und Unentschiedenheit mit der Wirklichkeit in Konflikt geriet. Die Willkür der Fürsten, die im Boudoir so hübsch zu raisonnieren wußte über die Rechte der Menschheit und den Beruf der Völker zu Unabhängigkeit und Selbstbestimmung und so allerliebste Briefe wechselte mit Voltaire, Rousseau und Diderot, war überall, wo es sich um positive Fragen, um Fragen des Besitzes, der Macht und der Herrschaft handelte, sehr rasch dabei, die humanistische Schminke aus dem Gesicht zu wischen; die Geschichtsschreibung sank herab zu einem Gewebe subjektiver Einfälle und Kombinationen, deren Zweck bald dahin ging, die Gewaltstreiche der Mächtigen zu beschönigen und ihrem Ehrgeiz zu schmeicheln, bald wieder dahin, sie anzugreifen und zu verspotten, in beiden Fällen aber stets nur den persönlichen Zwecken der verschiedenen Verfasser, nicht den eigenen, notwendigen Zwecken der Geschichte selber diente; die Literatur verfiel in Anarchie, die Literaturgeschichte wurde zum leeren ästhetischen Geschwätz.

Und das alles, weil der Maßstab schwankend war.

Der philosophisch-geschichtliche Standpunkt

Es kam also darauf an, einen festen Maßstab zu finden, einen Maßstab, der, allgültig und allverbindlich, auch von allen anerkannt würde und angewendet.

Dieser Maßstab ward gefunden und dem subjektiven Drängen des achtzehnten Jahrhunderts damit Ziel und Versöhnung geboten durch die beiden größten Taten des gedachten Jahrhunderts, Taten, die überhaupt zu den größten, entscheidensten der Weltgeschichte gehören und eine Epoche derselben begründen, so gut wie die Reformation und das Christentum. Das ist die französische Revolution und die Begründung der modernen deutschen Philosophie durch Kant.

Es ist wahrlich kein Zufall (nämlich wenn in der Geschichte überhaupt von Zufall die Rede sein könnte), daß beide Ereignisse gleichzeitig sind; nicht bloß der Zeit nach, sondern auch innerlich gehören sie zueinander. In der blutigen Arbeit an der Seine sowie in der stillen am Pregel ist ein Trieb, ein Gedanke; die gigantischen Gestalten der französischen Revolutionsmänner und die kleine, hagere, gebückte Figur des Königsberger Gelehrten sind von demselben historischen Atem belebt. Beide gehören gleichmäßig nicht nur sich selbst und ihrer nächsten Umgebung, sondern der Welt selber an; jene ist nicht bloß die französische Revolution, sondern die Revolution der Welt gewesen, dieses nicht bloß ein philosophisches System, sondern eine geistige Revolution überhaupt. In beiden ist derselbe Wendepunkt: mit der französischen Revolution tritt eine Reihe von politischen Umwälzungen ein, die unaufhaltsam, trotz alles Widerstrebens, den gesamten Erdkreis überziehen, während sich mit Kant die Reihe unserer philosophischen Arbeiten sowie überhaupt das gesamte Geistesleben unserer modernen Welt eröffnet. Beide arbeiten auf dasselbe Ziel: die Vernichtung der falschen Autorität, die Befreiung des Menschen von Vorurteil und Aberglauben: – bis denn endlich beide, Revolution und Philosophie, in diesen unseren Tagen wieder zusammen laufen und die alte bornierte Anklage, die Philosophen seien Schuld an der Unruhe, welche in der Welt herrscht, einen neuen und ehrenhaften Grund gewinnt.

Durch die französische Revolution wird die Souveränität, die bisher äußerlich im Fürsten fixiert war, in die Nation verlegt: und ebenso durch Kant das Sittengesetz, das bisher ebenfalls bloß äußerlich, ein totes, von außen herangebrachtes Dogma war, in den Menschen selbst verlegt. Die französischen Menschenrechte und der Kantsche kategorische Imperativ gehen, als klassische Ausdrücke einer und derselben geistigen Bewegung, Hand in Hand; durch jene wird die Freiheit, als das sich selbst Erfassen, sich selbst Bestimmen des Geistes, durch die moderne deutsche Philosophie das Denken, als welche ebenfalls das eigentliche Selbsterfassen, die eigentliche Konsequenz des Geistes ist, auf den Tron gesetzt.

Beide also, über alle äußerliche Autorität hinaus, proklamieren den Geist als das einzige Wahre und Herrschende, als das ewige und wahrhaft Absolute. Und zwar nicht den abstrakten Geist: sondern den Geist, wie er sich im Menschen, durch den Menschen und für den Menschen offenbart – den Geist, welcher, wie im Mysterium des Christentums, Gott ist und Mensch zugleich!

Rekapitulation

Rekapitulieren wir denn noch einmal den Entwicklungsgang, welchen die Auffassung der Geschichte, der Literatur und damit auch der Literaturgeschichte bis dahin genommen und der, wie wir bereits angedeutet haben, genau dem jedesmaligen praktisch politischen Standpunkt entspricht.

Auf dem frühesten Standpunkt stehen sich Absolutismus und Knechtschaft gegenüber; die Auffassung der Geschichte wie des Lebens ist äußerlich, mechanisch; in der Geschichtsschreibung waltet der Chronistenstil vor, in der Literaturgeschichte die Bücherkenntnis.

Auf der zweiten Stufe begegnen wir dem humanen Absolutismus, dem Absolutismus, der selbst kein Absolutismus mehr sein will; ihm entspricht die sogenannte pragmatische Auffassung der Geschichte sowie die ausschließlich ästhetische Auffassung der Literatur; ihr literargeschichtliches Gegenbild ist die ästhetisierend pragmatische oder wie wir sie jetzt ebenfalls nennen dürfen, die eklektische, das ist die (und zwar nach subjektivem Belieben) auswählende Methode.

Der dritte und letzte endlich ist der Standpunkt der Freiheit, das Anerkenntnis des Geistes als des Absoluten, Allberechtigten; ihm entspricht die demokratische Gleichberechtigung, welche die europäische Gesellschaft seit der ersten französischen Revolution anstrebt.

Wie stellt sich nun wiederum auf diesem Standpunkte die Auffassung der Geschichte? wie diejenige der Literatur? wie endlich die Auffassung der Literaturgeschichte?

Die Immanenz Gottes in der Geschichte

Das einzige wahrhaft Vorhandene, wie wir soeben sahen, ist der Geist. Und zwar, wie wir sogleich hinzusetzten, nicht der abstrakte jenseitige, sondern der fortwährend zur Erscheinung kommende, speziell durch den Menschen zur Erscheinung kommende Geist. Auch der wahre und eigentliche Inhalt der Geschichte ist mithin nichts anderes als wiederum nur der Geist.

Damit ist aber auch der Maßstab gefunden, das entscheidende Prinzip ist aufgestellt, das die frühere Epoche vergeblich gesucht, weil sie noch nicht gelernt hatte das Gelüste des eigenen Herzens zu bezwingen und sich mit seinen Wünschen und Hoffnungen, seinen Neigungen und Abneigungen dem Geist, als dem Absoluten, und seiner Erkenntnis unterzuordnen: – nur was der Geist mit seinem schöpferischen Hauche berührt hat, nur worin eine Knospe des Geistes, ein Ansatz geistiger Entwicklung keimt, nur das, aber dies auch unter allen Umständen, ist ein Gegenstand der Geschichte und geschichtlicher Ehre wert. –

Der Geist ist nun aber ferner, eben weil er das Absolute, Allumfassende, Allgegenwärtige ist, in Allem lebendig, Groß wie Klein. Ja schon gibt es nichts Kleines und Großes, nichts Bedeutendes und Unbedeutendes mehr in der Geschichte: sondern wie nach der demokratischen Auffassung der staatlichen Gesellschaft jeder zu gleichen politischen Rechten geboren und in jedem, auch dem Ärmsten, dem Bettler, bloß weil er Mensch ist, derselbe göttliche Anspruch, verbunden mit derselben menschlichen Verpflichtung, ruht: so ist das Absolute auch in jedem scheinbar noch so Unbedeutenden tätig, die Könige und Feldherren, die gefeierten Dichter und Künstler sind des bisher genossenen geschichtlichen Privilegiums entkleidet und Große wie Kleine, Berühmte wie Unberühmte, Bettler wie Könige, Männer, Weiber, Kinder, sie alle zusammen weben der »Gottheit unendliches Kleid«; der einzelne Mensch, auch der reichbegabteste, ist ewig nur ein Bruchstück, nur ein Blatt am Baum, nur ein Tropfen unter den unzähligen, die sich in den Adern der Geschichte bewegen – und erst in der Totalität der Menschheit kommt der Geist und mit ihm die Geschichte zu ihrer völligen Erscheinung.

Die Zeit hat sich, fortbauend auf der Grundlage der Kantschen Weltanschauung und diese selbst nur zu ihrer eigenen Wahrheit bringend, frei gemacht von der Vorstellung eines Gottes, der, hoch über den Wolken thronend, das Weltall, nach den Worten des Dichters, nur am Finger laufen ließe, sowie einer Weltregierung, die in die Geschicke der Menschen und die Entwicklungen der Geschichte nur äußerlich, mechanisch eingriffe. Wir wissen jetzt, daß, wie der Geist der Materie überhaupt immanent (das heißt wesentlich in ihr enthalten, ihr eingeboren, zu ihr gehörig als andere Seite ihres Wesens), so auch Gott, der Allgeist, der Welt, der Allmaterie, dem All immanent ist: beide untrennbar aneinander gebunden, beide erst durch ihre Ergänzung, Vermischung, Durchdringung das volle wahre Sein darstellend.

Glaube doch niemand dem delatorischen Geschrei, das teils beschränkte Eiferer, teils und noch öfters arglistige Heuchler erheben, als wäre die Welt darum nun entgöttlicht, die Geschichte dem Zufall, der einzelne Mensch dem bloßen tierischen Triebe anheim gegeben! Im Gegenteil: welcher Mensch ist sittlicher, der seinen Katechismus in der Tasche oder der ihn im eigenen Herzen trägt? Die Welt selbst ist jetzt nur noch die andere Seite Gottes, die Geschichte aber, als die ewige Entwicklung dieses Weltinhalts, stellt sich dar als das ewige sich selbst Entfalten, das ewige Werden Gottes in dem Menschen und durch den Menschen. Wie die gebundene Seele der Natur aufblüht in der Fülle der Blumen, der Mannigfaltigkeit der Kreaturen, der ganzen Pracht und Fülle der sinnlichen Schöpfung: so blüht auch der befreite Geist der Geschichte auf in Taten und Handlungen und die verschiedenen Epochen der Weltgeschichte sowie die verschiedenen Nationen der Erde in ihrer wechselnden historischen Bedeutung sind nur gleichsam die wechselnden Jahreszeiten, die Bäume und Blumen in diesem ewig frischen, ewig blühenden Reich des Geistes, welches da ist das Reich Gottes!

Die Naturforschung hat uns bekanntlich in jüngster Zeit nachgewiesen, daß in jedem Samenkorn der ganze Baum, in jeder Blüte die ganze Frucht vorgebildet liegt und daß, was wir wachsen nennen, vielmehr nur das fortwährende Wiederkehren, das fortwährende Sichwiederholen des uranfänglich Vorhandenen ist, wenn auch in neuer, vollendeterer Form und auf einer höheren Stufe der Entwicklung. Es wird nichts, als was schon ist und es ist nichts, was nicht in fortwährendem Werden wäre; jedes Blatt ist nur die auszugsweise Wiederholung der gesamten Pflanze, jede Blüte nur das zusammengedrängte Bild der kommenden Frucht. Solch ein Baum ist auch die Weltgeschichte; auch in ihr ist ein ewiges Wiederholen, ewiges Neuwerden des eigentlichen, ursprünglichen Keimes: und dieser Keim ist der Geist.

Dieses ewige Werden des Geistes also nennen wir Geschichte; mithin ist Geschichte überhaupt Entwicklung, Fortschritt, und zwar Fortschritt im Absoluten. Wie Sein und Werden überall zusammenfällt, so hat auch der Geist sein wahres Sein nur in diesem absoluten Werden. Auch die Geschichte mithin, als das Sein des Geistes, ist ein fortwährendes, unaufhörliches Werden, Entwickeln, Fortschreiten.

Staat und Freiheit; Schönheit und Kunst

In prägnantem Sinne nun aber, angewendet auf die Entwicklung des Staates, die Politik, was man speziell Geschichte nennt, ist dieselbe, nach dem bekannten klassischen Ausdrucke Hegels, als der

Fortschritt in der Freiheit zu verstehen. Für den Staat nämlich ist das Absolute wesentlich in der Form der Freiheit vorhanden. Indem nun aber die Entwicklung des Staates, oder wie wir es nennen, seine Geschichte, ebenfalls nichts weiter tun kann, als daß sie diesen seinen ursprünglichen Inhalt in Fluß bringt, so folgt daraus auch von selbst, daß alle politische Entwicklung nur Entwicklung zur Freiheit sein kann und daß mithin auch durch die Geschichte der allerdespotischest regierten Staaten und der allergeknechtetsten Völker notwendig immer noch ein unverkennbarer, ein göttlicher Zug nach dem ursprünglichen Inhalt alles staatlichen Lebens, nach der Freiheit gehen muß.

Allein dieses staatliche Dasein ist nicht das einzige, das die Nationen führen. Wie die Pflanze sich nicht bloß nährt von dem Saft der Erde und dem Naß der Quellen, sondern auch aus der Luft trinkt sie balsamische Nahrung: so ragt auch der Mensch aus seiner praktischen Umgebung fortwährend in eine andere, zweite Welt hinüber, eine Welt, welche mit der erstern zusammenfließt und sich ergänzt mit ihr, gleich zweien Hälften einer Kugel. Es ist dies ein Gesetz, das ebensosehr durch die ganze Geschichte der Menschen geht, als es auch jeden von uns in seinem eigensten persönlichen Dasein betrifft. Ein Beispiel dieses Verhältnisses haben wir soeben erst an der französischen Revolution gesehen, dem praktisch politischen Ereignis, das an der gleichzeitigen Revolution der Philosophie durch Kant seine theoretisch ideale Ergänzung erhält. Wie in diesem Fall, so überall in der Geschichte; überall führen die Völker neben ihrem unmittelbaren, politischen noch ein zweites, ideales Dasein, haben sie neben der praktischen noch eine zweite, theoretische Geschichte.

Dieses zweite Dasein der Völker ist die Kunst; wie die Geschichte die Entwicklung in der Freiheit, so ist die Kunst die Entwicklung in der Schönheit. Freiheit und Schönheit selbst aber sind Eines, als gemeinsame und gleichberechtigte Formen des Absoluten: die Freiheit ist die Schönheit der Praxis, die Schönheit die Freiheit der Theorie.

Ihre vollendetste Äußerung hat die Kunst nun aber ferner in der Poesie; unter anderm schon um deswillen, weil die Poesie es mit dem bildsamsten, dem unbegrenztesten, dem am meisten durchgeistigten Material zu tun hat, nämlich dem Wort. Das Wort ist durchgeistigter Laut, nicht bloß Symbol des Geistes, wie in der Musik, sondern Form und Geschöpf des Geistes selbst. Darum und noch aus anderen Gründen, die uns hier jedoch von unserem eigentlichen

Thema zu weit abführen würden, ist das Höchste, wozu es die Kunst überhaupt bringen kann, in der Poesie enthalten – oder wie wir lieber sagen, wegen der falschen Nebenbedeutung, welche jener Ausdruck als Gegensatz der Prosa für das gewöhnliche Bewußtsein bekommen hat: in der schönen Literatur.

Die schöne Literatur

Diese schöne Literatur nun ist es, die wir überall im Sinne haben, wo wir hier überhaupt von Literatur sprechen und auf die sich daher auch unsere gesamte vorliegende Auseinandersetzung bezieht. Wir definieren sie als den sprachlichen Ausdruck der geistigen Bewegung der Völker, inwieweit das Ziel dieser Bewegung die Schönheit ist. Ihre Entwicklung, ihr Werden, das heißt also das Werden der Schönheit innerhalb der Literatur, und die wissenschaftliche Darstellung desselben heißt Literaturgeschichte.

Da haben wir denn also auch für die Literaturgeschichte nunmehr ein ganz gewisses, ganz festes Maß in die Hand bekommen. Nichts mehr hier von bloßen Namen und Jahreszahlen, nichts hier von dem toten Ballast einer bloß äußerlichen Bücherkunde, die nur eben gut ist als Einleitung und Vorarbeit für die höheren Zwecke der Literaturgeschichte! Nur worin sich ein Keim der Freiheit zeigt, darum kümmert sich die politische Geschichte; nur worin er eine Entfaltung der Schönheit erkennt, darum kümmert sich der Literarhistoriker. Jetzt können wir nicht mehr irre gehen, das Labyrinth der Tatsachen hat sich gelichtet, in das wüste Chaos der mechanischen Überlieferung ist Gesetz und Ordnung und Vernunft gekommen, wir haben einen Stern jetzt, nach dem wir die suchenden Blicke richten – es ist der Stern der Schönheit, der uns leuchtet!

Grenzen der Literaturgeschichte

Aber vielleicht ist dies Maß im Gegenteil zu eng? vielleicht sind wir damit in Gefahr zurückzufallen in jene einseitig ästhetische Auffassung, an der wir selbst erst soeben soviel auszusetzen hatten?

Es scheint so: aber es scheint auch nur. Allerdings haben wir unter Literatur schlechthin, wie wir es oben bereits andeuteten, die Gesamtheit der sprachlichen Denkmäler zu verstehen, in denen das geistige Leben eines Volkes sich niederlegt. Also nicht bloß sein künstlerisches, sondern auch sein gelehrtes, sein wissenschaftliches, ja sogar sein technisches Leben; auch diese alle, so weit sie in schriftlichen Denkmälern niedergelegt werden, gehören zur Literatur im weiteren Sinne. Wir können das ruhig zugestehen, ohne deshalb auch nur ein Titelchen zu ändern an der Erklärung, welche wir soeben über das eigentliche Wesen der Literatur gegeben haben. Denn die letzte Frucht, das letzte Ziel, welchem dieses Gesamtleben innerhalb der theoretischen, der idealen Sphäre zustrebt, ist immerhin die Kunst, das heißt die Schönheit. Wie die Freiheit das oberste Gesetz der praktischen Entwicklung, dem alles dienen muß, auch unwissend, auch widerstrebend, was irgend im Gebiet des staatlichen Lebens auftaucht: so muß auch alles, was auf dem Boden des idealen Lebens wächst, der Schönheit als oberster Herrin huldigen. Es ist nicht umsonst, daß die Schönheit den Namen der Siegreichen führt, Venus Victrix: sie ist wirklich die Siegerin über alles, die ewig lächelnde Kypris, die holdselige,

> ... die süßes Verlangen erregt im Busen der Götter.
> Die auch die Stämme beherrscht der sterblich geborenen Menschen.
> Auch die Vögel des Himmels mitsamt den übrigen Tieren.
> Denen im Wasser sowohl als die auf der Erde sich nähren;
> Alle gedenken mit Lust der blumengekrönten Cythere.

Es ist auch nicht umsonst, daß der Mythus der Griechen sie als die Schaumgeborene darstellt: aus allen Strömungen des Lebens, allen Wogen der Geschichte erhebt die Schönheit ihr göttliches Gesicht, und alle Gedanken des Philosophen, alle Erfindungen des Gelehrten, ja alle Taten der Helden, die mit ihrem Ruhm die Welt erfüllt haben – alle sehnen sich der Schönheit entgegen, alles will noch einmal aufblühen unter ihrem göttlichen Hauch, will fortleben als Poesie – Poesie, diese wahre Brautfreude des Geistes!

Nicht also ausschließen will die Literaturgeschichte die eben bezeichneten wissenschaftlichen und technischen Bestrebungen: aber sie nimmt nur insofern Notiz von ihnen, inwiefern dieselben zur Entwicklung der Schönheit beitragen, inwiefern sie Teil haben an der Schönheit selbst und berührt sind von ihrem himmlischen Finger.

Diese Beschränkung ist mit nichten zu eng. Wie die Natur aus allem Leben saugt und alles, Lebendiges und Totes, Gesundes und Krankes, in heilsame Säfte zu verwandeln weiß, so weiß auch die ideale schöne Natur sich alles zu unterwerfen und weiß an allem ihre Macht zu betätigen, selbst auch an dem scheinbar Widerstrebendsten; wie alles nach dem Lichte drängt und kein Pflänzchen so klein, kein Samenkorn so tief gebettet ist, daß es nicht aufwärts, der Sonne entgegen strebt, so drängt auch alles nach diesem Licht der Schönheit, das die vergänglichen Geschöpfe des Augenblicks mit unsterblichem Glanz verklärt. Es ist eine Bahn, die niemand verschlossen ist, die jeder frei betreten kann, wenn er selbst nur die Kraft und den Willen dazu besitzt. – Einige Beispiele werden sogleich deutlicher zeigen, wie wir es meinen. Womit hat die Ästhetik dem Anscheine nach weniger zu tun als mit Astronomie oder Zoologie? wo gibt es eine Wissenschaft, die um ihrer Trockenheit willen verrufener ist als die Jurisprudenz? was ist unschöner als die Theologie? oder die Chemie? oder gar die Anatomie? Auch wird die Literaturgeschichte sich wohl vorsehen, von der Astronomie oder Zoologie oder Jurisprudenz etc. als solcher Notiz zu nehmen; wo sie dagegen Werken begegnet von der allgemeinen kulturhistorischen Bedeutung und der künstlerischen Form, wie Humboldts *Kosmos*, oder Okens *Naturgeschichte*, oder von Savignys *Rechtsgeschichte*, oder Schleiermachers *theologischen Schriften*, oder Liebigs *chemischen Briefen*, oder Burdachs *Physiologie*, oder ähnlichen Werken, in denen sich die Strenge der Wissenschaft mit der Grazie der künstlerischen Form vermählt – nun ja ganz gewiß, da wird sie recht sehr Notiz davon nehmen, und wird denselben Kranz, mit dem sie die Dichter und Künstler krönt, auch um die Stirn ihrer Verfasser winden.

Also um das Resultat dieser gesamten Entwicklung noch einmal in kurzen Worten zusammenzustellen: Geschichte überhaupt ist Entwicklung des Geistes als des Absoluten; dieses Absolute selbst aber tritt in doppelter Form auf: erstlich in Form der Freiheit, wo es den Staat und die politische Geschichte – und zweitens in Form der Schönheit, wo es die Kunst, insbesondere die schöne Literatur und die Literaturgeschichte gibt.

Prüfen wir denn nunmehr, inwieweit die allgemeinen Sätze, die wir bis dahin aufgestellt haben, durch die Erfahrungen der Geschichte bestätigt werden. Denn ohne diese Bestätigung würden jene Sätze selbst nur ein sehr müßiger, sehr törichter Luxus sein; wie der Poet nur die Empfindungen auszusprechen hat, welche die Natur in jedes Herz gelegt und die daher auch jeden Augenblick aus jedem Herzen wiedertönen, so hat auch der philosophische Betrachter nur die wissenschaftliche Formel aufzufinden für jene innere

Vernunft der Dinge, welche diesen selbst von Hause aus inne wohnt und auf die daher auch jeden Augenblick die Probe der geschichtlichen Erfahrung gemacht werden kann. Wir haben untersucht, was Geschichte und was Literatur ihrem Begriffe nach sind. Sehen wir denn jetzt, wie dieser Begriff sich historisch gestaltet hat; war unsere Begriffsbestimmung richtig, so werden wir auf beiden Wegen zu demselben Ziele gelangen. [...]

Herder, Schiller und die Romantiker

Den eigentlichen Übergang zur neuen Epoche machen Herder, Schiller und die Romantiker. Wir nennen diese letzteren gleich an dieser Stelle, weil sie, wie feindlich ihr Prinzip und damit auch ihr persönliches Verhalten gegen Schiller in der Tat auch ist, doch rücksichtlich ihrer literargeschichtlichen Auffassung wesentlich auf seinen Schultern stehen. Herder ist der eigentliche prophetische Verkünder; enthusiastisch, eine Sehernatur, Poet, wo er Kritiker, Kritiker, wo er Poet sein will, versenkt er sich in die Einheit von Literatur und Leben, Kunst und Wirklichkeit wie in ein Mysterium, das er denn auch nicht verfehlt mit jener ganzen Überschwenglichkeit des Ausdrucks vorzutragen, die ihm noch von den Hamannschen Lehrjahren her anklebte.

Als ein weit tieferer und weit konsequenterer Denker bewährte sich Schiller in seinen ästhetischen Untersuchungen; nur daß es ihm leider an dem historischen Material gebrach, seinen großartigen Anschauungen, in denen wir eine eigentümliche Fortbildung der Kantschen Ästhetik zu erkennen haben, die wünschenswerte Ausdehnung und praktische Begründung zu geben. Gerade der Begriff der Kunst ist es, womit Schiller sich aus dem Kantschen Nationalismus herausarbeitet; bei Kant nur eine untergeordnete, beiläufige Sphäre, wird sie von Schiller als eine absolute Manifestation des Göttlichen in den gleichen Rang gerückt mit Philosophie und Religion; er bezeichnet die Schönheit ausdrücklich als die Vorschule zur Freiheit und spricht sich überhaupt über das Wesen der ersteren sowie über die Aufgabe der Kunst im allgemeinen mit einer Erhabenheit und Größe aus, daß selbst die neueste Philosophie wohl einzelne Sätze genauer formulieren, aber im Prinzip selbst nicht hat darüber hinausgehen können.

Die nächsten Erben dieser Schillerschen Ästhetik, die von den Zeitgenossen übrigens nur wenig verstanden, ja selbst nur beachtet ward, sind die Romantiker, namentlich die eigentlichen Gründer und Stifter derselben, die beiden Brüder Schlegel (Friedrich, 1772 bis 1829 und August Wilhelm 1767–1846). Auch die Schlegel gehen bekanntlich von Göttingen aus, wo sie besonders zu Heynes und Eichhorns Füßen gesessen; in ihrer Übersiedlung von Göttingen nach Jena bezeichnen sie gleichsam die Vermählung, welche die alte historische Gelehrsamkeit im Begriff stand mit der neuen philosophischen Richtung einzugehen.

Doch war das erste Kind dieser Vereinigung noch ziemlich schwächlich und ungesund. Wir verkennen die Verdienste, welche die Romantiker sich um die Ausbildung der Literaturgeschichte erworben haben und die die außerordentlichsten sind, gewiß nicht; wir gestehen dankbar zu, daß sie der Literaturgeschichte, teils in den romanischen, teils in den asiatischen Literaturen, ganze neue Welten erobert haben, und daß im Vergleich mit der Tiefe ihres poetischen Verständnisses, sowie mit der Schärfe ihres Urteils, endlich auch mit der Klassizität ihres Ausdrucks alles Frühere der Art, mit einziger Ausnahme von Herder und Schiller, zum Trivialen und Philisterhaften herabsinkt.

Allein ebensowenig darf man sich blind machen gegen ihre Schattenseiten und Mängel. Sie hat etwas Ansteckendes, diese Trunkenheit, ganz gewiß, mit der die Romantiker, wurzelnd in der Goetheschen schönen Persönlichkeit, Literatur und Kunst eine absolute Geltung zusprechen, den Poeten allein für den wahren Menschen und somit auch die Literatur eines Volkes für sein eigentliches, wahres Leben erklären. Und auch das gestehen wir zu, daß sie mit dieser extremen Auffassung gleichfalls nur in der allgemeinen Richtung ihrer Zeit stehen und uns nur das prägnanteste und deutlichste Bild von einer allverbreiteten Krankheit derselben zeigen. Die Nation im ganzen konnte ihr ästhetisches Glaubensbekenntnis freilich nicht so rund und nett und in keinen so wohl stilisierten Ausdrücken ablegen, wie die Romantiker: ihre Praxis jedoch paßte ganz gut zu den Lehren dieser letzteren. Ja wenn die Romantiker nur verlangten, Kunst und Literatur müsse ein Volk für alles Übrige entschädigen, so machten die damaligen Deutschen es wirklich so und gaben sich in der Tat über Goethe und Tieck und den immer zunehmenden Flor der vaterländischen Literatur zufrieden über die Schmach der vaterländischen Geschichte, über den Zusammensturz des Reichs und die Schande der Fremdherrschaft und Zersplitterung, die auf dem unglücklichen Lande lastete.

Allein daß dies eben eine Krankheit, eine Verirrung war, wer möchte darüber jetzt noch in Zweifel sein? Auch war die Einheit der Literatur und des Lebens, der Kunst und der Wirklichkeit bei den Romantikern selbst nur erst eine Forderung, eine Voraussetzung, konnte gar nicht mehr sein als eine Voraussetzung: weil sie nämlich den Begriff der Immanenz zwar hatten, aber wiederum nicht als Begriff, sondern nur als Intuition, als dämonische Offenbarung, die nur den Auserwählten zuteil ward, während sie dem Volk der Laien verschlossen blieb und in betreff deren daher auch eine Beweisführung gar nicht möglich und denkbar war.

Dies führte dann weiter zu jenen Kapricen, Vorurteilen und Willkürlichkeiten, von denen die ästhetische, geschichtliche und literargeschichtliche Auffassung der Romantiker bekanntlich wimmelt. Daher die Einseitigkeit und Persönlichkeit ihrer Urteile; daher ihre kindische Vorliebe für den Katholizismus und das Mittelalter; daher diese ganz doktrinäre Haltung, die überall auf die Worte des Meisters schwört und zum Verständnis der Kunst wie der Geschichte überall erst eine unsagbare göttliche Inspiration beansprucht, mit welcher der einfache gesunde Menschenverstand mit seinen natürlichen Mitteln denn freilich keinen Wettkampf eingehen darf. Bei den Esoterikern der Schule, zu denen wir außer den Schlegel selbst hauptsächlich Adam Müller (1779–1829) mit seinen im Winter 1806 zu Dresden gehaltenen *Vorlesungen über die deutsche Wissenschaft und Literatur* rechnen, kann man darüber zum Teil noch durch die schöne Form und eine gewisse kokette Dunkelheit getäuscht werden; desto deutlicher dagegen zeigen sich diese Gebrechen bei den Exoterikern, von denen wir hier beispielsweise nur den einen Franz Horn (1781–1838) mit seiner *Poesie und Beredtsamkeit der Deutschen von Luther bis auf die Gegenwart* in vier Bänden (1819–22) oder seinen noch verfehlteren *Beiträgen zu Shakespeare* (1822–27) namhaft machen wollen.

Die patriotische Dichtung; die Brüder Grimm

Eine besondere Abart dieser romantischen Richtung ist die patriotische, die sich während der Fremdherrschaft, besonders aber nach der unglücklichen Schlacht von Jena zu entwickeln anfing und der beispielsweise *Des Knaben Wunderhorn*, sowie die Görresschen Arbeiten angehören. In ihr stellt sich die romantische Vorliebe für das Mittelalter nicht nur von der achtbarsten, sondern auch von der fruchtbarsten Seite dar, indem dieselbe hier benutzt ward als ein Hebel, das gesunkene, ja vernichtete Nationalgefühl wieder aufzurichten und die Nation durch die Erinnerung an ihre große Vergangenheit für die Aufgaben der Gegenwart zu kräftigen. Wie mächtig diese Richtung zu ihrer Zeit war, läßt sich unter anderem daraus beurteilen, daß selbst die Epigonen der alten enzyklopädischen Vielwisserei, die Nachfolger der Jöcher und Meusel, sich ihr nicht entziehen konnten. So besonders Joh. Friedr. Ludwig Wachler (1767–1838), ebenfalls ein Göttinger Zögling, der bekanntlich nicht nur ein sehr brauchbares bibliographisches *Handbuch der allgemeinen Literaturgeschichte* lieferte (zuerst 1793, neueste völlig umgearbeitete Ausgabe 1833), sondern der auch in seinen, unmittelbar nach den Freiheitskriegen herausgegebenen *Vorlesungen über die deutsche Nationalliteratur* (1818–1819), das Wort *Nationalliteratur* überhaupt zuerst entdeckte und in Anwendung brachte: wie denn überhaupt die ganze Auffassung der deutschen Literatur bei ihm eine wesentlich nationale, patriotische ist.

Ihre allerköstlichste und für alle Zeiten unverlierbare Frucht aber hat diese patriotische Richtung in den Brüdern Grimm getragen (Jacob geb. 1785, Wilhelm geb. 1786): Namen, die kein Deutscher nennen kann ohne die innigste Ehrfurcht und Dankbarkeit. Auch die Grimm gehen, wie zum Teil ihre persönlichen Verbindungen, zum Teil aber auch ihre Schriften beweisen, von der romantischen Bewegung zu Anfang des Jahrhunderts aus; auch sie – wir haben ihr eigenes Zugeständnis dafür – flüchteten sich in den Dom unserer mittelalterlichen Herrlichkeit, um Trost zu suchen für die Erniedrigung des Augenblicks; weil deutsche Treue und Redlichkeit überall ausgestorben schien und die Eichen des deutschen Ruhmes so kläglich zu Boden lagen, darum gruben sie die Wurzeln deutscher Sprache und Dichtung auf und labten die verdorrten Glieder an den ewig frischen Quellen des Volkstums und der volkstümlichen Poesie. Was die Brüder Grimm nach dieser Richtung hin in einem langen, arbeitsamen, der Wissenschaft wie dem Volke mit unverbrüchlicher Treue geweihten Leben geleistet haben und welch ein stolzer, Früchte beladener Baum diese deutsche Altertumswissenschaft geworden ist, zu der sie vor nun mehr als vierzig Jahren die ersten Keime steckten, das kann man jetzt nur erst ahnen und fühlen, darüber ins Klare kommen wird erst das nachwachsende Geschlecht, dem dieser Stein der Wissenschaft und des Studiums sich in Brot der lebendigen Tat verwandeln wird. Man kennt die naive Antwort, mit welcher Friedrich der Große, vor beiläufig zwei Menschenaltern, die erste Ausgabe der *Nibelungen* zurückschickte, die ihr Herausgeber, der Professor Müller in Zürich, ihm überreicht hatte: daß, wenn solch dummes Zeug dem Professor Müller gefalle, das des Professor Müllers Sache wäre, er aber, der König, solchen Schund nicht unter seinen Büchern haben möge. – Wohlan denn, der Stein, den die Bauleute verschmähten, ist wieder einmal zum Eckstein geworden und das Buch, das einem Könige zu schlecht war, es in seiner vergoldeten Sammlung zu dulden, ist jetzt ein Volksbuch geworden, mit dem unsere Kinder emporwachsen, das das Entzükken unsrer Jugend, das Studium unsrer Männer bildet und an dem der poetische Sinn der Nation – und hoffentlich nicht bloß der poetische, sondern auch ihr historischer Sinn – sich mit jedem Jahre reichlicher und inniger entwickelt.

Und so wie in diesem einen, so in allen übrigen Stücken; es liegt (wir müssen es wiederholen) in der deutschen Altertumswissenschaft und diesem durch sie gereinigten neuen Boden, dem wir auch die neueste wissenschaftliche Behandlung unsrer Literaturgeschichte verdanken, ein Gewinn und Zuwachs für das politische und sittliche Bewußtsein des Volkes, der freilich erst in der folgenden Zeit wird sichtbar werden, dann aber auch in einer Art und Weise, daß man noch nach Jahrhunderten die Männer segnen wird, denen wir den ersten Ursprung dieser Wissenschaft verdanken.

Die neueste Zeit; Goethes Wahrheit und Dichtung, Schlosser, Gervinus, Rosenkranz

In die Zeit von Mitte der zwanziger bis Ausgang der dreißiger Jahre fällt die eigentliche populäre Ausbreitung der Hegelschen Philosophie, welche wir hier namhaft machen, weil in ihr jene mehrfach hervorgehobene Immanenz des Geistes am entschiedensten ausgesprochen ist und ihre wirkliche wissenschaftliche Begründung durch sie gefunden hat.

Mit diesem Zeitabschnitt beginnt denn auch die jüngste, die eigentlich moderne Epoche der Literaturgeschichte, die wir mit dem Namen der philosophisch-historischen bezeichnet haben und über deren Eigentümlichkeit ebenfalls schon im zweiten Abschnitt dieser Einleitung das nötigste beigebracht ist. In ihr vollendet und verwirklicht sich, was Herder und Schiller prophetisch verkündigt und was demnächst die Romantiker mit ungleichen Kräften angestrebt hatten. Die Einheit von Theorie und Praxis, Literatur und Leben, Staat und Wissenschaft bildet auch hier die Grundlage, die geistige Solidarität der verschiedenen Nationen und Zeiten die Voraussetzung aller geschichtlichen Betrachtung. Aber die Grundlage ist hier keine unwissenschaftliche, phantastische, die Voraussetzung keine willkürlich launenhafte mehr: sondern sie ist hervorgegangen aus philosophischer Erkenntnis, das heißt aus der notwendigen und selbstbewußten Kraft des Denkens, und die geschichtliche Erfahrung hat die Probe darauf gemacht.

Auch diese letzte und reifste Entwicklung hat wiederum ihre speziellen Vorläufer gehabt. Und zwar gehören dieselben merkwürdigerweise und zur Beruhigung für diejenigen, die gegen alles, was Philosophie heißt und nun gar philosophische Geschichte, ein gewisses naturwüchsiges Mißtrauen hegen, das in der Tat zuweilen ein gut Stück besser ist als es sich zu äußern vermag – es gehören zu diesen Vorläufern, sage ich, hauptsächlich drei literarische Persönlichkeiten, die alle drei so stark ausgeprägt sind und von so unzweifelhafter Selbständigkeit, daß der Verdacht, als hätte man es mit irgend einer schulmäßigen Zurechtmacherei zu tun, sich wenigstens nicht an sie heranwagen darf – ja die sich sogar selbst alle drei, mehr oder weniger, als Gegner und Verächter einer schulmäßigen Philosophie bekannt haben. Das ist denn freilich eine Probe der Wahrheit, gegen die sich nicht gut etwas aufbringen läßt, wenn die Philosophen und Nichtphilosophen, jeder auf seinem Wege, zu denselben Resultaten gelangen.

Der erste, den wir im Sinne haben, ist niemand geringers als – Goethe selbst, der uns in den bezüglichen Partien von *Wahrheit und Dichtung* ein Musterbild literargeschichtlicher Darstellung aufgestellt hat, das wohl bewundert, aber schwer erreicht und niemals übertroffen werden kann. Allerdings war ihm die Sache um ein beträchtliches erleichtert dadurch, daß er selbst noch Zeitgenosse oder wenigstens unmittelbarer Nachkomme derjenigen Zustände gewesen war, die er uns schildert, und unter ihrem lebendigen Eindruck groß geworden. Aber das darf uns nicht hindern, den außerordentlichen Wert dieser Schilderungen anzuerkennen und sie als vollendetes Muster der Gattung nach Kräften zu studieren.

Der andere ist der ehrwürdige F. C. Schlosser (geb. 1776), noch jetzt bekanntlich der Schmuck und die Zierde nicht bloß der Heidelberger Akademie, sondern der deutschen historischen Wissenschaft überhaupt und einer von den wenigen Männern in Deutschland, die aus *einem* Gusse sind und deren Worte und Werke jederzeit zusammenstimmen. Schlosser hat sowohl in seiner *Geschichte der alten Welt*, als ganz besonders in seiner *Geschichte des achtzehnten und neunzehnten Jahrhunderts* der literarischen Entwicklung der Nationen eine Aufmerksamkeit geschenkt, wie wir sie sonst bei unsern eigentlichen Geschichtsschreibern nicht zu finden pflegen. Auch diese Schlosserschen Darstellungen gehören zu dem Vortrefflichsten und Meisterhaftesten, was unsere Literaturgeschichte aufzuweisen hat; nicht von der Plastik und Ruhe der Goetheschen, zeichnen sie sich aus sowohl durch die ungemeine Gründlichkeit des gelehrten Materials, als durch die Feinheit und Schärfe, mit der den historischen Zusammenhängen nachgespürt wird, sowie endlich durch die schöne sittliche Wärme, welche sie erfüllt und belebt. Es ist richtig, daß Schlosser noch in einigen Stücken an den Pragmatismus der älteren Schule erinnert und auch an den Wolfschen Unterschied zwischen innerer und äußrer Geschichte wird man gemahnt durch die peinliche Sorgfalt, mit welcher er, wenn auch in demselben Werke, politische und literarische Entwicklung auseinanderhält und jeder gleichsam ihr besonderes Quartier anweist, aus dem sie nicht heraus darf. Doch ist in seinen Werken übrigens eine solche Fülle von geistigem und sittlichem Leben, der Standpunkt ist überall so frei, so echt menschlich und dabei wieder so geschichtlich wahr, daß man diese kleinen Besonderheiten nicht bloß gern inkauf nimmt, sondern sie auch bald respektieren lernt.

Auf Schlosserschen Schultern steht G. G. Gervinus (geb. 1806). Seine *Geschichte der poetischen Nationalliteratur der Deutschen*, von der die beiden ersten Bände zuerst 1836 ans Licht traten, ist es bekanntlich, von der die neue Anregung unsrer Literaturgeschichte, besonders der vaterländischen, datiert. Und diese anregende Gewalt, verbunden mit einer seltenen, namentlich zur Zeit ihres ersten Erscheinens fast unerhörten Ausdehnung und Sorgfalt der Studien, ist es auch vorzüglich, was der Gervinusschen Geschichte ihre historische Bedeutung verleiht und ihr auch noch auf lange hinaus den entschiedensten Einfluß auf die fernere Entwicklung der Wissenschaft sichert. Es ist vieles bewundernswert an dem Werk: der Mut, mit dem es unternommen, die Kraft und Ausdauer, mit der es durchgeführt worden, die Genauigkeit und Gründlichkeit bei so viel Lebendigkeit des Geistes, das Streben nach Gerechtigkeit und historischem Urteil bei einem so selbständigen und ausgeprägten Charakter, wie der Verfasser selber ist – aber am bewundernswertesten vor allem muß uns doch immer der Instinkt erscheinen, mit welchem Gervinus, dieser Verächter der Philosophie, dieser Autodidakt, der so stolz ist und so zufrieden in seinen unsystematischen Anschauungen, gleichwohl genau den Punkt trifft, der in der allerstrengsten und allerkonsequentesten Entwicklung der Geschichte lag und auf den es in diesem Augenblick am allermeisten ankam.

Gervinus' größtes Verdienst und wodurch sein Buch auch wohl am meisten gewirkt hat, ist die durchgängige Verbindung der literarischen mit der politischen Entwicklung. Mit einer Konsequenz, wie dieselbe sich nur in einer Schlosserschen Schule erlernen ließ, sieht er in der literarischen Kultur eines Volkes immer nur eine bestimmte Seite seines allgemeinen politischen und sozialen Daseins; mit Unerbittlichkeit hält er daran fest, daß derselbe Trieb der Geschichte, der hier das politische Schicksal einer Nation bestimmt, dort auch die Blüte oder den Verfall seiner Literatur hervorbringt. Auch hier wieder darf man zugeben, daß im einzelnen manches Willkürliche, sogar manches entschieden Falsche unterlief: so daß die neue vollständige und gründliche Durchsicht des Werkes, welche der berühmte Verfasser vor kurzem veröffentlicht hat, in der Tat gerade zur rechten Zeit gekommen ist. Auch droht noch jetzt der Luxus der historischen Parallelen und Kombinationen nicht selten in bloße Spiele des Witzes, zuweilen sogar in leeren Formalismus auszuarten, abgesehen davon, daß der Überblick des Stoffes dadurch auf unnütze Weise erschwert und verhindert wird. Allein auch hier können derartige Einzelheiten, die denn doch zuletzt jeder menschlichen Arbeit notwendig ankleben, den großartigen Charakter des Ganzen nicht beeinträchtigen, noch auch dürfen sie die Dankbarkeit vermindern, mit der wir alle, die wir heutzutage nach unsrer Art ebenfalls Literaturgeschichte treiben, Gervinus als unsern eigentlichen Schöpfer und Stammvater verehren.

Und allerdings war es ziemlich leicht gemacht, Literaturgeschichte nicht bloß zu treiben, sondern auch zu schreiben, nachdem in dem Gervinusschen Werk ein so ungemeiner Schatz von historischem Wissen zu einer Benutzung dargeboten lag, die allerdings nicht immer die bequemste war, dafür aber auch, wo sie glückte, einen sehr hübschen Schein von Gelehrsamkeit und Studium verlieh.

Am meisten haben sich in dieser Art an dem Gervinusschen Werk diejenigen Bearbeiter unsrer Literaturgeschichte vergangen, die sich selbst mit Nachdruck die philosophischen nannten und auch wohl hie und da von dem kurzsichtigen Publikum dafür gehalten wurden. Im ganzen hat diese Richtung der Wissenschaft wenig genützt, mit Ausnahme eines einzigen, den die Pflicht der Dankbarkeit uns nötigt hier ebenfalls zu nennen. Das ist Karl Rosenkranz (geb. 1804). Schon durch seine Priorität vor jedem Verdacht geschützt, ebenfalls nur ein Wasserschößling von Gervinus zu sein, hat derselbe andrerseits dasjenige, was ihm stellenweise an Genauigkeit des gelehrten Materials abgehen dürfte, durch die Tiefe, Gründlichkeit und Lebendigkeit seiner philosophischen Bildung hinlänglich ersetzt. Rosenkranz war der Erste, noch zu Ende der zwanziger Jahre, der die Philosophie auf das Gebiet der Literaturgeschichte hinüberführte; er hat es, gerade in seinen Jugendarbeiten, mit so viel Begeisterung und so viel liebenswürdigem Eifer getan und ist dadurch sowohl für die Literaturgeschichte wie für die Literatur selbst von solcher Bedeutung geworden, daß wir, wie gesagt, die gelehrten Mängel der Ausführung darüber vergessen dürfen. Seine *Allgemeine Geschichte der Poesie* (in drei Bänden 1829 bis 30) mag etwas ungleich, zuweilen namentlich etwas flüchtig gearbeitet sein und im ganzen mehr einer geistvollen Skizze gleichen als dem, was sie eigentlich sein soll. Auch seine *Geschichte der deutschen Poesie im Mittelalter* (1830) mag stellenweise an Willkür und auch wohl an Dunkelheit leiden, die philosophische Anschauung mag den Stoff noch nicht überall recht durchdrungen haben und hie und da noch etwas äußerlich in schulmäßigen Formeln und Kategorien aufliegen: so war doch der erste Schritt, der mit diesen Büchern getan war, immerhin etwas so Verdienstliches und so Epochemachendes, und auch die Anregung, welche der Wissenschaft dadurch zuteil geworden, war eine so bedeutende und weitverbreitete, daß wir allen Grund haben, auch Rosenkranz einen Ehrenplatz unter den Begründern unserer modernen Literaturgeschichte anzuweisen.

Gegenwärtige Stellung und Aufgabe

Somit sind wir denn am Ziele unserer geschichtlichen Wanderung angelangt; es ist dasselbe Ziel, das uns auch bei unserer theoretischen Betrachtung des Gegenstandes entgegentrat. Auch die Literaturgeschichte ist Geschichte des Geistes und zwar des Geistes, der der Welt überhaupt immanent ist und der sich speziell in der Poesie, sowie in der Kunst im allgemeinen, mit den eigentümlichen Mitteln, welche jeder Kunst eigen sind, als Schönheit offenbart. Diese Schönheit der Kunst ist dasselbe, was wir im Staat als Freiheit, in der bürgerlichen Gesellschaft als Sittlichkeit verehren; die Entwicklungen der Schönheit sind genau an dasselbe Gesetz gebunden und nehmen genau denselben Gang wie die Entwicklungen der Freiheit und der nationalen Sittlichkeit; so wenig ein sittlich verworfener Mensch jemals in Wirklichkeit ein großer Künstler, am wenigsten ein großer Dichter sein könnte, so wenig ist es auch möglich, daß eine unfreie und verwahrloste Nation sich einer dauerhaften und echten literarischen Blüte erfreuen kann.

Um es also mit einem Worte zu sagen: die Literaturgeschichte ist die ideale Geschichte der Nationen. Was dem einzelnen Dichter die Poesie, eben dasselbe, und in noch viel größerem Maßstabe und noch viel genauerer Übereinstimmung, ist sie auch der Nation: die Verkünderin ihrer geheimsten Gedanken und Empfindungen, die treue Begleiterin ihrer Schicksale, die Heroldin ihrer Siege, der Mund ihrer Klagen, die ewig gewisse Prophetin ihrer Zukunft –

»Und wenn der Mensch in seiner Qual verstummt,
Gab ihr ein Gott zu sagen was wir leiden!«

Indem wir uns also über die literarischen Verirrungen und Krankheiten eines gewissen Zeitalters aufzuklären suchen, legen wir zugleich den politischen und moralischen Zuständen desselben die Hand an den Puls; statt uns in müßiger Bewunderung zu ergehen über die poetische Größe und Herrlichkeit einer Epoche, werden wir uns vielmehr aus der allgemeinen Beschaffenheit derselben die Bedingungen klar zu machen streben, unter denen diese Blüte allein enstehen konnte, alsdann aber auch notwendig entstehen mußte. Die einzelnen Talente selbst, bei allem Recht, das wir der freien Persönlichkeit einräumen, sowie bei aller Ehrfurcht, die wir vor diesem Rechte empfinden, sind doch nicht mehr bloße Selbstherrscher, nicht mehr bloße Geschöpfe des Zufalls oder der persönlichen Anstrengung – nein, auch im Reich des Geistes ist das »Königtum von Gottes Gnaden« abgeschafft, auch hier erkennen wir nur einen einzigen Stammbaum an: das Volk selbst, als den allgemeinen Boden, aus dem auch alle noch so hervorragenden Geister die Kraft ihres Daseins, die Fülle ihres Inhaltes, sowie die Gesetze ihrer Entwicklung empfangen. Wir stellen uns nicht auf den einseitig ästhetischen Standpunkt des Lobens oder Tadelns, wir rücken nicht künstliche Gruppen zurecht: sondern wir anerkennen die allgemeine Entwicklung des Geistes, die auch jeder noch so unerheblichen Literatur und jeder noch so untergeordneten Erscheinung desselben die Spuren ihres ewigen Ganges eingedrückt hat. Wir suchen die Fäden auf, welche jede, auch die kleinste Erscheinung, mit dem allgemeinen Nationalleben und weiterhin mit der Gesamtentwicklung der Weltgeschichte verbindet. Wir bringen dadurch Ordnung und Gesetz in das anscheinend willkürliche und zufällige, und finden in dem scheinbar persönlichen und unberechenbarsten, in den Einfällen der Poeten, in den Launen der Künstler den ewigen Gang der Weltgeschichte und ihre äußere Notwendigkeit wieder. Wir lernen endlich uns selbst und unsere eigenen, wenn noch so kümmerlichen, wenn noch so niederbeugenden Zustände, ebenfalls in ihrer geschichtlichen Notwendigkeit kennen, und gewöhnen uns, über alle Unvollkommenheit und Torheit des Augenblicks hinweg den Blick auf das Ewige und Göttliche zu richten. Die Poesie stirbt nicht aus, trotz der Millionen schlechter Poeten, die gelebt haben und noch gegenwärtig leben; auch ist keine Zeit so geistig dürr, kein Volk in solchen Wüstenbrand der Prosa verwiesen, daß nicht irgendwo noch ein Tröpfchen lautere Poesie, und wäre es in dem Lied des wandernden Handwerksburschen, oder in den Reimen spielender Kinder, für seinen verschmachteten Gaumen flösse. – Ganz ebenso gibt es auch keine Zeit und kein Volk, für das die Freiheit tot und begraben wäre. Sie schlummert wohl zuweilen – immer aber dürfen wir auf ihre fröhliche Auferstehung hoffen und uns gerüstet halten, die Wiederkehrende zu empfangen.

Quellenverzeichnis

[Über Aufklärung]
Der Göttinger Dichterbund. Zur Geschichte der deutschen Literatur. Leipzig 1841, S. 3–16.

Über Unterhaltungsliteratur, insbesondere der Deutschen
Kleine Schriften. Zur Politik und Literatur. 2 Bd., Merseburg 1847, Bd. 2, S. 166–212.

Über Reisen und Reiseliteratur der Deutschen
Kleine Schriften. Zur Politik und Literatur. 2 Bd., Merseburg 1847, Bd. 1, S. 232–257.

Die Literaturgeschichte und ihre Stellung zur Gegenwart
Die deutsche Literatur der Gegenwart. 1848–1858. 2 Bd., Leipzig 1859, Bd. 1, S. 1–38.

Das Jahr 1848 und die deutsche Literatur
Die deutsche Literatur der Gegenwart. 1848–1858. 2 Bd., Leipzig 1859, Bd. 1, S. 39–65.

Das Junge Deutschland von ehedem und jetzt
Die deutsche Literatur der Gegenwart. 1848–1858. 2 Bd., Leipzig 1859, Bd. 2, S. 3–13.

Die deutsche Belletristik und das Publikum
Die deutsche Literatur der Gegenwart. 1848–1858. 2 Bd., Leipzig 1859, Bd. 2, S. 69–89.

Die Literatur und die Frauen
Die deutsche Literatur der Gegenwart. 1848–1858. 2 Bd., Leipzig 1859, Bd. 2, S. 249–253.

Begriff, Wesen und geschichtliche Entwicklung der Literaturgeschichte als Wissenschaft
Menschen und Bücher. Biographische Beiträge zur deutschen Literatur- und Sittengeschichte des 18. Jahrhunderts. Leipzig 1862, S. 20–38 und 99–114.

Bibliographie

1. Veröffentlichungen von Robert Prutz

Der Rhein. Gedicht. Leipzig 1840.

Der Göttinger Dichterbund. Zur Geschichte der deutschen Literatur. Leipzig 1841 (Neudruck Bern 1970).

Gedichte. Leipzig 1841, ^{4}1857.

Badener zweite Kammer. Gedichte. Zürich und Winterthur 1842.

Hrsg.: Literarhistorisches Taschenbuch. Leipzig 1843–1848.

Gedichte. Neue Sammlung. Zürich und Winterthur 1843, ^{2}Mannheim 1849.

Karl v. Bourbon. Historische Tragödie. Hannover 1845.

Die politische Wochenstube. Eine Komödie. Zürich und Winterthur 1845.

Die politische Poesie der Deutschen. Leipzig 1845.

Geschichte des deutschen Journalismus. Hannover 1845 (Neudruck Göttingen 1971).

Dramatische Werke. Leipzig 1847.

Kleine Schriften. Zur Politik und Literatur. 2 Bd., Merseburg 1847.

Vorlesungen über die Geschichte des deutschen Theaters. Berlin 1847.

Vorlesungen über die deutsche Literatur der Gegenwart. Leipzig 1847.

Karl Friedrich Bahrdt. Beiträge zur Geschichte seiner Zeit und seines Lebens. Leipzig 1850.

Zehn Jahre. Geschichte der neuesten Zeit. 1840–1850. 2 Bd., Leipzig 1850.

Taschenbuch der neueren Geschichte. Dessau 1851.

Das Engelchen. Roman. Leipzig 1851 (Neudruck Göttingen 1970).

Felix. Roman. Leipzig 1851.

Die Schwägerin. Roman. Dessau 1851.

Hrsg.: Deutsches Museum. Leipzig 1851–1867.

Neue Schriften zur deutschen Literatur- und Kulturgeschichte. 2 Bd., Halle 1854.

Der Musikantenturm. Roman. Leipzig 1855.

Helene. Ein Frauenleben. Roman. Prag und Leipzig 1856.

Goethe. Eine biographische Schilderung. Leipzig 1856.

Ludwig Holberg. Sein Leben und seine Schriften. Stuttgart und Augsburg 1857.

Aus der Heimat. Neue Gedichte. Leipzig 1858, ^{6}1879.

Die deutsche Literatur der Gegenwart. 1848–1858. 2 Bd., Leipzig 1859, ^{2}1860.

Aus goldenen Tagen. Gedichte. Prag 1861.

Menschen und Bücher. Biographische Beiträge zur deutschen Literatur- und Sittengeschichte. Leipzig 1862.
Oberndorf. Roman. Leipzig 1862.
Herbstrosen. Neue Gedichte. München 1865, [6]1879.
Stimmen der Liebe. Gedichte. Berlin 1868.
Holbergs ausgewählte Komödien. 4 Bd., Hildburghausen 1868.
Buch der Liebe. Gedichte. Leipzig 1869, [6]1883.

2. *Literatur über Robert Prutz*

Rudolf Gottschall, Robert Prutz. In: R. G., Literarische Charakterköpfe. 3. Teil, Leipzig 1876, S. 171–213.
Georg Büttner, Robert Prutz. Ein Beitrag zu seinem Leben und Schaffen von 1816–1842. Leipzig 1913.
Robert-Prutz-Gedenkbuch. Aus Anlaß seines 100. Geburtstages am 30. Mai 1916. Stettin 1916.
Ernst Hohenstatter, Über die politischen Romane von Robert Prutz. München 1918.
Else v. Eck, Die Literaturkritik in den *Hallischen* und *Deutschen Jahrbüchern* (1838–1842). Ein Beitrag zur Geschichte der deutschen Literaturwissenschaft. Berlin 1926.
Hans Prutz, Robert Prutz als Herausgeber des *Deutschen Museums* 1852 bis 1866. Ein Beitrag zur Geschichte des deutschen Zeitschriftenwesens. In: Baltische Studien NF Bd. 30, 2. Halbbd., Stettin 1928, S. 77–99.
Karl-Heinz Wiese, Robert Prutz' Ästhetik und Literaturkritik. Halle 1934.
Wolfgang Langenbucher, Robert Prutz als Theoretiker und Historiker der Unterhaltungsliteratur. In: Heinz Otto Burger (Hrsg.), Studien zur Trivialliteratur. Frankfurt 1968, S. 117–136.
Erich Edler, Nachwort zu: Robert Prutz, Das Engelchen. (Faksimiledruck) Göttingen 1970.
Hans Joachim Kreutzer, Nachwort zu: Robert Prutz, Geschichte des deutschen Journalismus. (Faksimiledruck) Göttingen 1971.
Bernd Hüppauf, Über die Anfänge der deutschen Literaturgeschichtsschreibung. In: B. H. (Hrsg.), Literaturgeschichte zwischen Revolution und Reaktion. Frankfurt 1972, S. 1–55.

PERSONENREGISTER

Alexis, W. 31
Apulejus 16
Ariost 25
Arndt 67 f
Aspasia 104
Auerbach, B. 31

Bachmann XIII
Boccaccio 25
Basedow 3
Bauer, B. XIV, XXI, XXIII
Béranger 69
Bismarck VIII, IX, XX
Börne 43
Brockes 37, 38
Burdach, K. 120
Bürger XXX
Büttner, G. X, XII, XIII

Celtes, C. 35
Cervantes 25
Cieszkowski XXIII, XXVI
Clauren 29
Cooper 28
Corneille 70
Cramer 29, 101 f

Dahlmann XIII
Danzel IX
Dickens 25, 28, 93
Diderot 25
Dumas 70, 93
Dünninger X

Echtermeyer XIV, XXVI
Edler, E. IX
Eichhorn 122
Engels XXII, XXIII, XXVI

Feuerbach, L. XXII, XXIII, XXIV, XXV, XXVI
Fielding 25

Gans, E. XXII, XXIII
Gervinus IX, XI, XII, XIX, XXI, XXVI–XXX, XXXV, 3, 127
Görres 123
Goethe XXIX, 13, 26 f, 28, 37, 38, 39, 42, 51, 59, 62, 70, 86, 101, 122, 126
Gotthelf 31
Gottschall X, XI, XX
Grimm, Brüder 69, 124 f
Grimm, J. XII
Günther XXX

Hahn, Gräfin 32
Haym XIX
Hegel XIV, XV, XVII, XXI–XXVIII, 9, 70, 83, 86, 116 f, 125
Heine 38, 43
Herder XV, 59, 70, 121, 122, 125
Herwegh IX, XIV, 86 f
Hettner IX, XI, XIX
Heyne, Ch. G. 38, 122
Hohenstatter VIII
Horaz 16
Horn, Fr. 123
Hroswita 105
Hugo, V. 70
Humboldt, A. v. XII, XVI, XXVIII, 120
Humboldt, W. v. XV

Iggers XXXVI
Immermann 31

Jean Paul 101
Jordan, W. XXXII

Kant 70, 112 f, 115, 121
Keyßler 36
Kleist 37, 38
Klopstock 37, 38
Körner 67
Kossak, E. 100
Kreutzer, H. XXXIII

Langenbucher X
Lavater 37
Leo, H. XVIII f
Lessing 59, 70
Liebig 120
Luther 8

Marryat 28
Marx XXXVI
Matthison 37
Milton 22
Müller, A. 123

Nicolai 1, 3, 8, 45

Oken 120

Petronius 16, 17
Prutz, H. VII

Racine 70
Radewell XII
Ranke XI
Reinhold XIII
Richardson 25
Risbeck 45
Roquette XXXIV
Rosenkranz XII, 129
Rousseau 3, 25
Rückert 67
Ruge VIII, XII, XIV, XV, XXI, XXII, XXIII, XXIV, XXVI, XXXIII

Sand, G. 25, 30, 107
Savigny 120
Schiller 13, 26 f, 39, 51, 59, 62, 70, 86, 101, 121 f, 125
Schenkendorf 67
Schlegel, Brüder 86, 122, 123
Schleiermacher 120
Schlenkert 101
Schloezer, D. 105
Schlosser XXVI, XXVIII, 3, 126 f, 128
Schubarth XXXI
Schuselka 31
Scott 25
Sengle XII
Shakespeare 62, 70
Smollet 25
Sokrates 8
Spieß 29, 101 f
Sternberg 32
Sterne 25, 36
Stollberg, Brüder 38 f
Strauß, D. F. XXI, XXII, XXIII
Sue, E. 27, 30, 93
Swift 25

Tasso 25
Thackery 93
Thomasius 3
Tieck 39, 122

Uecker VII, VIII

van der Velde 13
Voltaire 25
Vulpius 101

Wachler 47, 124
Winckelmann 38
Wolf, Ch. 8
Wolfsohn, K. XVI

SACHREGISTER

Ästhetik/ ästhetisch XVII, XXIX, XXX, 10, 22, 26, 48, 51, 92, 114, 121 f
Aufklärung XXIV, XXVI, XXVII, XXXI, XXXII, XXXIV, 1–9

Befreiungskriege 47, 68 f
Buchdruck 20 f
Buchhandel 95 f, 100

Christentum 4 f, 17, 105, 112

Demokraten IX, XXXIV, XXXV
Dialektik/ dialektisch XVII, XXII

Existenz XV, XVI

Fortschritt XXVI, XXVII, XXXIII, 1, 2, 74, 102, 116 f
Freiheit XIV, XV, XVI, XXIII, XXIV, XXVI, XXVII, XXXII, XXXIII, 1, 53, 111, 113, 117, 119, 121, 129 f, 131

Geist XV, XXI, XXVI, XXVII, 7, 20, 113, 114–116, 129 f
Germanistik X, XI
Geschichte XV, XVI, XVII, XXII, XXIII, XXIV, XXV, XXVI, XXVII, XXVIII, XXX, 6 f, 29, 31, 42, 73, 78, 84, 87, 107 f, 114–117, 120, 130
Geschichtsphilosophie, -theorie X, XI, XIV, XVII, XXI, XXII, XXIII, XXV, XXVI, XXVII, XXVIII, XXXV
Gesetz, historisches XXVI, XXX, 84, 117
Göttinger Hain XII

Hallische Deutsche Jahrbücher XII, XIV, XXIV, XXV
Hegelianer XIV, XXI, XXII, XXVIII
Hegelsche Schule XIII
Historie/ historische Wissenschaften XVII, XX, XXIV, XXVII, XXIX, XXXIV, XXXV, 47, 108–114
Humanismus 60
Humanität IX, XIV, XXXVI

Idee XIV, XV, XXIV, XXVII, XXVIII, 5, 20 f, 130
Ideologie X, XI, XXII
Individuum 4 f
Individualität XV
Italien 38–42

Juden 103, 106
Junges Deutschland XII, XXV, XXVI, 75 f, 82–89
Junghegelianer XII, XIV, XV, XVI, XXI, XXII, XXIII, XXV, XXVI, XXXI, XXXVI

Kategorie XVII, XXII, XXXV
Klassik XXIX, 59 f, 101, 109
Konstitutionalismus XIV, XV, XVII, XX
Kosmopolitismus 60
Kritik 8, 21 f, 85 f, 88

Leihbibliothek 91 f
Liberalismus VIII, XI, XIV, XIX, XX, XXXV
Literaturwissenschaft, -geschichte XVI, XVII, XXVII, XXVIII–XXXII, XXXIV, XXXV, XXXVI, 10, 33, 45, 47–54, 74, 92 f, 100, 107–131
Lyrik XIX, XXIX, 79 f
Methode XVII, XXII, 108–113

Nation XV, XXVII, XXIX, 47 f, 52 f, 54, 60–62, 67, 113, 117, 130 f
Nationalgefühl 60
Nationalität XIV, XVI
nationale Einheit VIII
Nationalliteratur 47, 124
Naturwissenschaft XXXIV
Notwendigkeit XVII, XXX, 131

Öffentlichkeit 23 f, 27, 81
Opposition IX, XIX, XXII, XXVI, XXXII, XXXVI

Paris 43 f
Parteilichkeit X
Patriotismus 8, 47, 60, 73
Positivismus XXXIV f
Philosophie XVII, XXI, XXII, XXV, XXVII, 1, 3, 9, 86, 87 f, 98, 113, 126
Pietismus 3, 8
Poesie 1, 8, 47, 62 f, 75, 99, 117 f, 131
Praxis XV, XVII, XXI, XXIII, XXVII, 9, 17 f, 23, 48, 85, 99, 126
Preußen VIII, XIV, XXVI, XXXI f
Protestantismus XXXI f, 73
Publikum 23, 26–29, 48–50, 75, 76, 90 f, 93–95

Reaktion/ Reaktionäre XI, XIX, XXXII f, 67
Realismus 58, 77–79
Reform/ Reformer VIII, XIV, XV, XXXII, XXXIII, XXXIV, XXXVI
Reformation XXXI, 3, 4, 5, 8, 9, 70, 112
Reichseinigung IX
Religion XXII f, XXV, 1, 116
Revolution XVIII, XXXI, XXXIII, XXXIV, 1, 5, 9, 64–66
– französische (1789) 8, 69, 109, 112 f, 114, 117
– Juli (1830) 43, 47, 86
– März (1848) 54 f, 64–74
Roman XIX, 29, 30, 79, 91, 94, 99–103
Romantik XII, XXV f, XXX, 2, 27, 39, 69, 75, 83 f, 85, 86, 98 f, 122 f
Romantische Schule XI
Republikaner X, XI, XIV, XIX
Restauration XIV

Schönheit 11–13, 15, 27, 102, 108, 117, 119, 121, 129 f
Schweiz 37 f
Sentimentalität 37 f
Sozialisten X, XXXIV
Staat XIV, XV, XXIII, 1, 23, 117
Subjektivität 4–8
System XVII, XXII, XXIV

Totalität XXX, 115
Typus 15

Überbau X
Unterdrückung XV, 106
Unterhaltungsliteratur 10–33, 99–103

Vaterland XIV f, 122
Vernunft XV, XVII
Vormärz XII, XVIII, XXXIII

Weltanschauung 61
Wesen XIV, XVI, XXXII

Wille XXIII, XXV, XXVII
Wissenschaftsbegriff, -theorie X, XI, XXII

Zukunft XVII, XXII–XXV, XXXV, 74